MASTERFILE マスターファイル 超電磁ロボ コン・バトラーV
SUPER ELECTROMAGNETIC ROBOT
COM-BATTLER V

CONTENTS

Text:
大里　元＆橋村　空／p011-021
大里　元／p022-030, p034-093, p100, p112-123
橋村　空／p031, p095-096, p107-111, p124, and captions

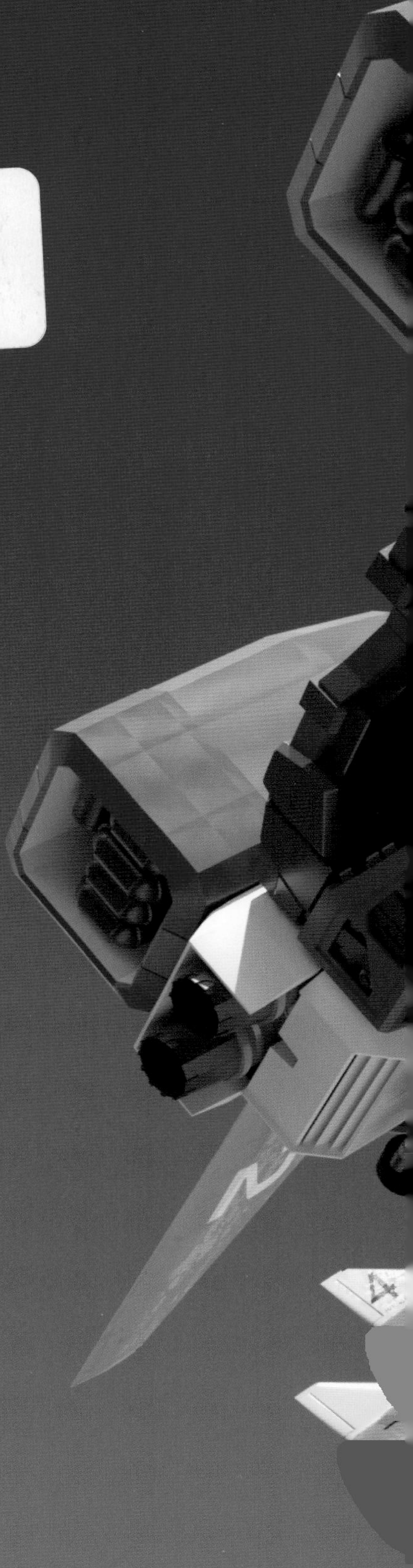

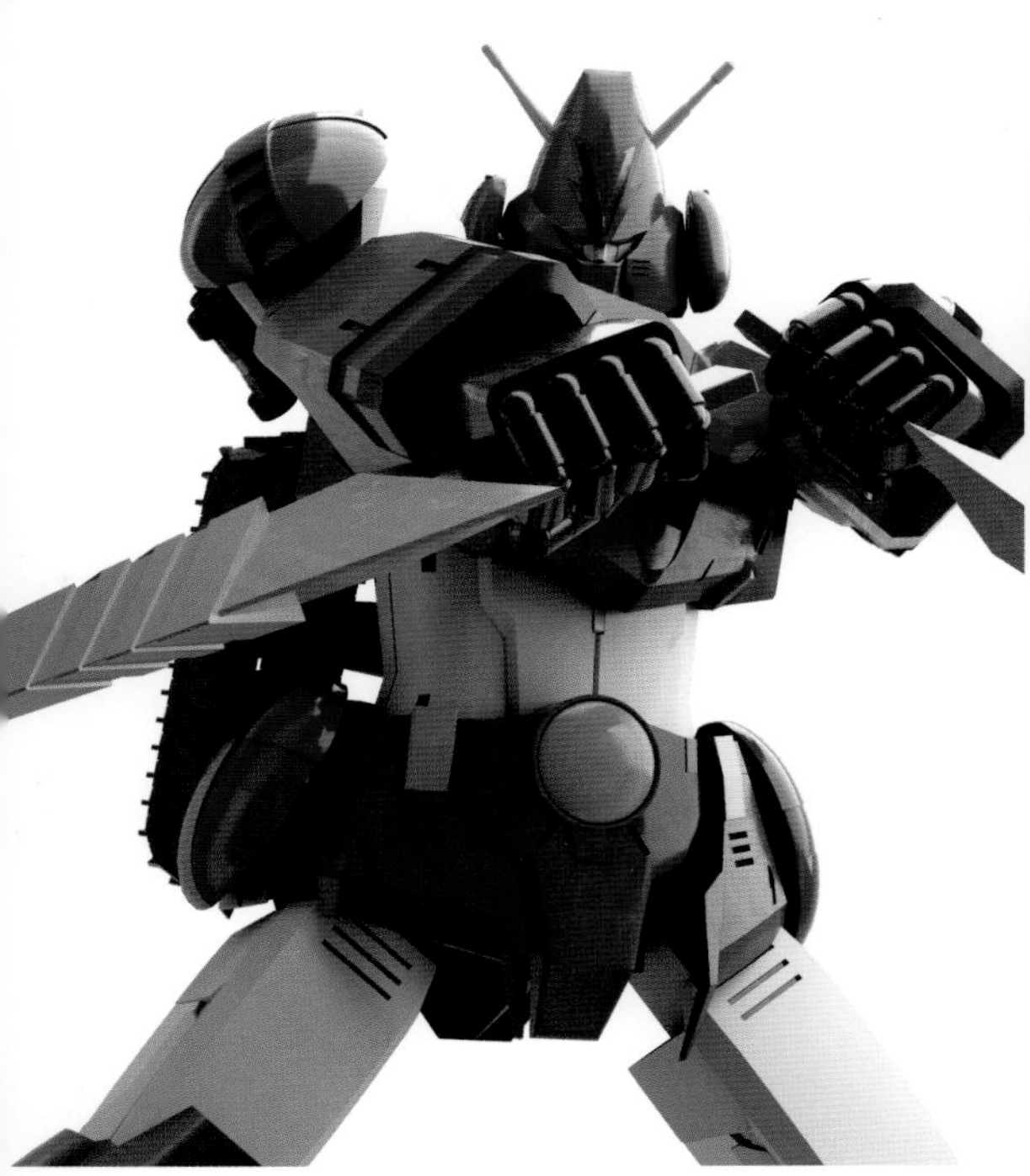

南原 猛博士が開発した超電磁ロボ「コン・バトラーV」は、平和利用のために研究された超電磁エネルギーを、異星人との戦いに転化した産物である。57mの巨体に凄まじいパワーを秘め、多彩な光学・電磁兵器、質量兵器を駆使するほか格闘戦闘力などにも秀で、キャンベル星人が送り込んでくる奴隷獣やマグマ獣の脅威から日本を、そして世界を護った。

コン・バトラーVは物理兵器や熱光学兵器など数多くの武装を持つが、市街地などが戦場となりこれらが撃てない状況を想定し、格闘戦も行う。徒手空拳はもちろん接近戦用の武器も使いこなし、強敵である奴隷獣やマグマ獣に対抗した。

コン・バトラーV 誕生前史

Development of COM-BATTLER V

南原博士について

超電磁ロボ〈コン・バトラーV〉を生み出した「南原コネクション」は、一人の日本人天才物理学者・南原《なんばら》猛《たけし》博士によって創設された。しかし、彼の経歴や業績のほとんどは謎に包まれており、はっきりとここで述べることはできない。彼の存在が世に知られるようになった時にはすでに、それらの情報は意図的に隠され、辿《たど》ることができなくなっていたからだ。現在のようにネットワークが発達した世の中ならば、消そうとしてもどこかしらに痕跡が残るものであるが、コン・バトラーV稼働当時は個人情報に類する電子記録そのものが少なく、ましてやそれ以前の、博士の生い立ちなどのことになると調べようにも限界がある。

判っているのは、南原博士は戦前の日本に生まれたこと、高等教育を受けて物理学者となり、海外への留学経験があること、戦後いわゆる「超電磁理論」を提唱、後のコン・バトラーVに繋《つな》がる技術を確立したこと、などである。これらの情報は、南原コネクションが公式に発表している事柄であり、いまさらここで述べるまでもない。国内のみならず、海外学術機関の学籍簿や在籍記録、研究論文などから、南原博士の実在に疑うべきところはなく、日本が世界に誇る研究者としてその名声は揺るぎないものとなっている。

では、なぜ彼の個人情報は驚くほどに少ないのか？それはひとえに、彼が日本、ひいては世界にとって最重要の人物であったからにほかならない。南原博士は、日本政府や国連の意志によってその身柄と生命の安全を保証されていた。博士自身とその身内になるべく危険が及ばぬよう、情報は徹底的に彼らによって秘匿《ひとく》されたのである。少なくとも、彼の創《つく》った南原コネクションはコン・バトラーVが完成し、キャンベル星人との戦いが始まるまでの間、極秘といってもいい最高機密レベルに設定され、彼は組織作りと研究、そして超電磁理論の実証に奔走《ほんそう》していたのだ。

異星人の影

現在からもう数十年ばかり前のことである。世界中の高名な科学者が次々と姿を消すという事件が相次いだ。科学者たちの専門分野は様々で、物理、化学、生物などあらゆるジャンルの第一人者たちが死亡し、あるいは人知れず行方《ゆくえ》をくらましていた。自殺や自発的な失踪ではなく、目撃証言によれば何者かに殺害・拉致《らち》されている様子だった。その裏には、誰の目にも何者かの共通した意志のようなものが感じられた。

事態を重く見た各国は調査情報の共有をはかり、やがてある結論に辿《たど》り着く。それは、有史以前からこの地球に潜んでいた異星人が、どうやら活動を再開したようだという衝撃的な事実だった。すでにこの時期から、地底に基地を構えるキャンベル星人たちと地球人類の諜報戦は始まっていたのだ。

アメリカのCIAをはじめとする各国諜報部、インターポールなどによる世界的な調査が、著名科学者の失踪や不審死事件を〝異星人の工作〟と結論づけたことを、各国首脳はどのように受け取ったのであろうか。その反応については定かではないが、いたって真剣に対策の討議が行われたのは事実のようだ。様々な対応策が検討されたが、残念ながら異星人に対し国家の枠組みを超えて全地球が一致団結をする、という方向ではまとまらなかった。直接的な脅威が感じられない現在の状況で、全人類にすべてを知らせ、協力を仰《あお》ぐことは非現実的であったからだ。また、冷戦のさなかでもあった二大国、及びそれぞれの陣営各国は当然のごとくお互いを警戒し牽制し合っていた。調査によって得られた異星人の存在に対する確証も、敵陣営によるブラフであるとの疑いを双方が払拭《ふっしょく》できなかったせいもある。首脳レベルですらこの有り様であったから、一般にこれを知らしめていたずらに世間を混乱させるなどという選択がなされるはずもない。

結局のところ、各国がそれぞれ可能な範囲で軍事力を増強し、非常時に備えるという結論に落ち着いた。当時としては妥当《だとう》な落とし所であったろう。既存の軍事戦力を最も多く保有しているアメリカはこの基調を崩さず、イギリスは新機軸のロボット兵器開発の予算を増額した。核保有国は、いざとなればこの人類の切り札を投入する構えであり、いささか楽観的でさえあったようだ。

いっぽう日本は、南原博士の提唱する超電磁理論と、これを応用したロボット兵器の開発計画を最も有望な異星人対抗策として推進する決定を下す。南原博士には、日本政府から国連へ拠出《きょしゅつ》される分担金の大部分を研究費や開発費として割り当てることが安保理から打診され、日本政府も内々に増額を受諾した。戦後、国際社会に復帰したばかりで国際貢献の機会を窺《うかが》っていた日本にとって、この半強制とも言える打診は渡りに船と捉《とら》えられたのである。

こうして国際的に独立した計画を一任された南原博士は、日本を拠点として本格的な体制作りに入ったのであった。

南原博士の研究

人類科学史上偉大な業績である南原博士の「超電磁理論」が結実した経緯を簡単に解説しておこう。

敗戦した日本は、アメリカの統治下におかれ、再軍備に繋《つな》がる技術研究の多くを封印された状態にあった。海外でその才を伸ばした研究者や技術者の多くが内地へと戻り、復興にその身を捧げる中に、南原博士の姿も見られた。彼は日本の再興のために科学分野で自分のできることはなにかと問うた末、電気事情が逼迫《ひっぱく》していた当時の状況を鑑《かんが》み、新しいエネルギー技術の開拓を目指すこととした。彼の専門は素粒子物理学であったが、危険が伴う原子力発電とは別の道を、自らの専門分野から見つけ出せないかと考えていたのである。

当時は原子力を「夢のエネルギー」として期待する風潮が世に満ちていたが、放射線が人体や環境へ与える悪い影響について正しく理解している者の方が少なかった。戦後の工業品生産量の増大などの切実な需要から、近い未来、火力や水力による発電などではまかなうのに限界が来るのは必至で、原子力発電に頼る以外にほとんど道はなかった。石油や石炭は当時枯渇が心配されていたし、後には実際にオイルショックのような危機も起こった。水力発電は地形や地質などの条件が厳しく適地の候補が限られるうえ、着手できても黒部峡谷ダムのように過酷な工事を強いられる。また当時の技術では今で言う再生可能エネルギーなど代替手段による全面的な解決の見込みもなかった。原子力発電が最も有望ではあったが、それすらも制御や廃棄手段が将来的に確立するであろうという見通しのもと推進されていたというのが実情だったのだ。

南原博士も当初は安全な原子力発電に寄与する技術を求めて研究を始めたが、自らの発見それ自体が有望な新エネルギーとなり得ることに、やがて気づいてゆく。日本だけでなく、世界が安全かつ恒久的に利用できるエネルギー源を渇望しており、またひとつの手段だけに頼ることの危険性を考えると、複数の研究を基礎段階から並行で進めることが望ましい。そこで南原博士は、自らが発見した新理論へ研究を集中する方向へ舵を切ることにしたのだった。

ところで、素粒子物理学の研究には大規模な粒子加速実験施設が欠かせない。大戦前の日本でもサイクロトロンと呼ばれる加速器を用いた実験が行われていたが、これも先述のGHQによる制限により使えなくなっていた。南原博士を含む日本の研究者たちは科学者同士のネットワークを通じて米国の素粒子物理学の権威アーネスト・ローレンスに働きかけ、ついに彼の来日を実現させる。これをきっかけとして加速器実験の道が再び開かれ、大型シンクロトロンを擁《よう》する研究施設の建設が始まった。こうして南原博士たち日本の科学者たちはそれぞれの研究に邁進《まいしん》することができるようになったわけである。

それから約8年後、南原博士は超磁性体に関する論文を発表する。これは、通常の磁性体から磁力を対消滅させてしまう磁性体の一種である(ただし、磁力が対消滅する際にエネルギーは放出されない)。逆極性とは異なるもので、磁性体と超磁性体は物質と反物質のような関係にある。本来は反磁性体と呼ぶべきだが、この名称はすでに別の性質の磁性体の名称になっていたことから、南原博士はこれを「超磁性体」と名づけたのだった。

きっかけは、従来非磁性体とされてきた物質に加速器を用いて荷電粒子を衝突させたところ、磁力線が観測されたことによる。当初は単純に衝突エネルギーによるものと思われたが、南原博士がさらなる実験を行ったところ、観測した磁力線と同時にまた別の磁力線(超磁力線)が発生していることが判り、またそれによって生じた反電流と、その二つの連鎖による反電磁波が生じていることを突き止めた。

反電磁波は先の超磁力に倣《なら》って「超電磁波」と呼称することとし、今度はその研究が続けられた。超電磁波は通常物質の原子核に照射すると対消滅を起こす。空気中で超電磁波を発振することで爆発的なエネルギーが発生するのだ。これこそ、博士が求めた原子力に代わるエネルギー源であった。加速器があれば、反物質がなくとも対消滅のエネルギーを利用することができるのだ。

やがて、非磁性体への粒子衝突によって生み出された超電磁波を、超磁力線によって磁極を生じた非磁性体を通じて自在に誘導する技術が得られた。後述するが、この一連の超電磁波コントロールの技術こそが、コン・バトラーV実用化の礎《いしずえ》となったのである。

南原博士は、あくまでも復興途上にあった日本という国の将来のため、安全に利用できる新しいエネルギー源としての活用を目指していた。よもやこれが異星人に対抗する巨大ロボット開発へ結びつこうとは、夢にも思っていなかったはずである。博士は、研究の成果が形をなしたのと時を同じくして、異星人の影に気づくことになった。日本を代表する一流科学者として名が知られるようになった博士も、異星人による拉致《らち》あるいは抹殺対象のリストに入ったのだった。

超電磁理論の応用技術

幸いにして日本に研究の場と施設を確保できた南原博士は、やがて超磁性体の研究からついに莫大なエネルギーを生み出すところまでこぎ着けた。粒子加速器により非磁性体が本来持っていた超磁力を分離、電磁誘導で発生した超電磁波を通常物質に照射すると、物質と反物質の対消滅に似た巨大なエネルギーを発生させることが発見されたのだ。この現象を「超電磁反応」と呼ぶ。

大気中において、そのエネルギーの大半は熱に変換され空気が高温のプラズマと化すが、問題はこれを効率よく使いやすいエネルギーに変換する必要がある。具体的には、最終的に当時のインフラに即した「電力」への転換である。まず考えられたのが、熱エネルギーを運動エネルギーに変換し、一方向に噴出させることによりタービンを回して電力を生み出す方式だった。このタービン発電方式は火力、水力、原子力いずれにおいても標準的に用いられている。運動(位置)エネルギーを直接利用する水力を除けば、超電磁力発電もこれらと同じく熱エネルギーを運動エネルギーに変換したうえで、電力を取り出す方式だ。手っ取り早く既存技術を応用できそうだった。

問題は、超磁力を得るためにはまず加速器を作動させなくてはならず、そもそもこの初めのプロセスに膨大《ぼうだい》な電力が必要なことだった。また、最初に超電磁力を生み出す元となる物質は基本的にどんな非磁性体でもよいが、エネルギーを取り出すと原子崩壊して物質そのものは消滅してゆく。最良の素材はなにか、それを探る研究も続けられた。

やがてこの研究そのものは全世界に向けて開放され、総括する世界電磁学会で定例的に情報公開が行われるようになった。これは裏に、異星人の脅威が発覚したことが影響していると今では明らかになっている。各国とも、この新たな可能性を持つエネルギーをどうにかうまく利用したいと願うのは当然だった。しかし、超電磁発電を実現するには初期起動のために膨大《ぼうだい》な電力が必要で、これをクリアできる現実的な手段は、当時としては原子力発電くらいしかなかった。

博士はこの頃から、異星人への対抗手段と同時に、すでに起動済みの超電磁発電機関を移動可能とし、初期起動の電力を必要とする国にデリバリーする方法について模索を始めていたと言われる。そのために、小型の超電磁リアクターを搭載する航空機を構想した。超電磁理論の応用としての超電磁推進エンジンの研究も、そもそもはこの構想から立ち上がったものらしい。

そんな中、超電磁現象の応用を模索していた部門が事態を進展させるアイディアを提出、超電磁リアクターを機体搭載運用可能なサイズにまでコンパクト化するところに辿《たど》り着いたとされる。粒子加速器がなければ超電磁エネルギーは取り出せず、超電磁エネルギーがなければ粒子加速器の継続的な運用が困難となる、ウロボロス的な状況をあえてエネルギー創成の系に取り込めば問題が解決するという禅問答のような解答を得たのだという。このウロボロス的エネルギー循環系を機械システムとして具体化すれば、加速器の初期起動に外部から大きなエネルギーを供給しさえすれば、エネルギー循環の輪は閉じ、加速器は始動して超電磁エネルギーの取り出しが可能となるというものだった。当然、具体化への道もまた茨《いばら》の道であったことは想像に難くないが、ひとまず大型ながら実働試験用のリアクターは生み出され、そこから紆余曲折《うよきょくせつ》を経ながらも、なんとか確実な作動が保証できる機材として完成された。

従って、あえて明言はされていないが実用化したコン・バトラーVのバトルマシン各機は、南原コネクションからの発進時に基地施設からそれぞれ直接電力供給を受けて機関始動するであろうことが判る。その後は、帰投するまで超電磁リアクターは動き続けている(超電磁エンジンを持つ機体の場合、一時的な着陸時において推力はカットしていても、内部のリアクターは作動している)。

次に、小型化と高出力化の大きなブレークスルーとなったのは、ある特殊な添加物の発見にあったとされる。コン・バトラーVにおける全体システムの稼働には元のエネルギーの発生効率、躯体《くたい》駆動のために必要な電力変換効率、燃料の搭載量や消費効率への厳密な計算、そしてバランス取りが重要である。敷地面積やシステム全体の体積などに制限が比較的少ない地上施設であれば、安価な材料を投入し続けることで必要な電力を市街に供給することは難しくない。しかし小型超電磁リアクターは、自力で行動し、かつエネルギー兵器を多数搭載し戦闘行動を行うロボットには絶対に必要な条件である。なお、熱-電気の変換機関(超電磁ジェネレーター)も超電磁リアクターの構成要素であるが、この部分は超電磁エンジンの研究を通じて得られたタービン発電技術を使っている(一般の超電磁発電所ではこれと排熱回収装置を通じた蒸気タービンのコンバインドサイクルを採用している)。超電磁リアクターのタービン発電では、燃料に機体外から直接取り込める空気や水を使用するため、少なくとも発電サイクルにおいては、いわゆる搭載燃料《プロペラント》は必要ない。

　南原博士とその開発チームは様々なサンプルを実験する中で、ある稀少物質を非磁性体に添加することで飛躍的に超電磁波の発生効率が高まることを発見する。当時のメディアによって仮に「ナンバラニウム」と名づけられた新元素は現在のところ日本にしか産出せず、またコン・バトラーVのためにしか用いられたことがないと言われる。戦闘行動に必要な強大なエネルギーを生み出せる反面、短時間で消費してしまうが、これこそコン・バトラーVに求められた理想のエネルギー源であった。

　やがて、超電磁リアクターや超電磁エンジンの実働実験が始まると、これらの器材が超電磁波によって相互に干渉し合う現象が観測された。超電磁力を発生させているリアクター同士は、磁石で言う磁界を発生させている。この場合は超電磁界となろう。この超電磁界は強力に引き合う力、反発し合う力を磁石同様に持つらしいことが判ってきた。問題はそのパワーが通常の磁石とは比較にならないほど強力であるということだった。

　当時はまだ一般的ではなかったが、現在日常生活によく利用されているネオジム磁石でも、一握りの塊を2つ近づけ合えばその衝突の衝撃は凄まじいものが観察される。自身の構造を破壊してしまうほどの力があるのだ。それと同様に、まだ超電磁波の性質がよく知られていなかった頃、実証実験中のリアクター同士を作動させた瞬間、隣り合った実験室の壁を突き破って〝合体〟したことがあった。リアクターは修復不能なほどに破壊されてしまい、あたかも2つの器材が融合してしまったかのようにぐちゃ

■１号機サブエンジン

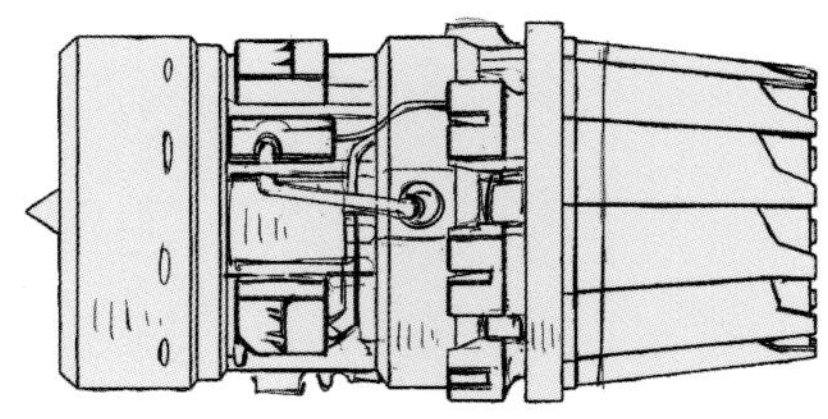

■超電磁ジェットエンジン
上から、１号機補助エンジン、１号機メインエンジン、２号機メインエンジン。１号機は本来、メインエンジンユニットを４発装備とする構想であったが、実際に設計を始めてみるとスペース上の問題で不可能と判り、ひと周り小型のサブエンジンを新たに開発することになった。スペック上の出力はやや低くはなったものの、実用上問題はなかったようだ。
２号機は１号機のものと比べるとユニット自体がかなり大型で、しかもそれを４発積んでいる。従って推力重量比において有利で、重火器を多数装備する２号機に充分な推力と、コンバイン時における高機動性を与えている。
以下、３号機を除く各機体もこれらの超電磁ジェットエンジン開発時に得られた技術を反映した推進機関を搭載している。

■１号機メインエンジン

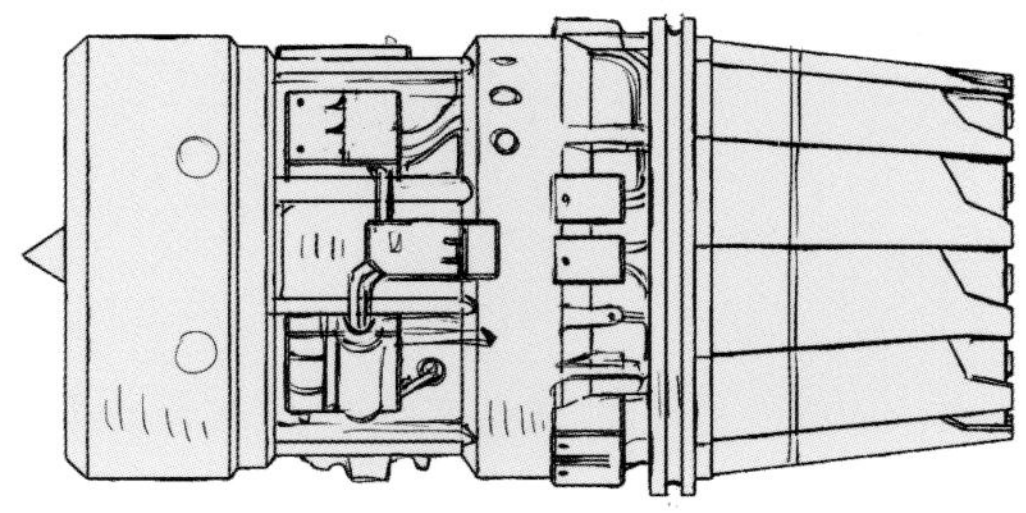

■２号機メインエンジン

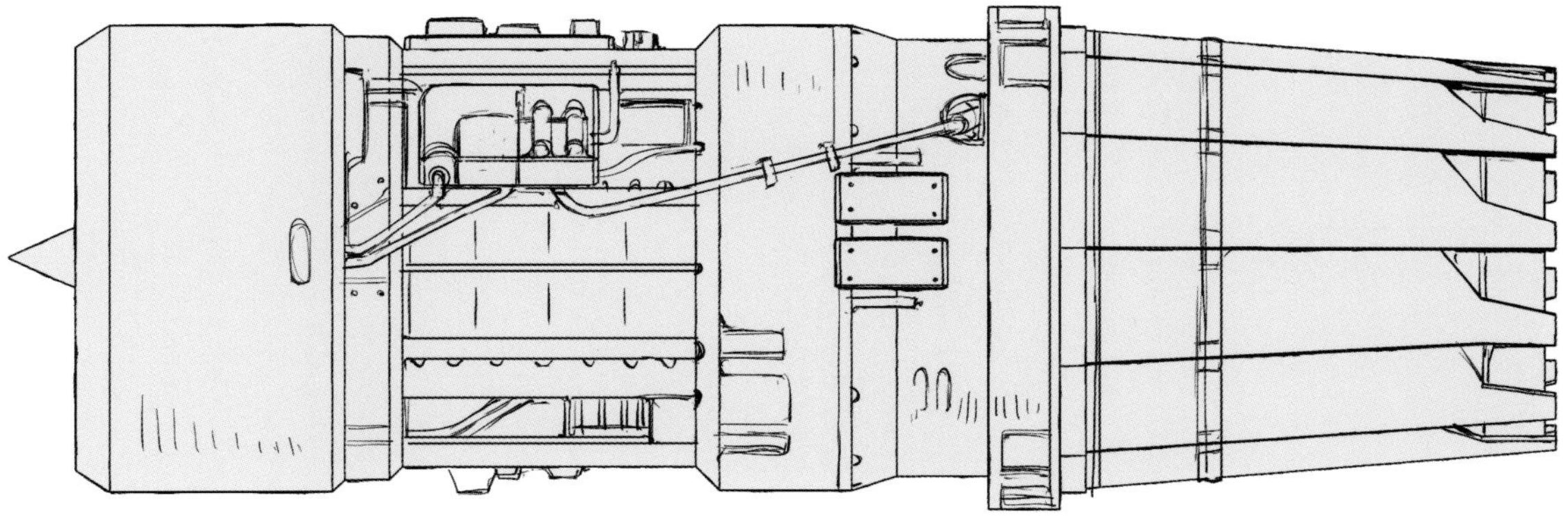

アトミックバーナーを発射する
コン・バトラーV

ぐちゃになったという。それも一瞬の出来事で、周囲に衝撃波が発生するほどだった。死人こそ出なかったものの、研究院や作業員の中には鼓膜を破られた者もいた。

この事故はむろん理論上予測され、予防策もあらかじめ講じられていた中で発生した。近距離にある2つのリアクターを同時作動させることのないよう通達されていたが、手違いでそれは起こったのだ。だが、これをきっかけに超電磁の応用可能性についてさらに研究が広げられたのも事実だ。その結果、引きつけ合う力、反発する力を自在にコントロールする技術が開発されることになる。実際には超電磁フィールドと呼ばれる力場の中では物質を自在に移動させられるということのようだ。見た目には、重力制御や慣性制御を行っているようにさえ感じられる。この技術は超電磁ヨーヨーに代表される武装のコントロール、超電磁スピンなどのいわゆる〝必殺技〟に応用されただけでなく、基礎的な部分、すなわちコン・バトラーVの駆動系にも使われている。また、バトルマシン各機をコンバインさせる際に発動する超電磁引力とも呼べるお互いを引きつけ合う力もこの技術がなくては実現しない。ただし、バトルマシン単体ではリアクター出力が足りず、3号機を中心としたコンバイン・シークエンス時、そして合体後(コンバイン状態)でなければ基本的には使うことはできなかった。

この技術の詳細についてはよく判っていないが、当時のデジタル・コンピューターの演算能力では制御しきれないものであったのは事実のようだ。その代わりとして、人間の〝意思〟の力をコントロールに応用したアナログ的制御を行っていたとされる。先述のように、超電磁フィールドはうかつに扱えば互いの機体を潰《つぶ》し合うほどの凄まじいパワーを発する。攻撃力に使用する場合はまだいいが、合体時には繊細なコントロールが要求されるということだ。従って、平常心や集中力が調《ととの》った状態でなければコンバイン・モードを発動することはできないという制約に繋《つな》がるのである。

そのほか、この技術の応用として、発生する超電磁波に強弱を付けることで通信波として使用可能なことも発見された。音声通信も各種テレメトリーデータもアナログ信号で送受信されており、受け取る側（ロペットと基地コンピューター）もそれをアナログ処理していたようだ。当時はほかに超電磁波の受信器がなく、バトルチームの作戦中における無線が傍受《ぼうじゅ》されることはなかった（むろん、通常施設や航空機などと連絡を取り合うため一般電波を用いる通信装置もバトルマシンには搭載されている）。

コン・バトラーVの構想

日本政府と国連の後ろ盾を得た南原博士は、異星人への対抗兵器の開発に着手する。キャンベル星人との諜報戦は水面下で続いており、異星人たちがどのような手段で地上侵攻してくるのかの予測が立てられた。

異星人たちはどうやら、侵略した異星系生物を仮死状態として運び込んでおり、これを操ることで尖兵とする戦略であることが確からしいと判った。各国の科学者や軍事関係の専門家による極秘委員会においても、その戦力の評価は様々に分かれた。それもそのはずで、情報は断片的かつ実際に誰も目にしたことがない生物兵器が相手である。南原博士は2万年という途方もない年月、地下に潜伏可能な技術、そして外宇宙へ侵攻し多数の異星系生物を捕獲できる異星人の文明レベルから、恐らく現在の地球の通常兵器では対抗不能であろうと推測した。核兵器であれば先制攻撃による殲滅《せんめつ》も可能かもしれないが、仮に彼らの拠点が判っても地下深くへの攻撃方法がない。そもそも南原博士は、この日本で再び核兵器が使用されることなど絶対にあってはならないと考えていた。

巨大な生物兵器には、それと同等の兵器をもって対抗する――。その構想は、超電磁波コントロール技術で「何ができるのか」がおぼろげに見え始めた頃、同時に形をなしていったのである。南原博士は、この時すでに巨大ロボット兵器の青写真を頭の中に描き始めていたようである。

ただし、当初は合体システムは想定されておらず、人型の巨大ロボットとしてのみの構想だった。実際に設計の検討を始めてから、個々のユニットを合体させるのではなく、巨大ロボットを「分割する」というアプローチでコン・バトラーVの雛型ができあがったのだという。コン・バトラーVはその巨体があってこそ超電磁理論による厖大なエネルギーを発生させることができ、異星人の生物兵器と渡り合える。しかし、言ってみればそのエネルギーの使い方は「太く、短く」であり、長時間の活動、長距離の移動には不向きだ。敵がどこから現れるか判らない以上、拠点から戦闘域までどのような手段で移動させるかも考慮せねばならない。そこで、分割して複数のユニットとすることにより、「細く、長い」エネルギーの使い方が可能なシステムを採用した。それこそが、後にコン・バトラーVとして具現化する巨大合体ロボット構想であったのである。

南原コネクションの創立経緯

南原博士は研究者としてだけでなく、組織の長としての素質も兼ね備えていた。中心にあるのは超電磁理論という自らの研究成果とコン・バトラーVの基本構想であったが、これを実現するために各界から必要な才能を集め、適材を適所に配置し、能力を自由に発揮させ総体としての計画を成就する。その実行力と懐の深さこそが、博士の偉大さであった。

日本政府から異星人対策の嘱託《しょくたく》を受けた南原博士は、まずは研究拠点の構築に取りかかる。それが後に「南原コネクション」と呼ばれる一大私設研究機関であった。その本拠地は日本列島の南側海岸に位置し、太平洋を臨む。研究機関の名称はイコール、本拠地そのものの名称ともなっている。戦後、自由な研究ができずに各地で燻《くすぶ》っていた若い才能を、自ら作り上げたこの私設研究機関へと集め、コン・バトラーV開発へと振り向けた。研究者や技術者の集まった力こそが、異星人を撃退すると信じた。同時に、この拠点は先述のように研究者たちの身柄を暗躍する異星人の脅威から保護する役割も負っていたのである。

博士は、日本政府から提示された候補地の何ヶ所かを実際に検分したうえで、太平洋を臨む断崖一帯の土地を最終的に選ぶ。この断崖を中心とする周辺の広大な敷地は、人里から少し離れた場所で農地には不向きな土壌とされ、交通アクセスも未整備であったことから破格の安価で手に入れたという。

地盤は強固で土木工事は難航しそうだったが、南原博士は自分の、いや地球人類の明日を左右しかねない組織の中枢にここを選び、基地の建設に着手した。日本全土が戦後日本復興の威信を賭けた国家プロジェクトとして開催された東京オリンピックの余韻に浮かれているのを尻目に。オリンピックに必要な交通路整備や各種の施設を建設するために動員され、そして行き場を失った多くの労働力は南原コネクション建設計画が吸収した。

南原博士の特殊研究施設建造は着々と進められた。やがて大阪で開かれる万国博覧会準備に多くの人手が取られていくが、施設は遅延することなく竣工にこぎ着ける。ここには南原博士が理想とする研究設備が整っており、また機械生産施設も隣接し、一見すると後に言う産学協同学園都市のミニチュアのような地上施設として落成した。様々な分野の学問を研究する区画があり、もの造りに特化したセクションも存在する。相互の交流も積極的に行える開放されたシンクタンクのような機関であり、〝南原コネクション〟という看板が掲げられた。

この機関が扱う分野は、世間や国家が認識する理系・文系などという陳腐な区分けはない。一定の資格があり審査を通れば、この施設における研究区画を獲得でき、各種施設を利用して自由に研究活動が行えた。極端にいえばここをアトリエにする画家や彫刻家、小説家がいてもそれをコネクションは拒《こば》まなかったし、町工場や伝統工芸の職人が仕事場を構えることも可能だった。基本期間上限は特に決まってはいないが、その間の生活に必要な金は給料などは出ないため、当然個々人が捻出しなければならない。ただ研究費や施設使用費は申請計上し内容が正当であればコネクションが全額負担・援助してくれる。条件のひとつとして職人仕事の場合には後輩の育成、研究職の場合には有望性ある研究のプレゼンテーションを一定期間ごとに行うことが重要で、その審査によって施設使用の権利延長または停止が判断される。研究成果については、コネクションとの話し合いによって個々人の所有、コネクションとの共有、コネクションへの譲渡など交渉次第であったという。この夢の産学協同施設が存続した期間は十年にも満たないが、ここで多くの才能が開花し、日本全土に散っていった。しかし、この施設の本質は地下に存在した。彼はその地下施設で本来の目的である〝秘密兵器〟の開発と製造に注力したのである。

南原コネクションの地下施設には、本格的な実証機体製造のために多くの技術者が集められた。どのようにリクルートしたのかはわからないが、皆、南原博士の意向に賛同したうえでの採用であったとされる。世界電磁学会を通じて各国から集められた人材も、南原コネクションの職員として雇用されていた。かれらの一部は地上で開放されている南原コネクション内で働いているが、大部分は地下施設で業務にあたっていた。従業員は、単身者の場合、敷地内の独身寮に入ることができ、家族のある者は近隣の町に用意された一軒家、あるいは家族向け社宅に居住していた。

外界に対しては完全に本来の目的を秘匿した地下施設に関する情報管理は徹底して行われていたが、大型の線形及び円形加速器を複数設置していることや、ゆくゆくは核融合発電を目指すための先進的な実験設備を建造するとアナウンスされていたため、多数の従業員が出入りし様々な器材が搬入搬出されることや、外国からの個人や団体の訪問者があっても、周囲の住民から不審がられるようなことはなかった。地下施設の存在そのものは公にされており、稼働する線形加速器の運用状況や実験成果についても一部公表、公開されていたことも、施設の信憑《しんぴょう》性を高めていた。だが一方で〝安全の確保〟という名目で関係者以外の立ち入りは厳重に管理されていた。メディアの取材は引きも切らなかったが、コン・バトラーV開発を窺《うかが》わせるような事柄が、Xデー以前に洩《も》れたことは皆無である。

こうして、巧《たく》みなカムフラージュを施した施設と要員によって、地球の命運を握ることになるであろう〝秘密兵器〟は、次第に形を成していったのであった。

四ッ谷博士との交友

南原博士に後事を託され、南原コネクションの司令官となった四ッ谷博士についても、実のところ不明な点が多い。彼の経歴についても、前述の南原博士同様に秘匿の処置が行われたことは言うまでもないが、南原博士と異なるのは、南原コネクションの司令となる以前には、彼はさしたる重要人物ではなかった点だ。従って、南原博士ほど経歴消去の措置は徹底的に行われていない。それでも、彼の半生がほとんど謎に包まれているのは、戦争の影響による。彼は東北地方の生まれだったが、生家のある地

Gargantua

■ガルガンチュワ
英国が威信をかけて開発したローレンス・ピカデリー教授の手になる巨大ロボット兵器。世界最強のロボットと発表してしまったがために、国家の名誉を失う恐れのある実戦への投入をためらわれていたが、世界とコン・バトラーＶの危機に際し、ピカデリー教授自らの操縦で出撃。貴い犠牲となった。名前は中世ヨーロッパに伝わる古い巨人伝説が由来と思われる。

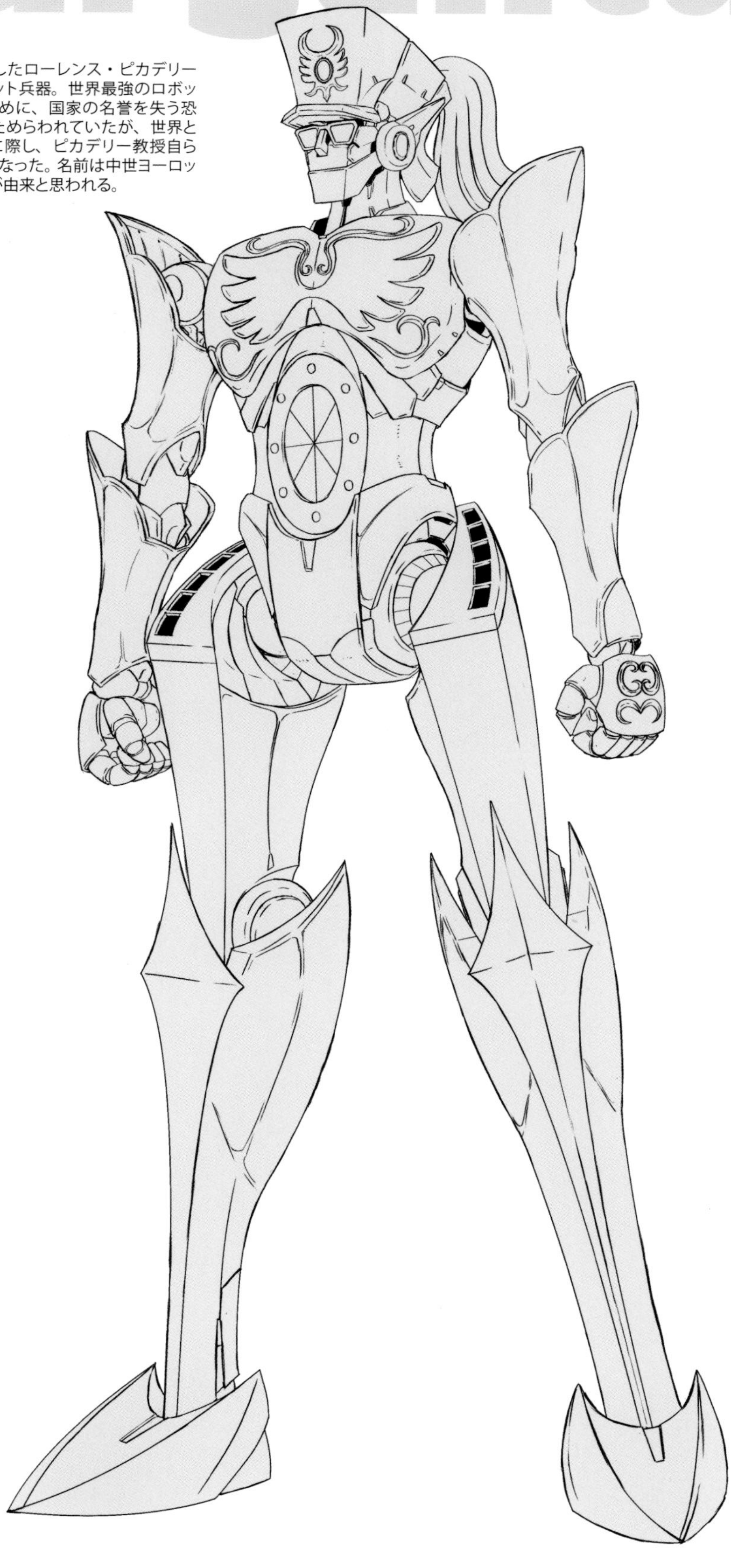

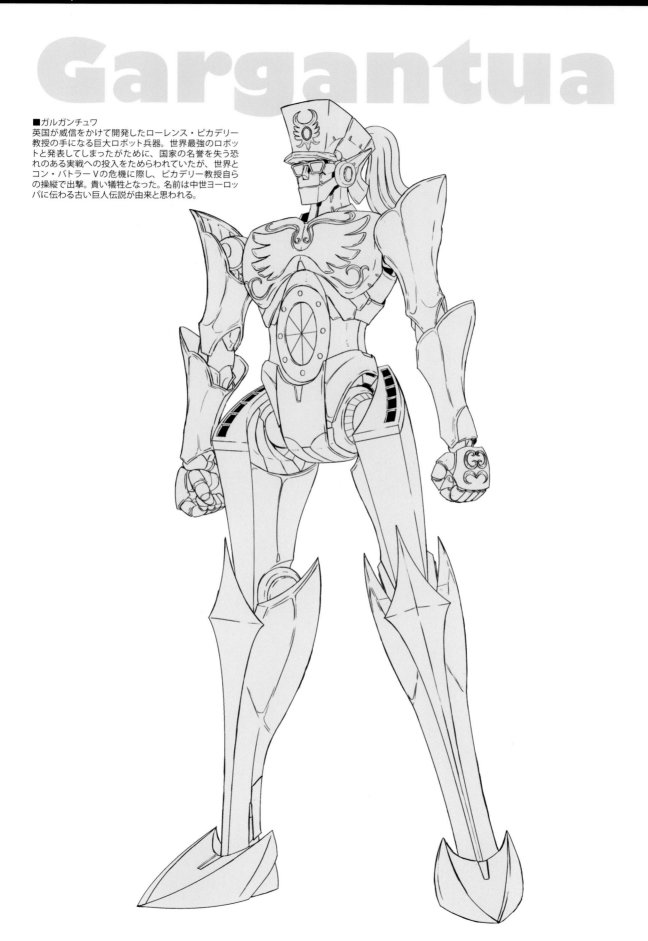

方都市は空襲で大きな被害を蒙《こうむ》った。当然、彼だけでなく多くの市民の記録がそこで喪失している。

四ッ谷博士は外科医の資格を持っていたため、従軍医師として戦線に身を投じたらしいが、その後は医業からは遠ざかっている。その理由は不明だが、戦争で悲惨な体験をした者の多くが、それを自ら口にしたがらないのと同じように四ッ谷の口も固く、ともかく彼は人類そのものに絶望していたようである。

南原博士と四ッ谷博士は同郷の生まれで、少年時代をともに過ごした竹馬の友である。南原コネクションを創設し、コン・バトラーVの開発に奔走し始めた南原博士は、かつての親友の手をなによりも借りたかったに違いない。しかし、前述のように異星人が有能な科学者に次々と悪の手を伸ばしていたこの時期、あえて博士は四ッ谷博士に連絡を取ろうとはしなかった。だが、いずれ時が来ればバトルチームの指揮を彼に任せる腹づもりであったらしく、いざキャンベル星人との戦いが始まった際には協力を請い、あとのすべてを彼に託した。それほどに、信頼していた友であったのだ。

コン・バトラーVの開発

後にコン・バトラーVとして結実する巨大ロボットの仕様は、想定される異星人の兵器に対抗可能な大きさと出力を元に決定されたことは言うまでもない。奴隷《どれい》獣の戦闘力は、拉致《らち》されたのち脱出に成功した科学者、あるいは労働力として攫われた民間人などが命がけで持ち帰った情報により、断片的にではあるが推定されていた。博士はこの貴重な情報からロボットのスペックを弾き出したが、充分な出力や強度を与えることと、当時の技術で製造が可能な機体を設計することの両立は困難を極めた。例えば、コン・バトラーVの全高は57メートルとされているが、これを100メートル級として圧倒的なパワーを誇るロボットを設計することは理論上可能だった。しかし、動かない建造物ならまだしも戦闘ロボットとしては物理的限界を超えていた。それは超電磁力によって自重のコントロールを行ったとしてもまったく無理で、奴隷獣と同様の50メートルクラスがやっとという計算だった。逆に言えば、少なくとも地球の重力下においては異星人の技術でも奴隷獣が動ける限界がこの大きさと重量であったということだ。彼らもその想定で数ある中から、地球において最大の戦闘力を発揮できる奴隷獣を選別して運び込んでいる可能性が高い。従って、この物理的上限に縛られた中で、いかに敵を超える火力や格闘戦力を付与するかが鍵を握ることになろうと予測された。

先に述べたように、コン・バトラーVは全高57メートルの巨大ロボット形態において最大のパワーを発揮できるように設計されている。中心となる巨大エネルギープラントのほかに、末端へ配置された超電磁機関が生み出す超電磁界の相互作用により、関節部の駆動系を緻密に操作すると同時に機体構造体を強力な超磁界で物理的に操ることで、ロボットとしての動作を制御する。末端の超電磁機関はそれぞれ独立したエネルギープラントとして働くことが可能であり、それは機体の分割を可能とし、長距離を経済的に移動することにも繋《つな》がる。機体の合体システムもむろん超電磁界のコントロールにより制御されるが、これらの発案こそが他の国にはない画期的なものだった。

こうして具体的な設計がスタートした。その過程におけるあまたの検討の中で、各機体に搭載する武装や能力も様々なアイデアが出され、当初は機体の分割について六分割など複数案が検討されていたとも伝えられる。それらをひとつの方針に従って振り分け、最適化する作業が進められた。その方針とは、各機体にそれぞれ専門性を持たせる、といったものだった。

超電磁理論に基づいたエネルギー兵器も多数搭載するコン・バトラーVであるが、その武装には実体兵器も多く実装されている。これは、超電磁の物体操作性とエネルギー効率を鑑《かんが》みた場合、物理兵器との組み合わせが効果的であるとの研究結果があったからとされる。質量兵器を超電磁のパワーで加速し撃ち出すだけで、巨大な物理エネルギーを攻撃力として敵にぶつけることができる。形状を工夫し、先端を尖《とが》らせるだけでも奴隷獣の身体を切り裂く、あるいは貫き通すなど、少ないエネルギーで多大なダメージを与えることが可能であろう。物体を超電磁界で自由にコントロールできる力は、実際に戦いが始まってからも、超電磁ヨーヨーといった形で創意工夫が形になっている。

やがて、コン・バトラーVの操縦者の選定も始められた。格闘技、射撃、科学的頭脳など才能ある若者たちが各方面から集められた。分割された各機体は、その専門性に鑑《かんが》み、パイロットにも適性を求めた。単に機械操縦技術に長けた者というだけでなく、精神性や特性に合致した能力が求められたのである。例えば、多くの武装を搭載し腕部を物理的に操作し攻撃を加えることの多い上半身の2号機には、目が良く射撃センスのある者が適している。また分析装置などを搭載する5号機も、器機の扱いに専門知識が必要だ。1号機パイロットにはチームリー

キャンベル星地球侵略第２軍との熾烈な最終戦において、南原コネクションは壊滅した。地上施設として存在した研究塔などは再建されず、現在はこの写真のような往時の姿を見ることはできない。

ダーとしてのカリスマ性、統率力、決断力、士気を高めるムードメーカーといった要素も重要となる。

　さらに、南原博士はこれ以外にもパイロットへそれにふさわしい〝適性〟を求めた。日本を、ひいては世界を護る任務へ就《つ》くにあたり、搭乗者たちに精神的な清廉さや純粋さといった条件を課したのである。

　５人の搭乗者たちが心をひとつに合わせなければ本来の力を発揮できぬよう、ある種の〝枷《かせ》〟を嵌《は》めたのは、この強大な力を持つロボットが物言わぬ単なる戦闘兵器でなく、平和の守護者として正しく使われることを願う、南原博士の想いの反映と言えるのではないだろうか。

　イギリスをはじめ、各国でも同様の情報を元にロボット兵器の研究が進められた記録は存在する。しかし、コン・バトラーＶほど独創的な戦闘ロボットはほかにない。これは、素粒子物理学を推進し、巨大粒子加速器の設備をいち早く整備した日本が超電磁理論を確立したことにより実現できたのだ。無論、この技術遺産は人類全体にとって独占や秘匿《ひとく》されるべきものではないとする意見もあるが、少なくともコン・バトラーＶは実証と実機が同時に確立したため、当時他国にまで技術供与されなかった。また異星人の脅威が去り、地球にそれまでのような人類同士、国家間の関係が戻ってくると、日本が保持するコン・バトラーＶは戦争抑止力としての超兵器として否応なく認知された。現在、コン・バトラーＶはあの戦いののち、恐らく稼働可能な状態でどこかに眠っているのであろう。もしそうでないとしても、「日本にはコン・バトラーＶがある」という事実が我が国を不可侵の存在たらしめている。いまや日本にとって、コン・バトラーＶは不可視の守護者となっているのだ。■

COM-BATTLER V

■コン・バトラーＶ
後期タイプ

コン・バトラーV
技術解説

集合合体結合することを“コンバイン”と名付けた開発チームは、最終的には5機のビークルが合体した完成形態をコン・バトラーVと命名することになる機体の、具体的な開発にとりかかった。個々の基本構成ビークルを具現化する作業と並行して、コンバイン後の人型ロボット形状における駆動試験のために、非分離式の縮小モックアップが作られ、その後に原寸大モックアップ、次にフル稼働の実動実証実験機が製造された。

コンバイン

コン・バトラーVは個々に特殊性・専門性のある5機のビークルが集合体として人型ロボット化した状態を表している。それぞれに兵器、重機としての機能・性能は高いが、5機がコンバイン（集合合体結合）することによって、攻撃兵器としての能力が最大限に発揮されるように開発は行われた。

コン・バトラーV各機の開発当時、電子計算機すなわちコンピューターは非常に大型であり、その情報処理能力は今日から考えると信じられないほど低いものであった。しかし、各バトル・メカにはその時代の最先端以上の性能を有する機体制御用コンピューターが搭載されている。それでもなお、複雑な機体制御には不充分であったことから、搭乗パイロットの〝脳〟を利用することが考え出された。脳の機能は複雑で、その全貌はまったく判っていないに等しい時代であったが、人間の脳が活性化している部分はごく一部で、ほとんどが休眠状態にあると言われてもいた。情報伝達は生体が生む電気的な信号によることは明らかになっており、南原博士は人間の脳を機上制御コンピューターの一部として利用しようと考えたのであった。もとより、搭乗者の身体を侵襲するような処置は行わず、パイロット・スーツとヘルメット、操縦桿（ハンドル）が接触感知、コクピット全体が送受信装置としての機能を持ち、パイロット自身が意識することなく脳の休眠部分が活性化、機体制御を担うことになる。このため搭乗パイロットの疲労度は、通常の戦闘機などに比べかなり高かったといわれている。

搭乗パイロットの意識の混濁《こんだく》や混乱あるいは集中度の低下があると、操縦桿による入力以上の操縦操作は行えなくなり、各機体の有する潜在的なポテンシャルを引き出すこともできなくなってしまうマイナス面もある。また思考による逡巡《しゅんじゅん》が重大な局面における意思決定を遅らせる可能性もあることから、操縦装置による物理的な入力は思考制御よりも優先されるよう設定されていた。これならば、訓練によって極限状態で体が反射的に反応するようになればある程度回避できる。ただし、意思に反した誤操作の危険もありうるため、否定の意思が明確である場合には機体を操作しても動作しないようプログラムされてもいた。

それぞれの機体に搭乗するパイロットは自ずと取捨選択されることになる。それは、機体側での調整では追いつかないような、パイロットの脳が持つ機能そのものに機体性能が左右されることになるためである。当時の技術ではこれを人工知能で補うことはまだ困難で、生身の人間への依存度が極めて高かったのである。

こうした訳で各メカに搭乗するパイロットの選定には慎重が期された。単なる機体操縦に対する適性だけではなく、生得的、気質的な生体的適性も勘案されねばならない。特に、脳の機能に関する生理的な反応も重要な条件となるため、いったいどのようにしてパイロット選定が行われたのか、まったく判ってはいない。ただ、肉体的年齢の若さという一定の条件があったことは実際に機体を運用したパイロット達を見れば唯一明らかなことである。

COM-BATTLER V

■コン・バトラーV
後期タイプ（背面）

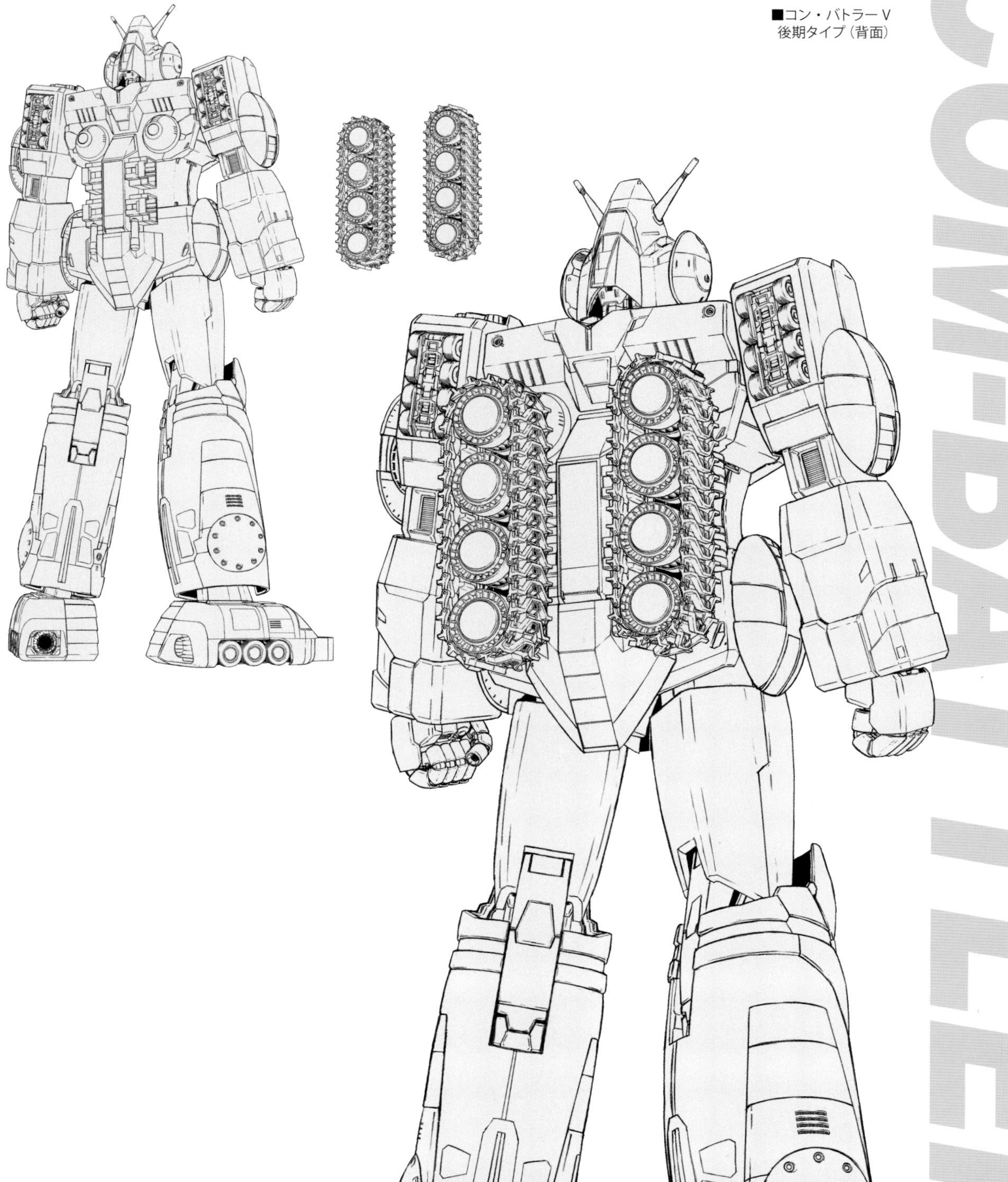

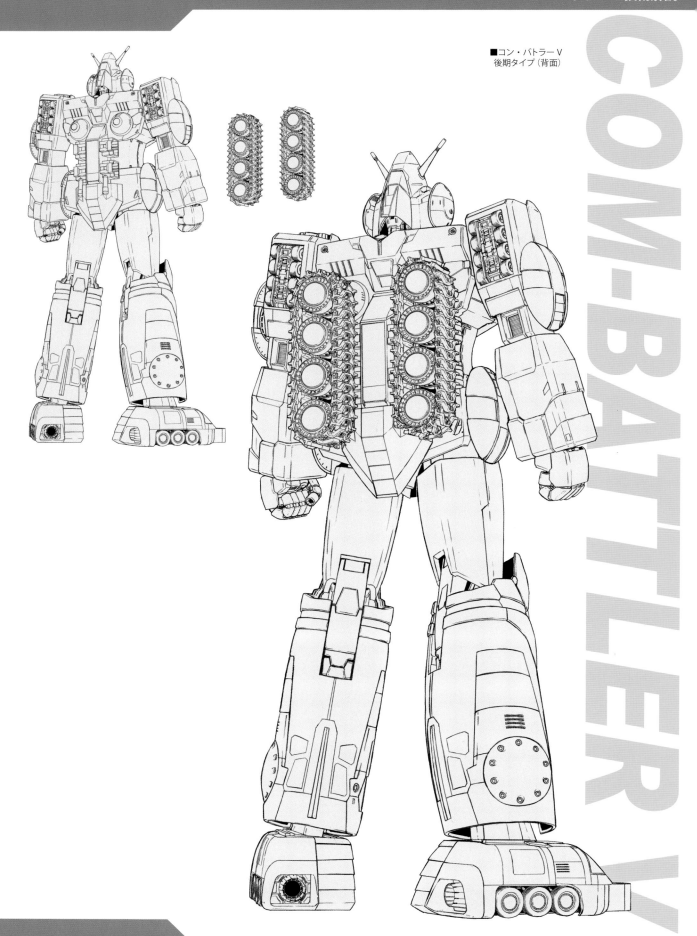

■コン・バトラーV三面写真

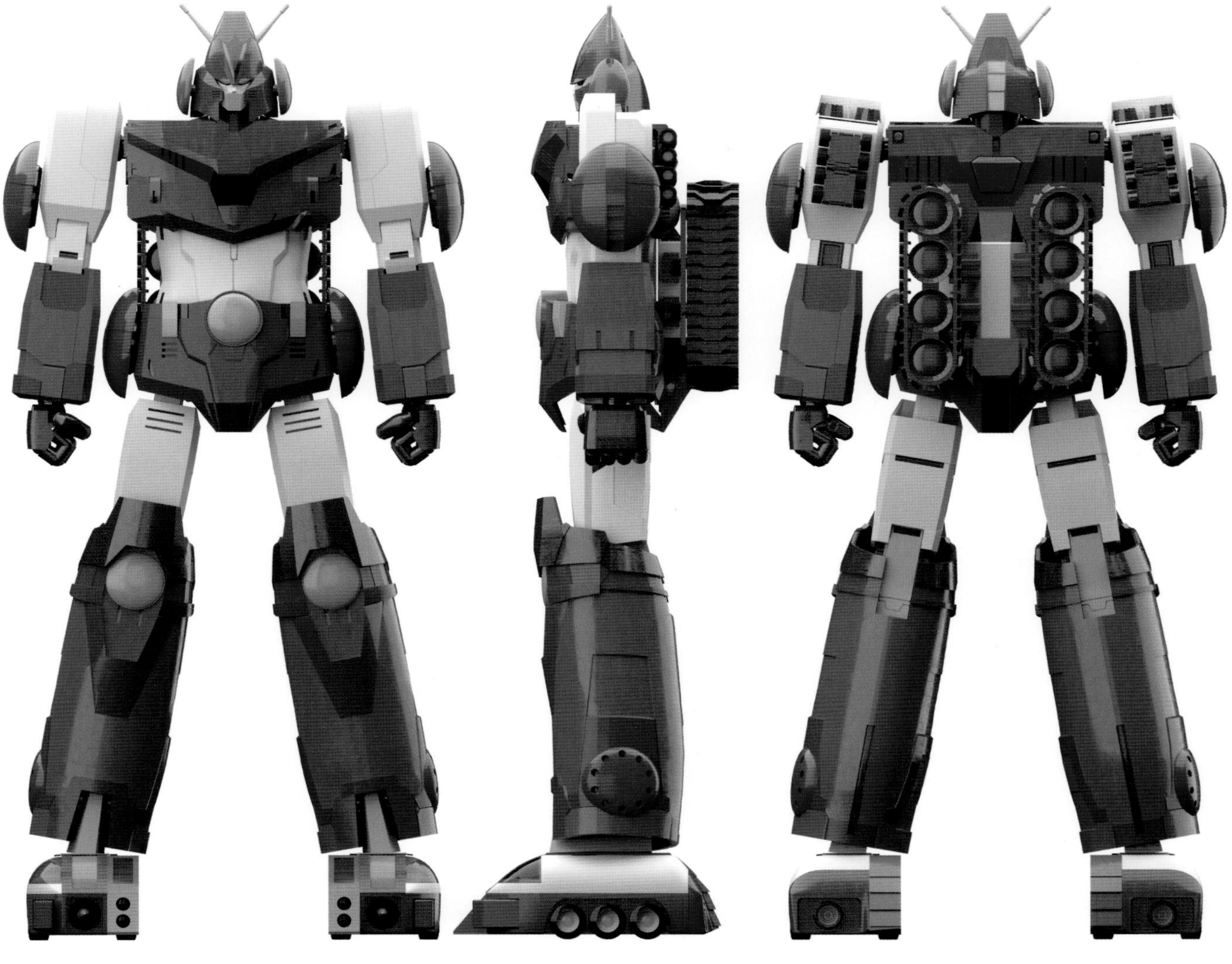

機体設計

機体は、まず筐体《きょうたい》、躯体《くたい》の構造強度確認を目的としたものとして作られ、実動に必要な機構を収めて人型機械としての物理的諸問題（機構、構造、材料）を洗い出すことに目的を移行したため、この時点では最終的な完成形状とはおよそ異なるものだったという。その後、各パートを構成する〝バトルマシン〟の図面上における形状を正確にトレスした外殻を連結した実動実証実験機の製造が行われ、バトルマシンに用いられる装甲材料によって覆《おお》われた完成形状の機体がロールアウトしている。内部には各バトルマシンのペイロードを再現するためにダミー・ウェイトを搭載し、試作型の超電磁リアクターをインストール、実用に供されたばかりの超電磁ジェネレーターやモーターを配置して駆動実験が行われた。しゃがむ、立つ、歩くというような初歩的な挙動を実行するのに四苦八苦してはいたものの、ひとまず自壊しない構造を実現できるようにはなっている。各バトルマシン実現のために開発された新技術によって生み出された機構、構造、素材のテストベッドをも兼ねた非分離式人型兵器は、個々のバトルマシンが如何《いか》にハイスペックの戦闘兵器として完成したとしても、人型兵器として完全に機能しなければ意味をなさないため、そのハードルは当時の製造技術水準をはるかに超えた目標に立ち向かっていたともいえる。この非分離式人型実験機体は、コンバインXという名で呼ばれ、コン・バトラーVが完成後にも記念碑的な意味も込めてコネクションの地下保管庫に保存されていた。後に異星人との戦闘時、コン・バトラーVの影武者として利用、失われている。

■バトルスーツ（男性用）

バトルマシン

コンバインにより人型形態となる前の、個々の戦闘用ビークルをバトルマシンと呼んだ。

各バトルマシンはそれぞれに特化・分化した機能が付与されているため形状は様々で、各々《おのおの》に特徴ある操縦特性を示しているため、機種ごとに専任となるパイロットが必要となった。各パイロットはシミュレーターによる訓練と、練習機仕様に改造された実機による慣熟を必要とするが、各バトルマシンに配される以前の初等訓練には、1号機をベースにした単座式練習機を用いている。バトルジェット・トレーナーと呼ばれる機体は搭乗パイロットの思考特性や集中度の測定を行うため大型機材を搭載しており、訓練を受けるパイロットのほうは機体を制御しながらのコンセントレーション法を身に付けることを学ぶ。基本的には実戦運用機体の予備機から武装を降ろし、モニター／測定機材を搭載や、司令本部からの遠隔操作が可能な送受信装置を搭載した（後にこの遠隔操作装備は実戦用機体全てにレトロフィットされるようになる）。モニター／測定関連機材を外して武装を再搭載すれば実戦運用機として使用可能であることは言うまでもない。1号機は少なくとも6機が同時に製造されており、消耗部品は交換用としてさらに多数生産されていた。アッセンブルと調整を完了して即座に運用可能な機体は3機あったが、それとは別の2機がトレーナーに改修されている。

コン・バトラーVの運用は、5名1チームが必要条件であり誰か一人でもクルーが欠ければ機能しなくなるという、見方によれば非常に脆弱《ぜいじゃく》な運用システムといえる。このため南原博士をはじめとする〝幕僚たち〟は、少なくとも3チーム、理想は5チームによる交代制でス

■バトルスーツ（女性用）

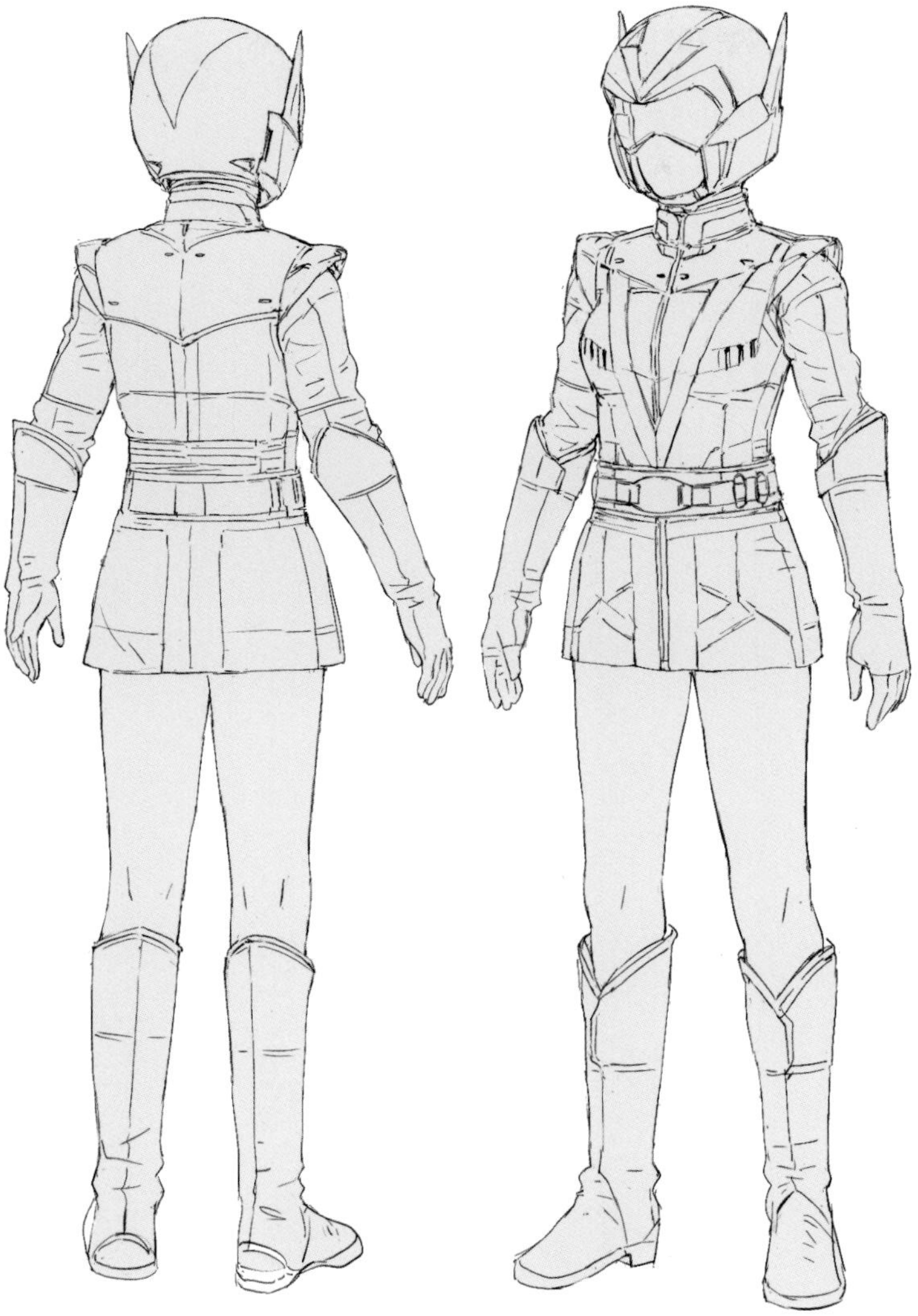

クランブルに備えることを意図していた。さらなる理想を言えば、チーム間のメンバー交替が行われても作戦に支障をきたさないまでに慣熟し練度の高いチームが複数存在する状態が望ましい。このため、機体も搭乗者に最適化した状態に調整され、各パイロットが専用の機体を有するようになれば言うことはなかった。予備機以外にチームの数に合わせた実戦運用機体を生産することは、まずできることのひとつであり、これが後に、量産計画が進んでいたと解釈された要因であろう。しかし、パイロット候補者の適性や肉体的年齢、健康状態だけでなく器質的な脳機能まで勘案せねばならないため、リクルート作業はなかなか捗《はかど》らなかったようである。

コン・バトラーVのシステム総体ではなくバトルマシンとしての機体特性から言うと、実はバトルジェットの操作自体はもっとも簡単であり、他の機種よりも専門性が低かった。このため、各機種の操作操縦感覚に馴染むための初等練習機としてバトルジェットが選ばれたのである。しかし、コンバイン後の操作とそれに伴う責任はすべて1号機パイロットに帰結するため、その精神的な疲労度は他の機種のパイロットよりも大きいだろうと考えられていた（実際にはそれぞれが、自分が欠ければシステムが機能しなくなるという責任感に押し潰《つぶ》されそうになっていたのだが）。

このような事情から第一期クルーの疲労を軽減するために交代要員の育成が始まった。まず1号機パイロット候補を複数教育し、適性審査ののち各機種への転換訓練を行うというプログラムに従って訓練過程が実施された。実際に次期1号機パイロット候補として訓練を受けたクルーのために1号2番機を用意、試験的な配備を行ったものの、残念なことに実戦に投入された機体とパイロットは共に失われてしまった。

ロペットの意味

電子計算機、つまりコンピューターそのものの小型高性能化が困難であった時代のことであるから、各マシン搭載の機上コンピューターの機能は限定的であり、各バトルマシン相互の機械的通信も制限されていた。もちろんパイロット同士の音声による通信は双方向式で、かつ複数間による交信も可能であったが、"AI"と呼ばれる概念のプログラムは未だ発展の端緒《たんしょ》であり、各マシン間のパイロットを介さない相互情報交換が可能となる機材を搭載することは物理的に困難であった。このため考え出されたのが、コン・バトラーVの指揮司令塔（本体は地下に設置されていた）に置かれた超大型のコンピューターと、その入出力用インターフェイスとなる独立行動可能な小型ロボットであった。"ロペット"という愛称が付けられたロボットは、人語を解し会話による入力が行える人工知能を搭載された機械として完成されているが、今の言葉でいうならばロペットは地下に埋設された大型コンピューターの実体式"アバター"であり、単独での"思考"と"機能"はごく限定されていた。このため、司令室にある専用のドックに配置され、大型コンピューターと連結した状態でしか本来の機能は発揮できない。コン・バトラーV及び各バトルマシンとの交信には超電磁波が用いられていたとされ、水や金属、岩石などの障害による通信波の減衰や遮断、そしてタイムラグもほぼなかったとされる。

ロペットがバトルマシンのコンバインに不可欠な存在であることはよく知られている。もちろん、各マシンに搭載されるコンピューターの相互通信でコンバイン可能となることが理想であったが、それが物理的に困難であった以上、外部から超電磁波通信によって各マシンの（パイロットを含む）ステータスをモニターし、コンバインのタイミングへと誘導するデヴァイスが必要だと考えられたわけである。考案されたシステムがロペット（Remote Operating for Psychonic Enhancer of Tie and Transmitting）で、コン・バトラーVを実現するための切り札でもあった。各パイロットの思考が同一方向に集束し意識が揃《そろ》わなければコンバインできないことはマシンの効率の良い運用に際し高いハードルとなることは間違いないが、それゆえに他の人間、本来のパイロットに成りすましたような他者をスクリーニングするためのフィルターともなり、コン・バトラーVの悪用を未然に防止するセキュリティ・システムとしても機能していた。

当時の持てる技術を結集して完成されたコン・バトラーVの能力を最大限に引き出し活用するためには、パイロットの操縦スキルのみならず各人の精神的成長、集中力の強化、結束力向上を必要とし、これを常時モニターしながらコンバインのタイミングを指示するコンピューター・インターフェイスとしてのロペットの存在は少なくとも初期においては重要なものであった。

やがてパイロット間の信頼感と協調性が成熟した時点で、個々のパイロットが持つ共通の意思によって合体シークエンスに移行できるように、実は基地地下のコンピューターが指示しコントロールする比重が小さくなっており、ロペットは純粋なタイミング・カウンターと意思統一のモニターとして機能するようになっていた。

南原博士の目指すところは、パイロット・チームがそれぞれに思考しながらも、意思を統一することでコンバインと分離が自在に行えるようになることであり、そのような運用が実現できなければ、量産しても実用兵器としての運用は難しいと考えていたようである。とくに、基地にある大型コンピューターのサポートがなければ機能しないようでは、実用性に乏しい。実戦運用を重ねるうちに各パイロットの経験値が上がり、共同作業としての戦闘が不安なく見守ることができるようになったころには、コンピューターによるサポートはほとんどなかったといい、ロペットによるコンバイン指示も、いってみれば意思確認のためのルーティーンに近いものとなっていた。ただこのシステムを完全に廃さなかったのは、もっぱらセキュリティーの観点からであったとされる。

COM-BATTLER V

■コン・バトラーV
前期タイプ

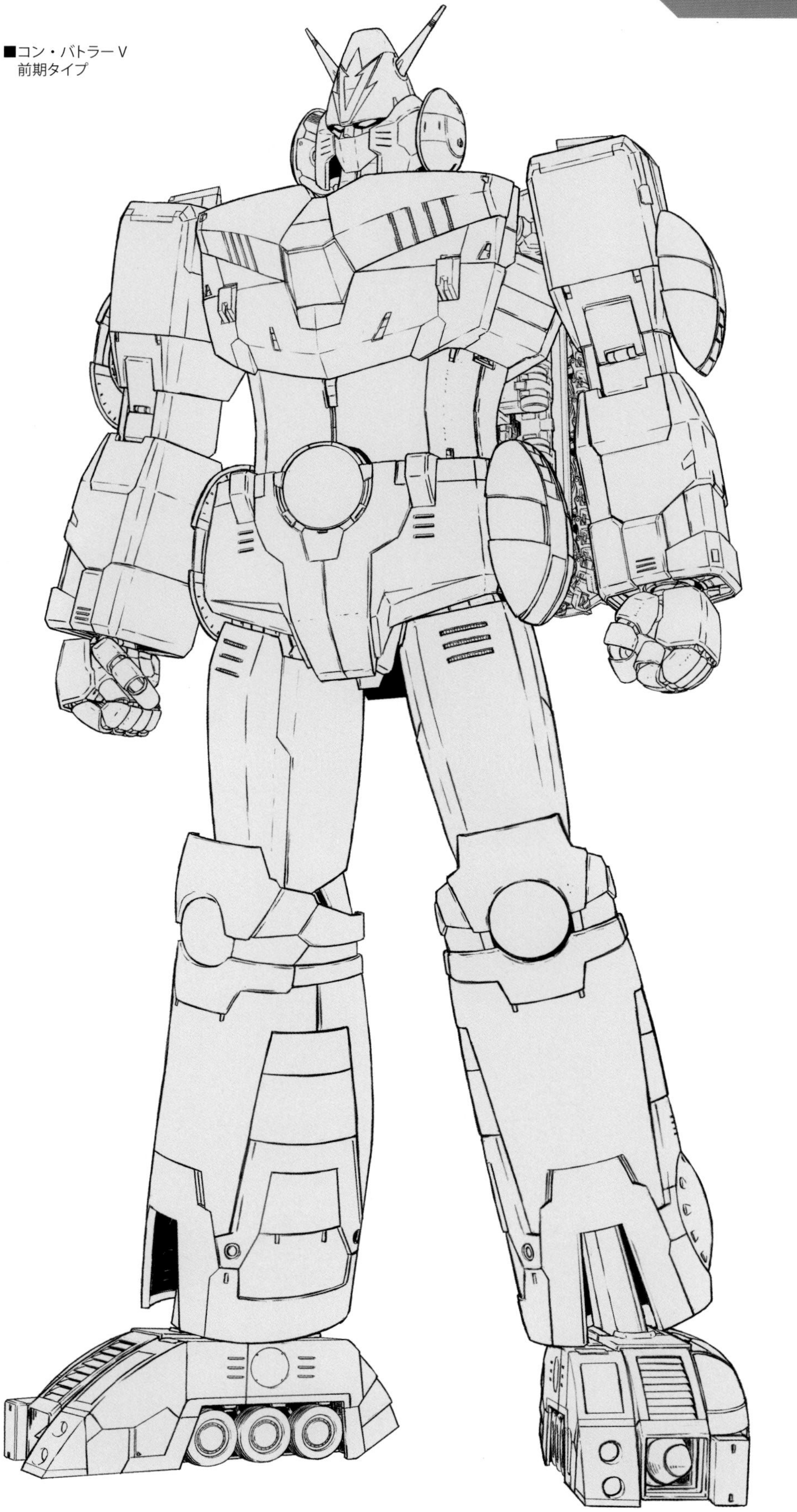

コン・バトラーV

全高57メートル、総重量は550トンとされる人型兵器のコン・バトラーVは、全身が武器の塊であるといってもいいマシンであり、文字通りの格闘戦闘さえ行うことから、筐体《きょうたい》は当時合成可能な高強度材料で構成された。しかし一般に公表されているように装甲材料がサーメット【※1】と呼ばれる焼結型の複合材料であるとは考えにくい。サーメットは総体に耐熱性が高く、高強度、超硬質であるが靭性に富んでいるとはいい難いため、実際に各機体の外殻に使用されているとは思えないのである。実際に用いられているのは非磁性の超硬スチールを基材とした金属基複合材、あるいは金属間化合物の一種ではないかと推測されている。

機体のレスポンスの良さは、戦後に発展したロボット義肢技術の成果が結実したものといえる。その一方で、巨大な機体の駆動に必要なモーターは超電磁場を利用した小型高出力器機、そして慣性の制御にも同じく超電磁力を利用した制動メカニズムがバランス良く配された結果である。

機体の運動性のみならず、コンバインした状態でさえ短時間ではあるが高速飛行が可能であったことは、驚愕に値する。

合体した状態での推進飛行はエネルギー消費が大きい。そのため、コン・バトラーVが飛行する姿が見られたのは敵を倒した後、帰投時が多かった。3号機を除くバトルマシンはそれぞれ単独飛行能力を有するが、ノズルやインテイクなど飛行に関する重要要素が合体によって露出しない状態となる。そのため5号機底部のノズルの噴射のみによって飛行しているように見える。コンバイン形態における飛行原理に言及した資料はないが、これも超電磁理論に基づくなんらかの手段(仮に超電磁飛行理論としておく)により実現していることは間違いないだろう。飛行時、腕部を大きく左右に広げた姿勢を取るが、腕部を超電磁力場により揚力を生み出す主翼としている可能性もある。

なお推進による飛行(移動)を伴わない場合、上空に留まっての空中戦なども行うが、これも超電磁飛行理論によって実現している。

※1
サーメットはセラミック(ceramic)と金属(matal)を合わせた造語である。高融点(2000～3500℃)のセラミック材料を、金属を結合材として焼結した一種の複合材で、用いる材料によって様々な特性を見出すことができる。

命令伝達・実行プロセス

コンバイン状態の機体制御は、通常はコンバイン後に頭部となる1号機のパイロットが指揮制御をしないという意思を明確にしない限り、操縦権の優先順位は常に1号機が最上位にあった。5名のパイロットが好き勝手に操作に割り込むことを防ぐためである。ただし、緊急時に他機からの操縦も可能なように指令系統にバイパスが行えるシステムも備えられている。1号機の優先入力解除はマニュアル操作のスイッチで行うことが通常であるが、これではもしパイロットに異常が生じた場合に対処が難しいという問題があるため、強い意思表示があれば自動的に、1号機パイロットが指名した他のパイロットに優先権が移行するシステムも導入されている。これは試験運用されている脳波制御システムの延長線上にある技術で対応していたが、必ずしも万全なシステムではないことから、マニュアルの制御切り換えスイッチが残されているという。なお、1号機パイロットが意識を喪失するような事態になった場合は、自動的にコンバインは解除されてしまう。

訓練風景などが一部公開されていることから、コン・バトラーVは戦闘時において武装使用時（各種射撃、または内蔵兵器による〝必殺技〟発動時）にパイロットがその名称を叫ぶことが知られている。この理由については諸説あり、音声コマンド入力によるコンピューターへの指令である説など様々にあったが、実際には古来からある搭乗員間の命令・意思伝達手段に過ぎないようである。

前述のように、コンバイン状態におけるコン・バトラーVは、基本的に1号機パイロットによって機体全体の操作が行われる。また、武装の選択や発射・発動タイミングも1号機パイロットに委《ゆだ》ねられている。この時、1号機以外の各号機パイロットは、機体の操縦操作からは解放されているが、各機特有の機能や武装のコントロールは継続して行っている。例えば、2号機搭載の飛翔兵器（ロックファイターなど）や物理兵器（バトルガレッガーなど）は、発射態勢に移行する動作を1号機パイロットが行った後、射撃における照準や発射管制といった実際の攻撃操作は2号機パイロットが実行している。そのため、1号機パイロットは「これからこの武装を使用する」という意思伝達を音声によって各パイロットへ行う必要がある。2号機のみならず、超電磁タツマキや超電磁スピンなどいわゆる〝必殺技〟発動時には、機体全体の出力調整なども必要になるため、3号機パイロットもこれに備える。3号機は機体全体のパワー配分のコントロールのほかビッグブラスト発射管制も行う。また5号機はコンバイン時でも独立した観測装置を用いて敵の探査や解析をしている。なお1号機パイロットが怪我などのアクシデントで行動に制限があるような場合でも、ほかのパイロットが攻撃操作の実行を行えるケースもあり、4号機パイロットによる代行操作で「バトルキック」を発動させた例もある。

確認されている以上の事例からも、コンバイン時における機体操作の権限は基本的に1号機パイロットに集約されているが、過度の負担を軽減するため専門的な操作や管制は各号機パイロットが担い、そのために音声伝達による連携を行っていると考えられる。

この音声伝達手段は、パイロット1名もしくは複数名がなんらかのアクシデントで肉体的に操縦操作が困難になった場合にも、ほかのパイロットに権限を一時的に移譲するのに必要である。従って、彼らは日常的にコマンド入力の際に音声を同時に発声している。ただし、1号機パイロットのみに発動権限が与えられている一部の技（超電磁スピンなど）は、1号機コクピット・コンソール上に設けられた規定のレバー操作が必須である。これは、多大なエネルギーを消費し、安易に発動すれば行動不能となり敵との形勢が逆転してしまう両刃の剣ともいえる技の使用に関して、リーダーでありコン・バトラーV機長である1号機パイロットの判断が絶対的に必要だからだ。逆に言えば、これらの〝必殺技〟を他のパイロットが独断で発動することはできない。なお発動承認後の実行操作は、他のパイロットによっても可能となる。

ほかに1号機パイロットの承認が必要な操作として、コンバインがある。各機体がコン・バトラーVへ合体する際にも同様に音声による「レッツ、コンバイン」の号令がかけられ、1号機コクピット・コンソールが変形し、操縦桿が飛行機からロボット形態の操縦に適したレイアウトとなる。

また、フェイルセーフ機能として音声のほかに、ヘルメットに内蔵された脳波送信機により、ある程度の機体コントロールが可能であるという。この脳波送信も超電磁理論の応用によって極めてジャミング等に強い性質を持つ。コン・バトラーVの機体操縦そのものを脳波操縦で行うためのコクピットへのオプション装置搭載も試みられ、一応は実用レベルに達していたようだが、パイロットの脳への負担が大きすぎ、あくまでも予備手段として扱われていた。そのほか、南原コネクションの管制塔から誘導電波により帰投など自動操縦も行えることが確認されている。■

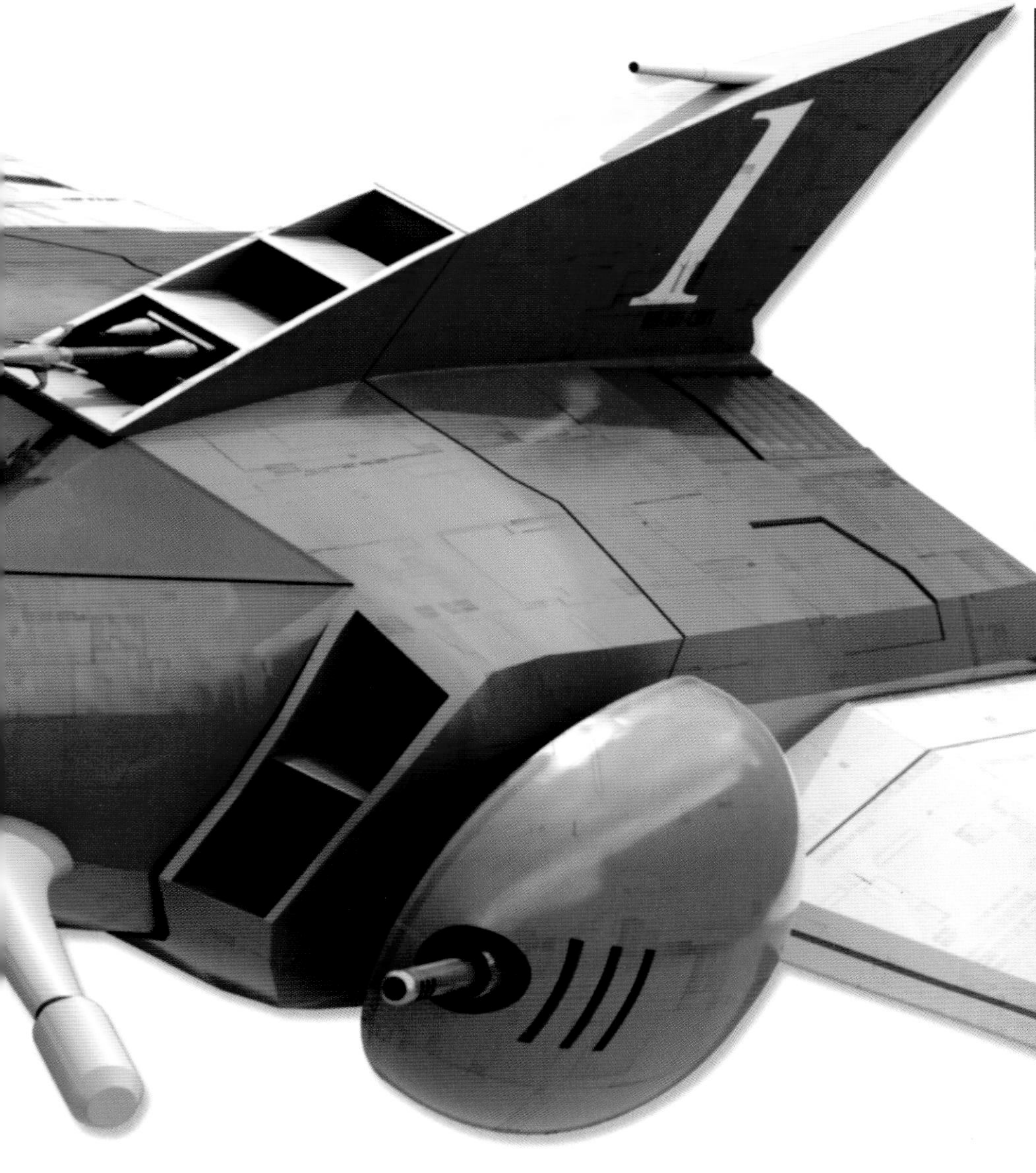
1
BJT-101-CBV1

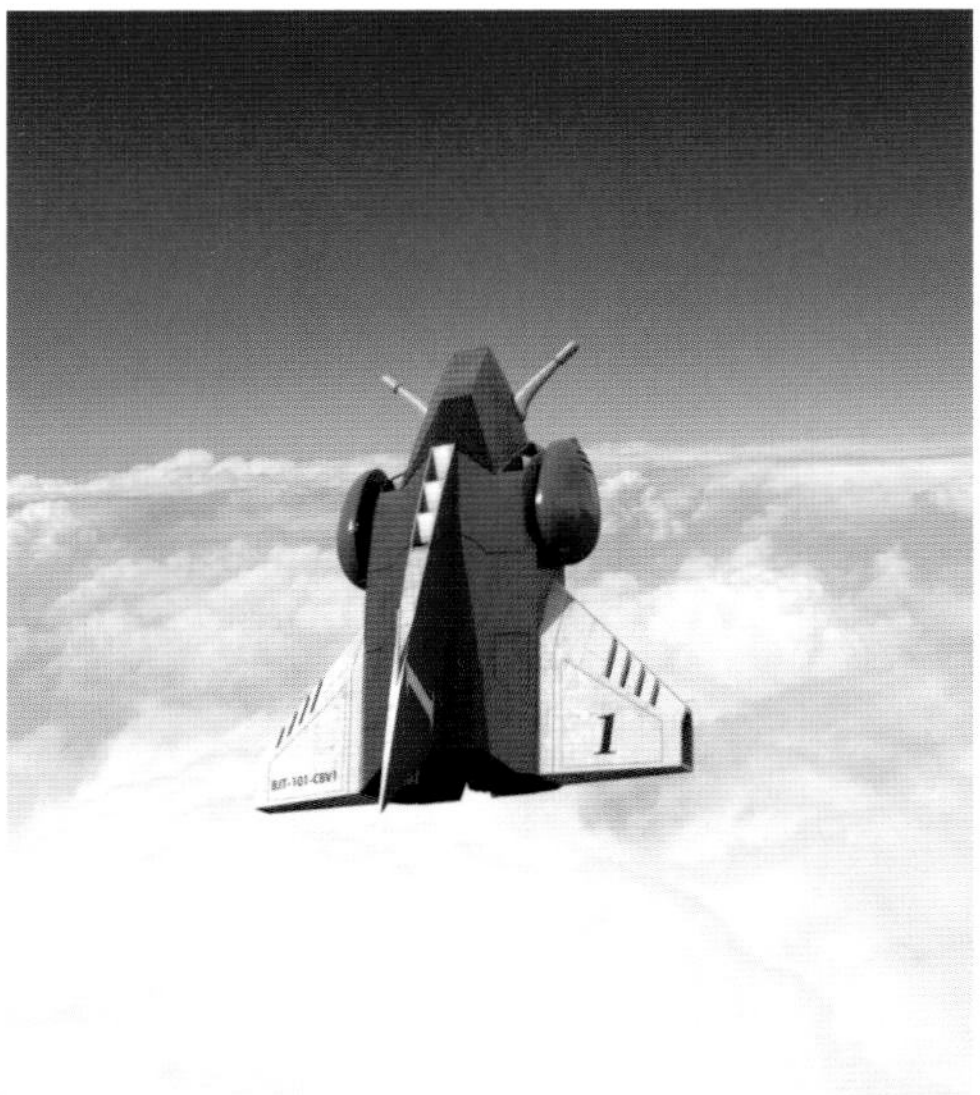
1
BJT-101-CBV1

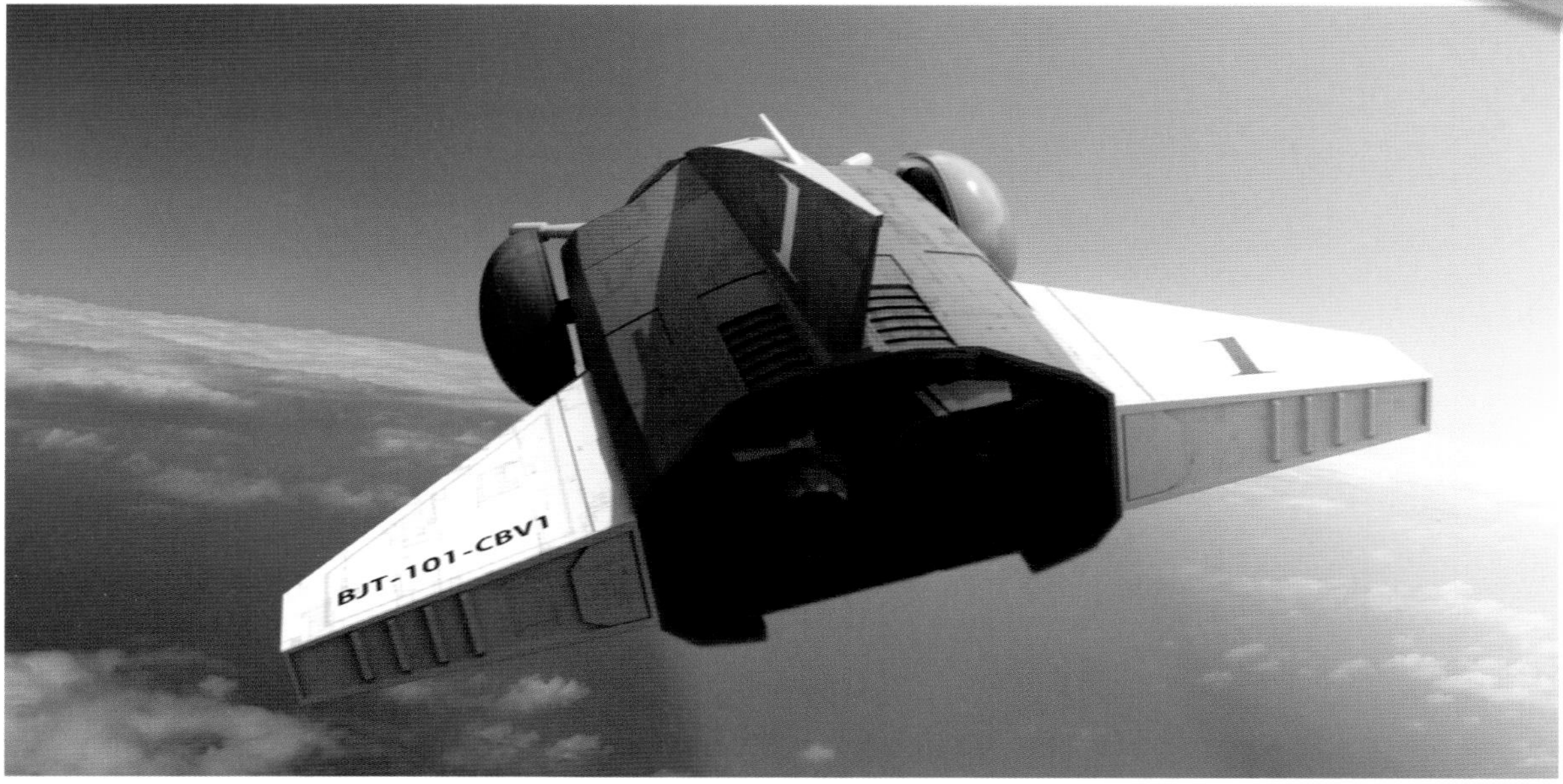
1
BJT-101-CBV1

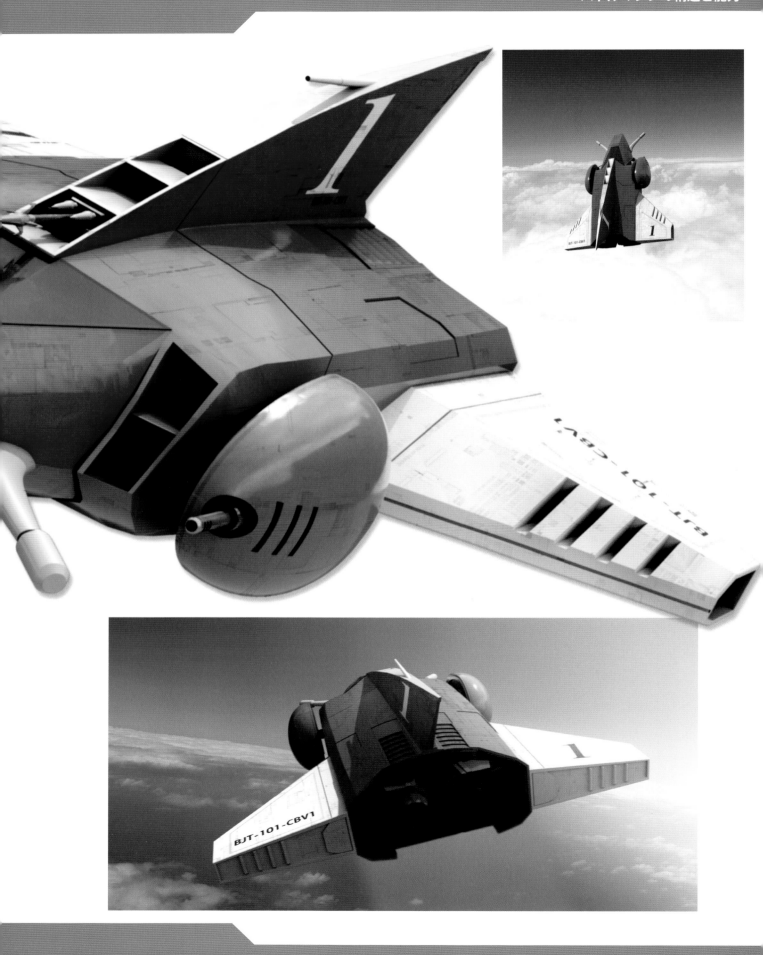

BATTLE JET

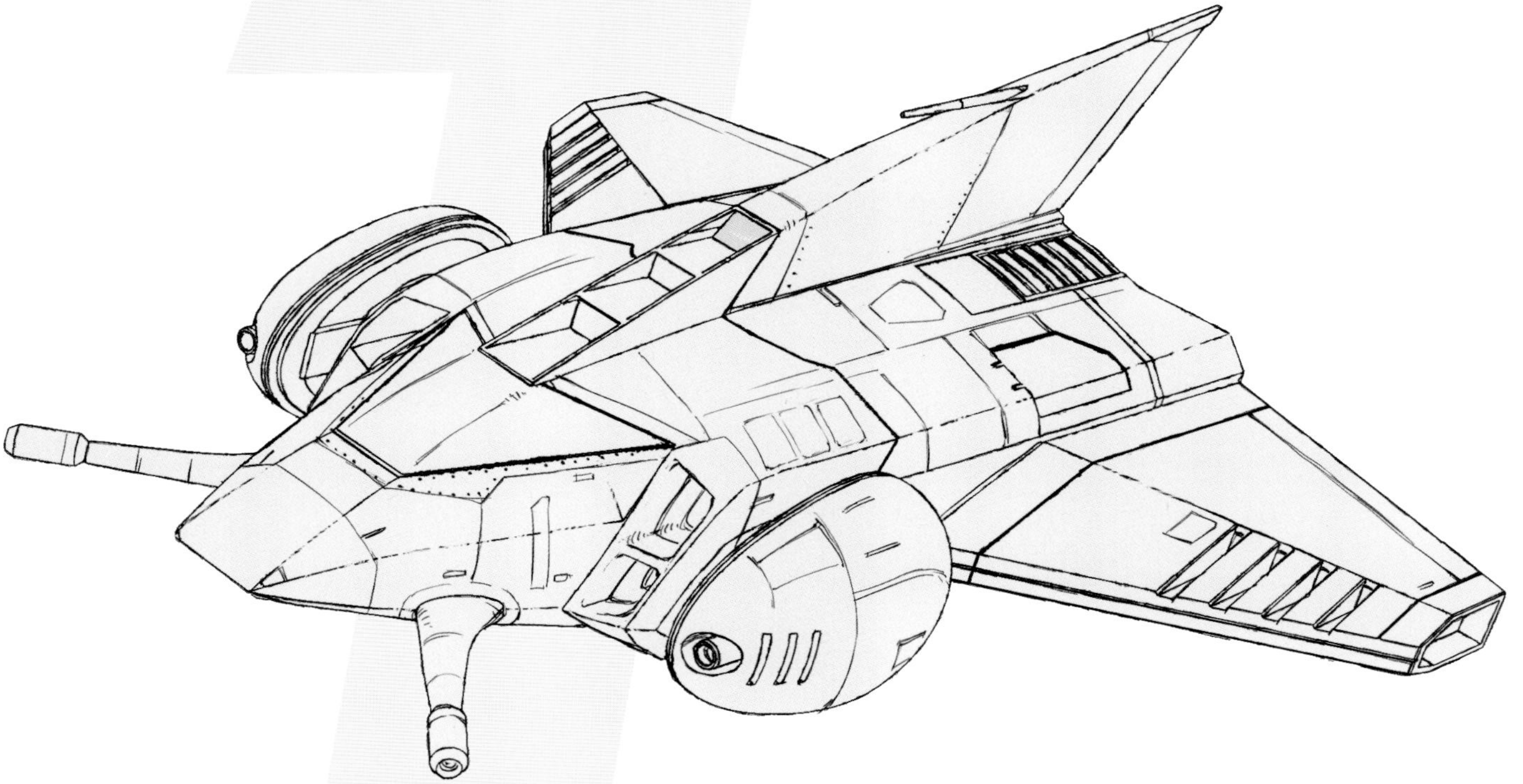

■1号機〈バトルジェット〉
コン・バトラーVの頭部となる高速戦闘機。超電磁ジェット推進エンジンにより飛行し、種々の攻撃手段により奴隷獣・マグマ獣に対抗した。機体及びパイロットはコン・バトラーVの司令塔の役割を担う。

■1号機／バトルジェット

デルタ翼機のメリットは、高速域における安定性が高いことや主翼構造を強固にできること、胴体と翼基部接合部の厚みをとって設計することが可能なため燃料などの搭載スペースを確保しやすい点などにある。また亜音速から超音速における飛行にもっとも適した翼面形状であるとされ、スクランブル発進により短時間で音速に到達し、仮想敵への迎撃機動に移行できることが期待されていた。

バトルマシン1号機（バトルジェット）の最大の特徴は、離陸発進から音速に至るまでの空気抵抗を可能な限り減じるため武装類をすべて機体内に収納していることで、さらに設備の整った地上基地運用の場合は緊急発進に備えて専用カタパルト（発射レール）上に待機させ、降着装置さえも収納状態で発進可能とすることであった。また空中待機の可能性を考えて、戦闘機を搬送しつつ空中哨戒《しょうかい》と待機をし、さらに空中発進が行える母機も含めての〝親子戦闘機〟構想もあった。これは、2号機を母機としてペアで作戦行動を行うプランである。機体そのものを可能な限り小型化しようという理由は、こうした母機による空中搬送が可能なことを前提にした計画であったが故であるという。しかし、機体が小型でなくとも機体単独での地上滑走による離陸と長時間の空中滞在、音速に至るまでのダッシュ力はすべて低燃費高出力のパワープラント（エンジン）が生み出せるかどうかにかかっており、これが実現できない限り机上の空論にすぎなかった。

超電磁力学を先導する南原コネクションの開発チームが実用化にまでこぎ着けた超電磁器機、とくにパワープラントは、大量の電力を必要とするものの次世代用飛行、航行用エンジンの主力となりうる可能性を秘めていた。内燃式の従来型ジェットエンジンやロケットエンジン

BATTLE JET

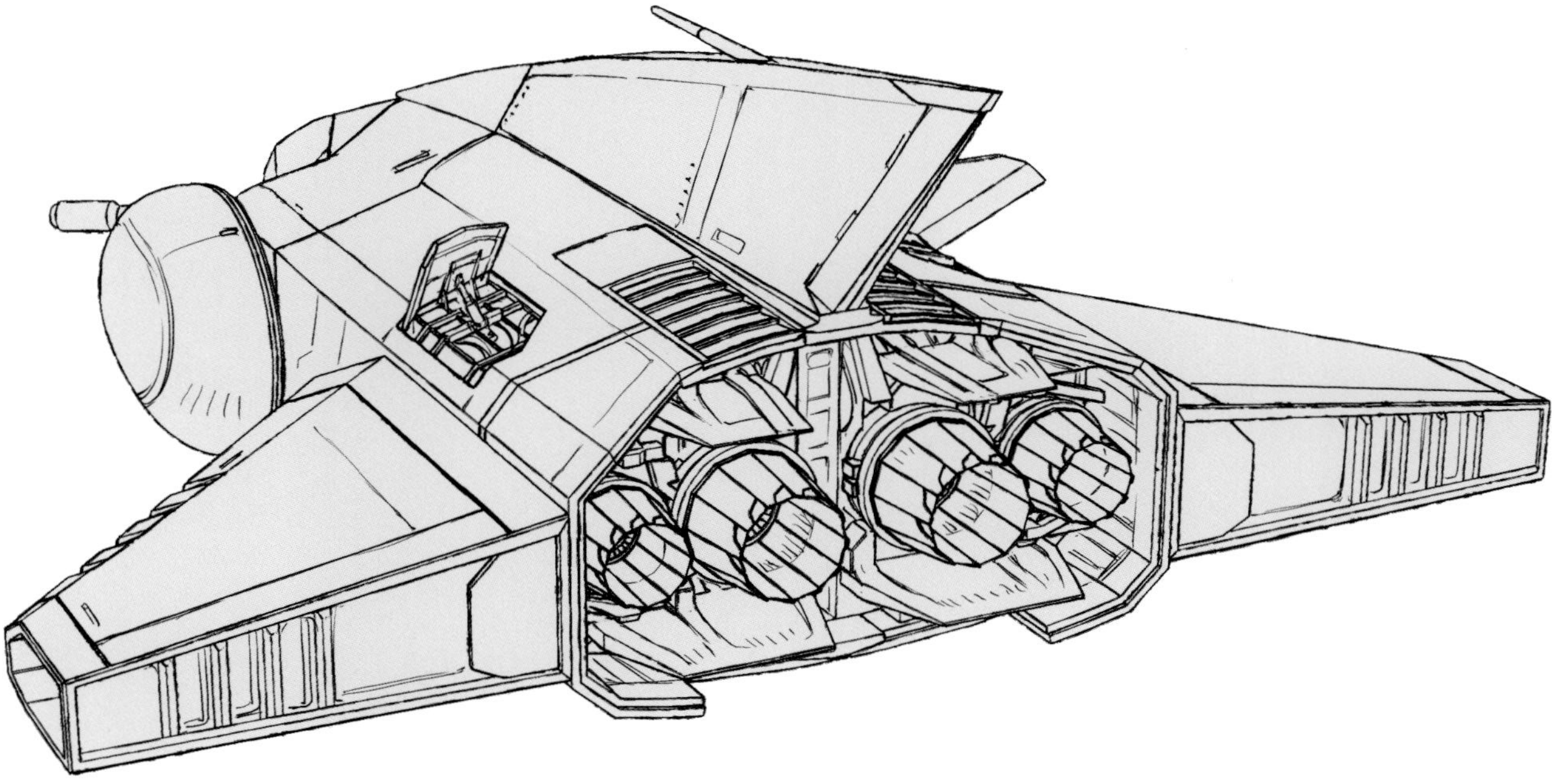

に比して、同質量のユニットで数倍の推力を得ることが可能であったとされる。同理論による超電磁現象は、電動モーターや磁場の影響力を利用した高出力兵器への転用も可能であったらしく、これらを統合した〝超電磁力場テクノロジー〟が理論化され汎用性が高められることが望まれた。

しかし、空力などの物理的な特性はどこまでもついて回る。とりわけ、大気圏内で運用される兵器においてはこれを無視することはできない。南原博士にとって、合体型ロボット兵器のビジョンは固まっていたとはいえ、個々のビークルがそれぞれに十全な機能を有する兵器としても成立せねばならず、そのためには経験豊かな専門分野の人材による設計であるに越したことはない。残念ながら日本の航空機産業のノウハウは第二次世界大戦を経ることでいったん途切れて空洞化しており、レシプロからジェットへの移行技術を有してはいなかった。このため日本の航空機産業は自力での完全なオリジナル航空機開発は困難で、ライセンス生産という形で技術導入と移植、人材育成を行っているただなかであったといえる。そこに国連経由でアメリカの最先端を超えた〝夢の〟迎撃戦闘機設計がもたらされる。〝南原ウェポン〟の実現に強い促進剤となったのは間違いないことであろう。オリジナルの図面を引いた航空設計技術者らの一部が来日、当面はレンタルという形で南原コネクションに籍を置くことになる。

すぐさま内部構造に関しての見直しがなされ南原博士のコンバイン兵器に適応できるプランに設計図が書き換えられた。しかし、重心位置の変位にともなう形状変更などは最小限に収まり、彼らが日本にいることで具体的なモックアップの作成への移行は早かったとされる。

なお敗戦後の日本におけるこの〝重戦闘機〟の開発に際し、国連や各国政府の極度の干渉がなかったのは、異星人の脅威への対抗という名目のほかに、南原博士が科

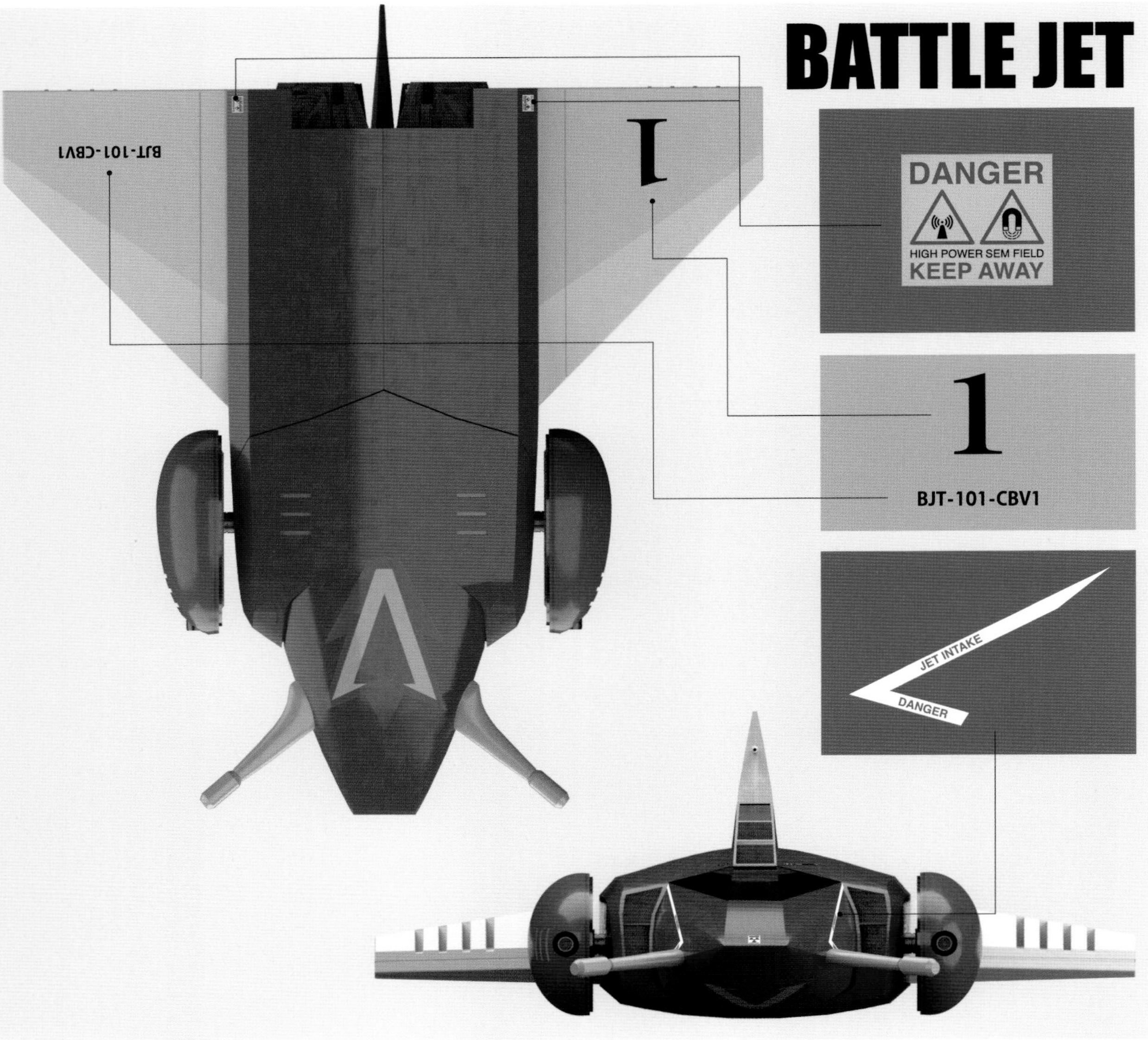

学者としてのスタンスを堅持し、人類に利するという明確な姿勢に疑いのない人物であるとして人望も厚かったことにもよる。

可変合体というこれまでにない兵器体系である以上、さらにいえばコンピューターによるシミュレーションが性能的な問題で容易には行えない時代であったこともあって、図面、縮尺モデル、原寸大モックアップ、実物大駆動モデル、実動試作、修正というステップを繰り返して完成に至る道筋を辿《たど》った。ましてや最終的なゴールは量産であるから、徹底的な実動試作が必要であった。

実動実験機は航空機としての飛行性能を確認するためと装甲材料の適性、新たなパワープラントである超電磁推進機関の運用試験も含めて複数製作された。その結果、当初は超音速飛行における耐熱性を重視したサーメット系材料とすることが意図されたものの、総じて靭性を欠く素材のため、合体後に起こるであろう格闘戦を想定した場合に外装破損の可能性が大きくなるとして断念されている。当時サーメットと呼ばれた材料の将来性は高いが、いち早く必要である、適度な剛性と靭性を兼ね備え耐熱性も充分な素材開発は当面難しいであろうとされ、物性が充分にわかっている超硬スチールを改質して主材料としていたようである。また耐熱効果を高めるためチタン基のサーメットで表層を覆《おお》うという試みが行われていたようだが、鉄合金との親和性が低いため剥離《はくり》が激しく、方法論と素材の見直しが必要とされ、現状では耐熱コーティングは行われていないようである。

機体フレーム構造は、主桁や複雑な形状部分をチタン合金の削り出して作ることになった。通常の航空機とは異なり、機体にかかる負荷の特性が未解明の部分が多く、フレームの形状設計についても対症療法的な構造の改修が行われていた。この段階で確定できない構造設計に対して高価なチタン合金をその都度用いることは、決

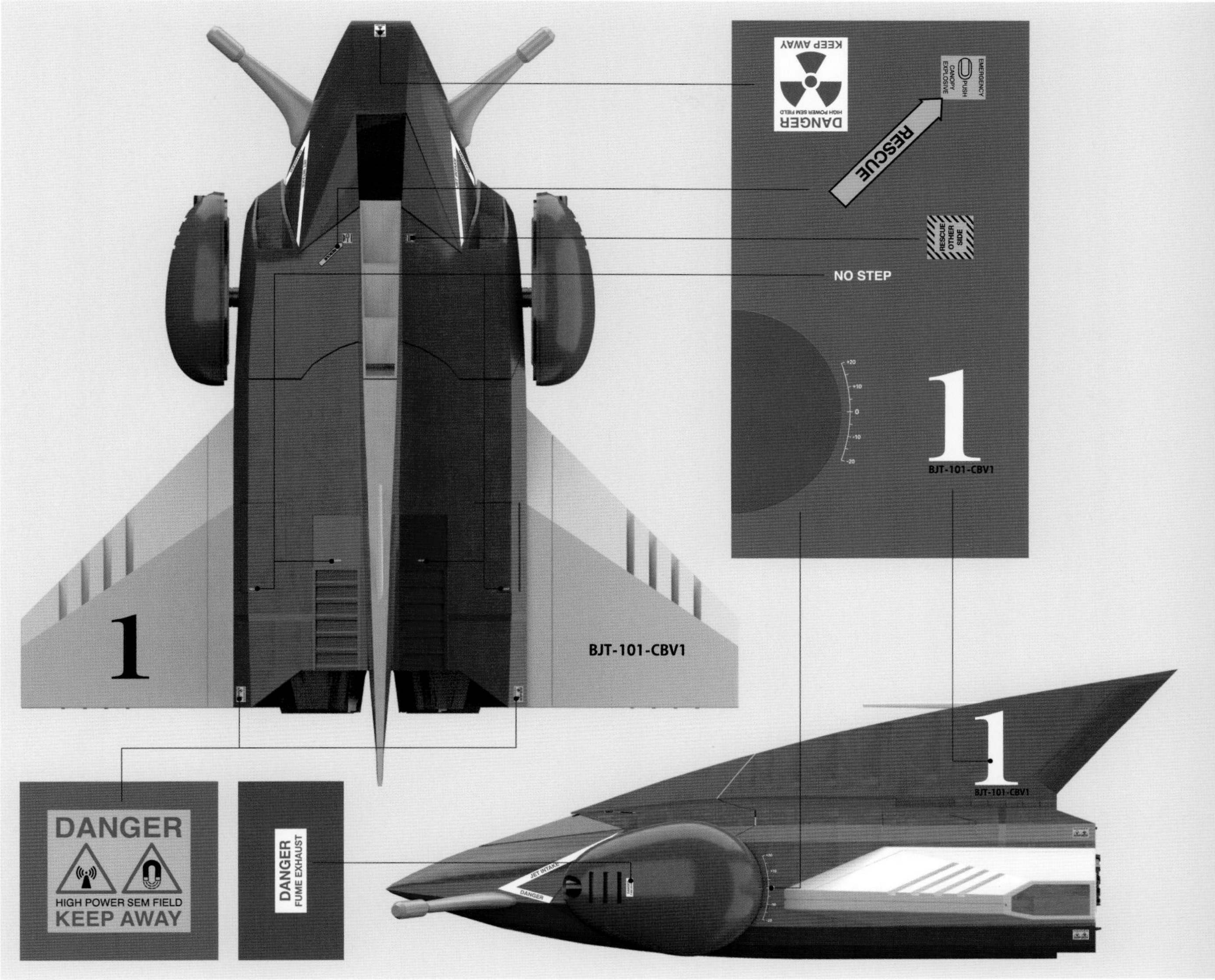

して賢明な策ではないという内部的な見解もあったが、南原博士は、無駄はいくら出してもかまわないというスタンスを変えることはなかった。博士の意図は、単に機体試作を成就することだけが目的ではなく、まずチタン合金の加工技術の練度向上、新たなチタン合金加工技術の創出、あるいはこれに代わる軽量で強度も高い材料の発見を見据えたものであったようである。よしんば新素材こそ見いだせないとしても、技術的な成熟は2号機以降の機体開発に大いに役立つであろうし、そのノウハウを世界の技術者が共有できれば、それに越したことはないと考えていた。

改設計と再加工の結果、極めて生産性が低く歩留まりもよくない高価な機体となった（これは1号機に限ったことではないが）が、ここで試行された様々な技術は次のステップへの貴重な財産となった。量産に際しては、加工性とコストも勘案《かんあん》されねばならない。明確な生産の指針があれば、量産時の試行が不要となり、ラインの構築も容易となる。そのための投資であると考えて当面は高価な機体のままで試作が行われた。必然的に機体生産工程に関係する技術の改善、新技術や生産加工機材の開発やその改修も行われており、超電磁理論に根ざした加工技術なども試行されていたらしい。

超音速戦闘機として完成された1号機は、5機種あるバトルマシンの中では最も小型である。だが合体（コンバイン）後にはコン・バトラーVの統合管制室として機能させることが決められており、このため極めて多くの器機、機材を搭載する必要性があった。この機体をコン・バトラーVの中枢に据えた理由は、単純にコクピットからの視界が広く取れるからである、という解答が公式にリリースされているが、そうでないことはコンバイン後の形状を見れば一目瞭然である。なぜ、機体サイズに見合わぬほどの器機を内蔵し、機上コンピューターの

■1号機コクピット・コンソール

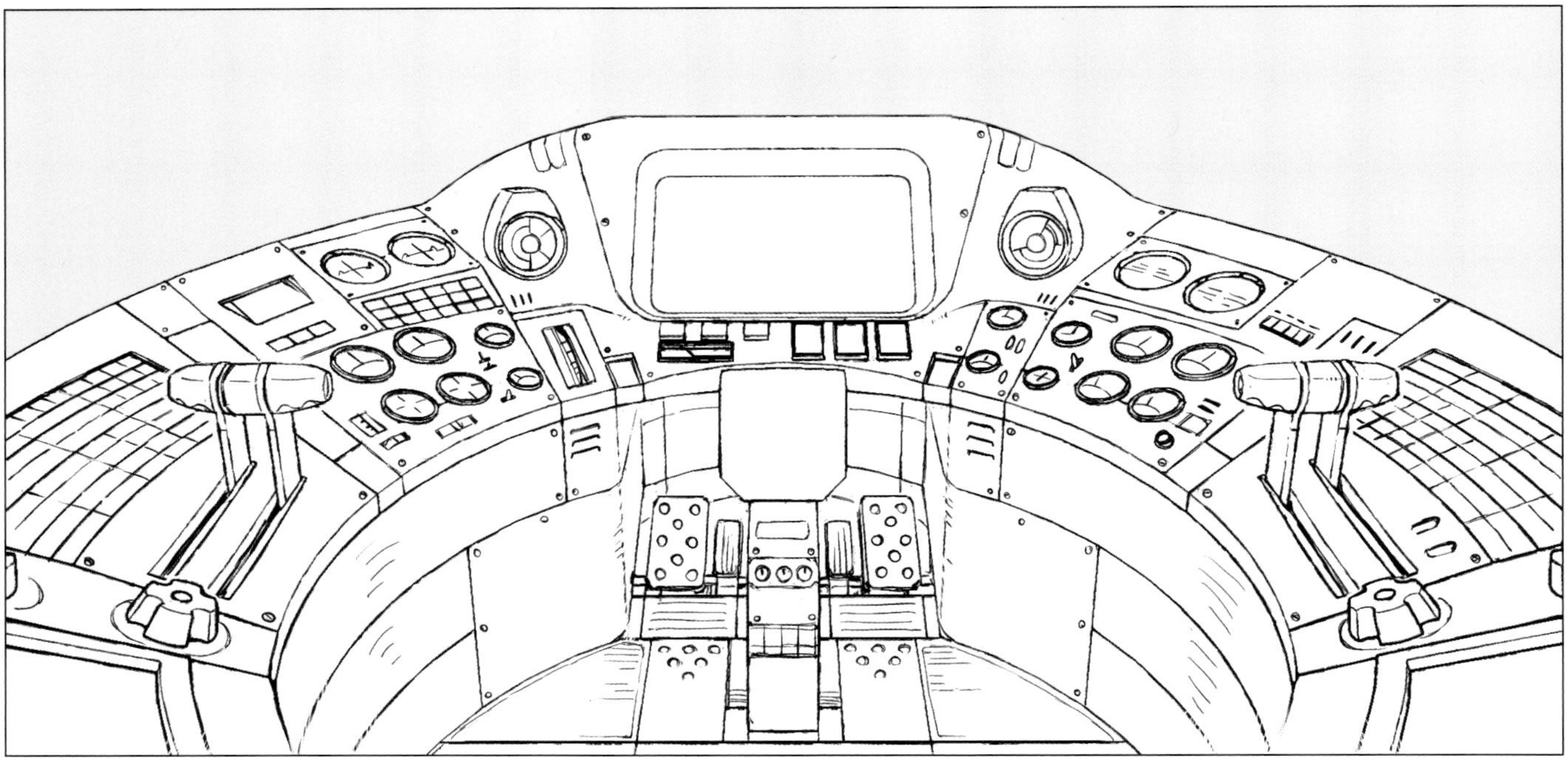

■1号機メイン・コントロールユニット

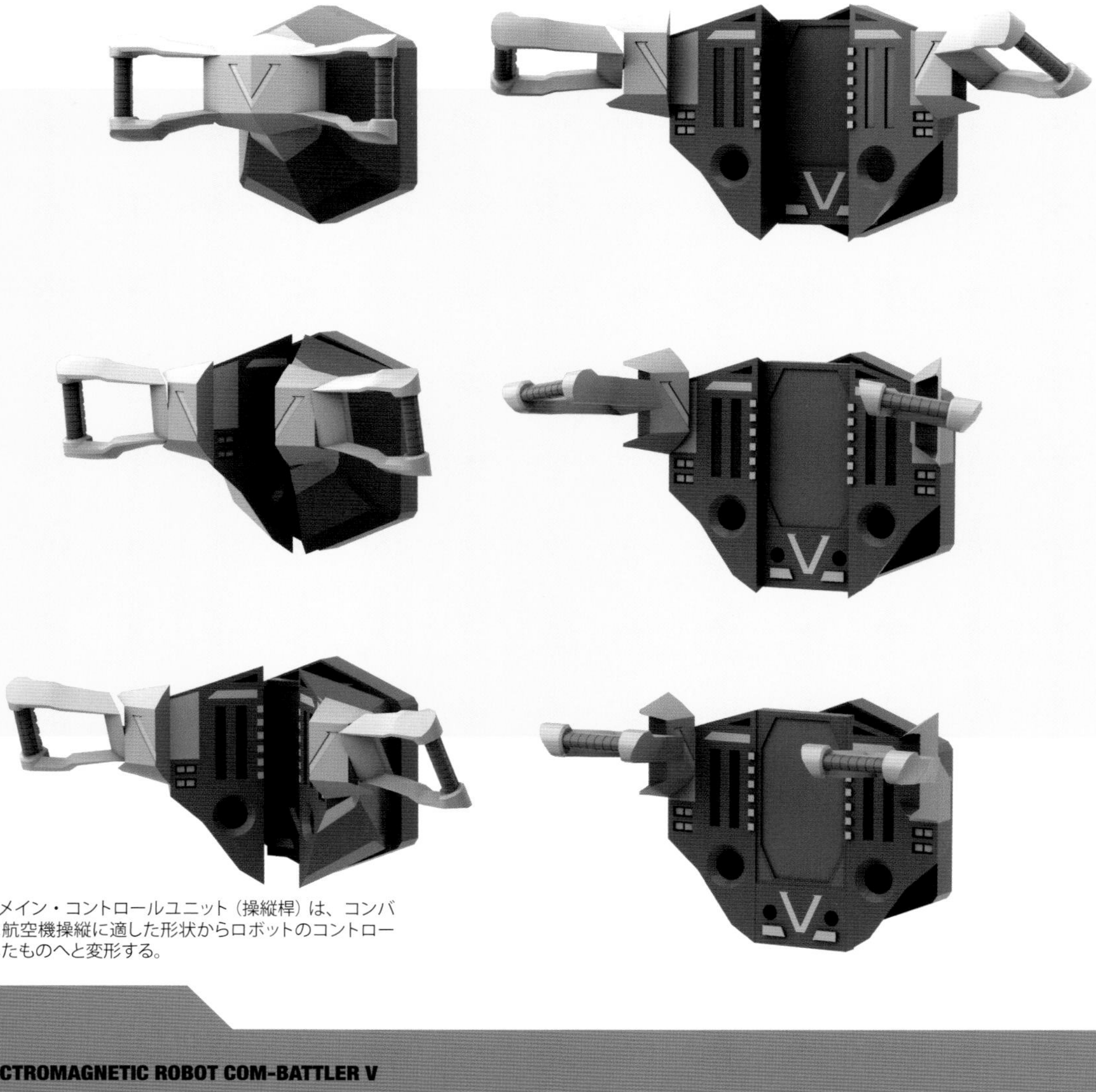

1号機のメイン・コントロールユニット（操縦桿）は、コンバイン時に航空機操縦に適した形状からロボットのコントロールに適したものへと変形する。

根本的な構造さえ見直すという対応が必要であったといわれるほどに密度の高い構成の航空機にコン・バトラーVの主制御系を託したのか、明確な理由は見いだせない。ただ、一説には、人型ロボットとしての機能が実戦に足る性能を確保、保証し得ない場合、この1号機と2号機バトルクラッシャーの大元になる〝親子戦闘機〟計画を利用した他のプロジェクトがあったのではないか、という見解もあり、またこの機体を航宙戦闘機として応用できないかという意図もあったとされる。1号機を量産した場合に全機を有人化することは、パイロットの育成などに多くの時間を費やさなければならない。もちろん人材が豊富であれば問題はないが、だからといって航宙戦闘機パイロットの特殊性は大気圏内における戦闘機パイロットをさらに篩《ふる》いにかける必要があるため、技能の高い航宙機パイロットが遠隔操作により無人戦闘機を操作するほうがはるかに効率的であるという判断もあったようである。このため可能な限りの電子器機を搭載する試みがなされたのである、という。そういう意味でも、コントロールの中枢として明確な位置付けをし、これに合わせた機体装備設計が成された。

そのため当時のコンピューターがなし得る作業の速度と対応限界を超える目的で、人の脳機能に依存したコン・バトラーVを思考制御するための実験機材をバトルマシンに搭載、その実用試験を行うことも各マシンに課された課題であったようだ。1号機の生産を先行させたのは、パイロット養成のための訓練機にふさわしい機種であったという側面以外に、狭い容積の中に充分な機能を果たせる器機を収めうるかどうかを確認する目的もあった。これに成功しておけば、より機体内容積の大きい他の4機種における製造作業効率を向上させることになり、個々の機種に特徴的な専門機材の搭載量を増やすことにも繋《つな》がる。これは南原博士の流儀であったようで、何かを成す際に幾つかの選択肢があった場合には、まず最もハードルの高そうな目標から解決するというものである。一般人からすれば時に大きな挫折《ざせつ》に繋《つな》がりかねないのだが、博士の持ち前の粘り強さと苦労を厭《いと》わない姿勢、失敗を冷静に分析し対処することが当然であるという考え方が、天才を天才たらしめた要因のひとつであったのだろう。

試作段階において、推進力は試作後間もない超電磁エンジンと仮称された推進装置（YHPX-01）と、緊急時用の通常ターボジェットエンジンをハイブリッドで搭載していた。ターボジェットエンジンはデッドウエイト、デッドスペースとなることは覚悟のうえであったが、まだ作動実績の短い超電磁エンジンが不調となった場合のバックアップとして必要とされたものである。もちろん超電磁エンジンの信頼性が確実なものとなった時点で、旧式となった超電磁エンジンから性能向上改修型への変更、あるいはターボジェットエンジンを降ろして超電磁エンジンに換装することで、より速度性能を向上させようという計画であった。

後に超電磁エンジンが実用化できたことで、バックアップ用のエンジンを搭載しても、機体内収納スペースには若干の余裕が生じることになり、設計段階やモックアップ時に比べ兵装搭載に充《あ》てる区画が増えている。この機体内区画は部分的に気密化されていた。先述したように、いずれ宇宙での運用も視野にいれての設計であるともいわれるが、むしろ高高度における飛行を十全に行うための用心であり、とくに気圧と温度の変化に敏感な機材を保護する目的もあったというのが真相である。この与圧、気密区画はフロートとしての機能を持たせることが可能であることを指摘した技術者がおり、南原博士は機体の開閉部に対してもことごとく気密密閉性を持たせることを検討するように指示している。結果として、推進機関に必要な開放部以外はすべて気密化することに成功している。この結果として、宇宙における運用も視野に入ったのである。実用型となった1号機は実戦において海への墜落を経験している。しかし、機体は水没を免《まぬが》れ、各気密区画が充分にフロートとして機能することを実証している。

機体コクピットもまた与圧が可能な球形の隔壁で囲まれていた。これはヘルメットが受けた脳波の微妙な変位を、外部からの電磁波干渉を受けないように遮蔽する役割が大きかったが、搭乗パイロットの居住環境として快適な温度と湿度、及び適正な酸素の供給が行えることも目的としている。脳波コントロールを基盤に置く操縦システムに必須の要素として、意識の集中を妨げないよう、緊急時以外には酸素マスクの着用を必要としない装備が整えられていたのである。

また合体に際しては機体の前後上下の方向が変位するため、コン・バトラーVの正面に合わせてパイロットが向くようにコクピット全体が回転し、さらに若干下方に降りるように作られた。視覚情報は、バトルジェット時には機体下面の保護シャッターで覆《おお》われている双眼式のテレビカメラで得ることが通常であるが、コンバイン状態では各機体とも同一の画像をモニターしており、またメインカメラが機能不全に陥《おちい》った場合のことも考えて、各機に小型のサブ・カメラが備えられている（ただし、これらは部位によって視界に制限が生じるため、各機の画像をスクリーン上でモニターし確認する必要があり、運用については改善の余地が残されている部分でもある）。

●マグネレーザー

機体には多数の兵装が収納されるが、超電磁理論によるジェネレーターを搭載することで運用が可能となった固定兵装のひとつとして尾翼基部区画に内蔵されているレーザー砲がある。尾翼前縁にあるスライド式ハッチドアが開くと同時に砲身が前方に突出する構造は、高速飛行中に大きな空気抵抗となり、通常の航空機であればコントロールを失うか、最悪の場合は失速・墜落に繋《つな》がる。1号機は通常型航空機よりもかなり強引な運用が可能で、超電磁エンジンの高推力で機体を飛ばすことも可能であるが、航空機である以上は航空力学的な制約はついて回るため、レーザー砲の運用規定は厳密に定められていた。音速域では機材・機体の破壊に繋がるため、自動的にハッチドアにロックがかかり、使用ができなくなる安全装置が備えられている。マニュアル操作によりロックを解除して強制的に使用することも可能であり、その判断は機体に習熟した時点でパイロットに任されることになっていた（逆にいえば、それまではマニュアルによる解除は行えないらしい）。

機材は非常に大型で重量も嵩《かさ》んだが、あえてそのまま搭載されている。というのも、未知の敵に対してどのような武器が有効であるかはわからない。そのため、このレーザー砲は可能な限り大出力かつ長射程であることが求められ、マグネレーザーというネーミング通りに、自由電子レーザーによる大出力で長射程を狙ったエネルギー兵器として完成されていた。小型化して出力を落としたのでは本末転倒になってしまうのだ。また、1号機は高高度迎撃戦闘機として運用される可能性があり、かつ宇宙空間に投入されることも視野に入っていたことから、高出力のエネルギー兵器は運用空域を選ばない有効なマルチウェポンと位置付けられていたのである。

マグネレーザーは、破壊目標の材質や周辺環境によって使用するレーザー光の波長を一定の範囲内でコントロールが可能であるところに大きな特徴がある。とくに大気圏内における運用では、波長によっては空気中の水分の状態により、破壊効果の減衰や到達距離の変化が生じることもあるため、使用波長を可変式にしたのである。

使用時には、まず手始めに小刻みな低出力の連続照射によって波長を変更しながら最も効果的な波長域を探り出し、それから大出力による攻撃を行うことになる。砲の周囲から突出したウイング状の構造は単なる整流板ではなくセンサーであり、照準と打撃効果をモニターしている。また低出力照射によって対象を探査するスキャンモードも付加され、敵性目標のデータ収集などにも使用が可能であった。

ただし、攻撃兵器としての使用は消費電力が大きいことから長時間の大出力照射は難しかった。次のフルチャージまでに十数秒の時間を要するため、当初は無闇な連続照射は禁止されていたが、キャパシターを並列して2基を交互に使用するように改修されてから若干の不便さからは解放された。しかし連続使用のため熱による砲本体への負荷が大きくなるため、連続使用の制限はそのまま残されていた。

マグネレーザーに用いられるキャパシターとジェネレーターは、コンバイン状態における各種兵器（超電磁スパークやパルスショックなど）を使用する際にはエネルギー流路をバイパスされるようになっている。

●スカイリッパー

　主翼内には実体弾兵器であるミサイルが搭載されている。一見インテイク・ベーンのような、スリット状のドア付き射出孔が設けられている。通常は音速による飛行を可能とするためにドアは閉じていた。弾体の発射には超電磁による初期加速機構が内蔵されており、いわゆるレールガンのようなメカニズムによってミサイルは機外に射出され、その後に本体の推進装置が機能し目標を目指すことになる。完全にレールガン化しなかったのは、砲の収納スペースが確保できなかったためであり、また電力消費が大きいこともあり、押し出すのみとなった。もちろんレールガン機能を用いなくともミサイルの射出は可能である。

　搭載ミサイルの弾種は何種類か用意されているようであるが、常に性能向上が図られているため、体系的に分類することは困難である。しかしいずれも近距離での運用を想定していたようで、ミサイルそのものの航続距離はさほど長くはない短射程式であった。これは初期加速をレールガンに任せ、ミサイル本体の推進剤搭載量を最小限とし、代わりに炸薬量を増やしているということらしい。もちろん、ミッションによって中射程型も準備されていたようであるが、あまり使用された様子はない。

　ミサイルもまた、レーザー砲同様に大気圏外での使用を意識した兵器であったともいわれる。それゆえに、初期加速を行うためにレールガン方式が採用され質量弾としての有効性を高めようとしていたようである。

　大気圏内においては、ミサイルは各射出孔から大量発射することによりミサイルの〝弾幕〟を展開することが主たる目的の兵装であり、通常戦闘機におけるポッド式のロケット弾発射装置に相当する武装であると考えればいいだろう。目標に対する照準とロックオンは自動的に行われるものの、ミサイル自体には複雑な軌道を飛行するような制御機構はオミットされており、自動追尾能力はほぼないに等しいものであった。安定翼を装備したバリエーションが確認されているが、これは方向舵や昇降舵の類《たぐ》いではなく直進安定性を増すための翼であった。

　スカイリッパーと呼ばれるのは、もともとが両刃の刃物の一種である「くない」のような形状をした鋭利な八面体構造の質量弾がオリジナルであったことによる。初期のものは噴進式ではなくレールガンによる射出の慣性のみで運用されたこともあったが、やはりレールが短く質量弾としての加速距離が不充分で破壊力が不足していると判断され、後半部分にスリット状の噴射口が設置されることになった。通常のミサイルに見られるようなノズルではなく、線上に開口したリニアノズルとしたのは、なんらかの実験的な意味があったものと思われるが、安定翼を装備したタイプのものでは通常のミサイル同様に円形のノズルが取り付けられていた。

　スカイリッパーは弾頭の基本形状に大きな変化は見られなかったが、状況に応じて機体内でローテーション式に発射弾種が選択可能なように機構が改修され、これにともなって弾種も増えている。スカイリッパーの名は初速と飛翔速度の速いことを表す意味を込めての命名だが、バトルマシン全般で運用される小型ミサイルの総称として用いられることも多い。

●ドスブレッシャー

主力固定兵装のひとつとして考案された特殊兵器である。通常は左右の翼内に折り畳み収納されているが、使用時には翼端から突出し、ブレードが十字形に展開した後に回転する4枚刀身式のロータリーカッターである。高速回転するブレードによって目標を切断破壊するための武器で、摩擦による抵抗を軽減するためブレードの切削部にはサーメットのような耐熱、超硬素材で作られた刃が嵌《は》め込まれており、また回転軸ハブの基部からは潤滑液が放出されるような構造をしていた。

効果的な切断破壊能力を有する兵器だが、遠隔操作による飛翔兵装ではなく機体翼端を相手にぶつけるほどの間合いで使用しなければならない白兵戦用の直接攻撃兵器であったため、運用にはパイロットの高い操縦技術と思い切りのよさが問われることになるものである。もともとは、ミサイルやレーザー砲などの遠距離で効果を得られる兵器が尽きた場合に用いる〝最後の手段〟とでもいうべき自衛用兵装という位置付けの武器であったが、運用の方法論が確立しパイロットが機体操作に習熟すると、積極的な攻撃兵器としての使用が繰り返されるようになった。ブレードの材質や形状、回転速度などはより効果が高くなるように随時変更が行われている。

一度使用するとさすがにブレードの消耗が著しく、帰還後に交換する必要があったものの、常備兵装として廃止されることはなかったようである。

機体開発当初は〝押し切る〟という意味から「ドスプレッシャー」という名称で呼ばれていた。ドスという、いわゆる匕首《あいくち》などに用いられる俗語がネーミングの由来となっているように思われるが、実際はブレードに使用されている素材の略称DOSSからきている。DOSSは南原コネクションが開発した特殊超硬鋼の一種で、日本古来の鍛造技術を応用し成型したブレード表面にダイヤモンド様の分子配列で炭素を析出させたもので、極めて高い硬度を有する。もともと、切削加工機械の先端ビット用に研究開発が行われていた素材技術を応用したものであり、他の斬撃兵器の刃にも多く用いられるようになっている。

ブレードの改質と破壊効果の性能向上が行われてからは「ドスブレッシャー」に名称が変更されている。これは〝十字を切る〟という意味のblessから作られた造語と推測されている。

●バルカン砲

これは、アメリカ軍によって運用実績があり信頼性の高かったM-61機関砲（バルカン）をボアアップし火力強化を図ったもので、開発ベースとなったM-61の名称をそのまま呼称としているが、正式名称ではない。口径を30㎜とし、アメリカ軍が次期攻撃機となるA-10に主力火器として搭載する予定であったGAU-8アヴェンジャー30㎜機関砲の開発生産に先駆けて、試案を基にアメリカで製造されたサンプル提供品を参考に、南原コネクションが1号機搭載用に独自改修して生産した大口径多砲身ガトリング式機関砲である。

使用する30㎜機関砲弾の規格はGAU-8用に準じ30×173㎜とし、砲弾の互換性が確保されているが、機関砲そのものの部品互換性はない。これはGAU-8の製造よりもはるかに早い時期に、1号機用機関砲が製造され実戦運用されていたことによる。GAU-8は7砲身式、砲身長は約2300㎜であるが、1号機用は軽量化のため4砲身式となり、フェアリングとの兼ね合いから砲身長は1890㎜と短くまとめられている。砲身の作動方式は電動モーター式であり、衝撃吸収には油圧のショックダンパーが用いられていた。また砲身は円筒形風防で覆《おお》われており、外観的には単砲身のように見える。

機首左右の水滴型フェアリングに収納内蔵され、高速飛行時にはフェアリング自体も機体に近い位置にあるが、機関砲使用時には砲全体が前方にスライド移動し、砲身がフェアリングから露出した状態が射撃ポジションとなる。砲のフェアリングは一種のターレットで、上下にそれぞれ15度の角度で可動する。左右ターレットは連動式で上下角を左右別々に回転させることはできなかった。

フェアリング内にはコンテナに収納された砲弾が収められており、片側1200発が標準搭載されている。使用弾種は主に対装甲用の焼夷徹甲弾、焼夷榴弾が混合して用いられ、100発ごとにトレーサー付き徹甲弾が入る。給弾はGAU-8と同様にリンクレスの給弾方式であり、これによってリンクの重量が軽減可能となっている。また使用済み薬莢はそのまま砲弾コンテナ内に回収収納し、機外排出はされない。これは排莢《はいきょう》による砲撃後の重量バランス変化が大きくならないようにするためである。このようなノウハウは基本的にアメリカ軍のM-61運用実績データから提供されたものであった。

発射速度は毎分1200発と2500発の選択式となっているが、低サイクルでも1分間で全弾を撃ち尽くしてしまうため、射撃は選択式で1秒から2秒程度のバースト射撃を行う構造になっている。これは連続射撃による砲身の過熱を最小限に止めるという観点からも重要であり、また砲身寿命にも関わる問題でもある。事故を防止するという意味からも砲身交換は頻繁《ひんぱん》に行われていた（通常2万発を発射した時点で交換される）。

このほか、当時の常識的な航空機自衛手段としてレーダーや赤外線追尾を欺瞞《ぎまん》するための装備としてチャフ／フレアのディスペンサーも搭載可能であるが、これが敵の兵器に対して有効であるかどうかはわからないため、常時装備するものではなかったようである。

BATTLE CRUSHER

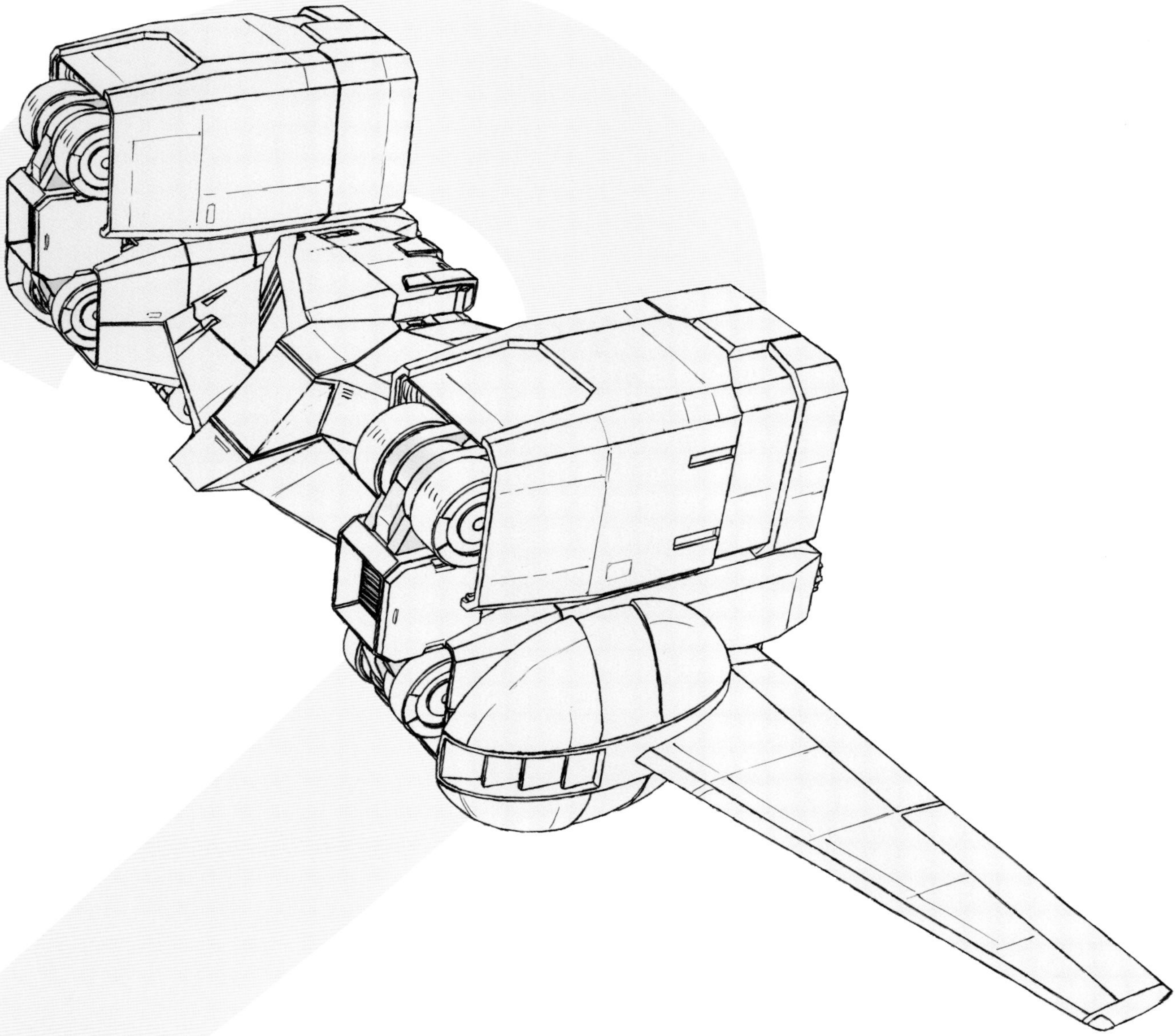

●2号機／バトルクラッシャー

1号機の項でも触れたように、2号機（バトルクラッシャー）は1号機と〝親子戦闘機〟としてプランニングされた空中母機案が根底に存在している。このため1号機に比して全幅の大きい大型航空機として設計されていた。この素案では、空中母機は大気圏内で子機を射出した後は基地に帰還するものとして設計されていた。空中発射母機であるため、子機発射時の噴射熱（この時点では通常型のジェットエンジンが想定されている）に晒《さら》されるためコクピット周辺と中央胴体前部は耐熱性の高い材料が要求されていた。

これがコン・バトラーVへの基礎設計として流用された時点で、構造そのものが大きく変更が加えられることになった。合体変形によって人型になった場合、構造上、2号機は胸部と腕に相当する部位を構成するように設計されている。このため、2号機として改設計された機体は主翼の中程に大きな構造物を置くことになった。もとものプランでは、この機体はシンプルな全翼機として設計されており、高速性能よりも長い滞空時間を求められていたため、機体の搭載重量は大きく見積もられていたが、結果的に叩き台となった素案の痕跡は全翼機のような形状という点のみとなった。高速迎撃戦闘機との結合位置は、当然ながらシステムが根本的に異なるためコン・バトラーVにおける合体結合位置とはまったく違っている。

空中母機計画からスタートし変貌を遂げた2号機は、バトルマシンとしての位置付けにおいては大型の機体を利した役割を付与された。様々に検討が加えられた結果、重爆撃機として開発が進められることになった。これは侵略者の基地ないしは施設が地上に存在した場合を想定

BATTLE CRUSHER

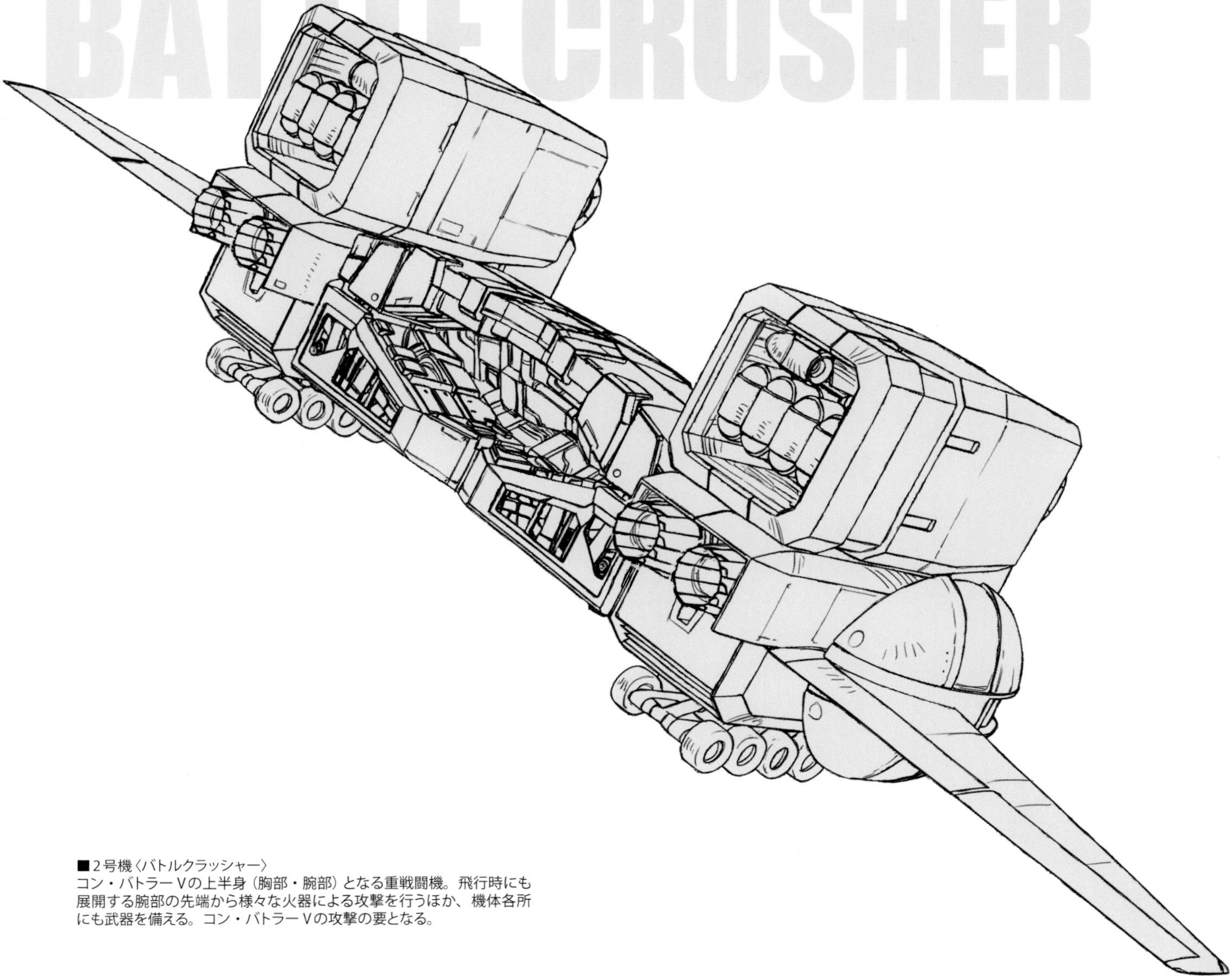

■2号機〈バトルクラッシャー〉
コン・バトラーVの上半身（胸部・腕部）となる重戦闘機。飛行時にも展開する腕部の先端から様々な火器による攻撃を行うほか、機体各所にも武器を備える。コン・バトラーVの攻撃の要となる。

し、これを破壊する先鋒となる機体として利用する目的があったとされる。コン・バトラーVとしての合体機能を省き、空中母機としての役割も取り除いた場合、この機体は大型のキャリーポッドを有する大搭載量の航空機であることから、爆撃機としての量産の可能性も見据えて改設計が繰り返されていたようである。2号機からスピンオフした重爆撃機案では、変形合体の必要性がなくなるため腕に相当するブロック全体を空力的に洗練されたフェアリングに変更されるプランが提出されている。もちろん腕の駆動システムなども完全に取り去ってしまえば、上下タンデムのエンジン設置も可能で、従来型の内燃式エンジンでも飛行可能であると判断されている。

バトルマシン2号機はモックアップの段階では折り畳まれた腕の肘関節を、スライド式のフェアリングで覆《おお》うという設計もあり、検討用パーツも準備されていた。合体後に腕の状態となった時には肘関節駆動部のプロテクターとして機能するような装甲フェアリングとして機能するように考えられていたが、これはなぜか、試作機体の段階でオミットされている。ただでさえ複雑な構造になりすぎる腕部分の内部メカニズムを多少なりとも簡略化する目的であったとされるが、その本当の理由はわからない。おそらく、空気抵抗を意に介さないほどの高推力を発揮できる超電磁エンジンを実用化できたことが大きな要因となったのであろう。

その主推進機関は高推力超電磁エンジンが4基である。先行した1号機の試作によって実用化の目処が確かなものとなったことから主推進器は超電磁エンジンのみとなり、初期案で予定されていた緊急時用のジェットエンジン搭載（機体後方にユニット式で8発搭載する予定であった）は取りやめとなり、機体デザインはすっきりとしたものとなっている。

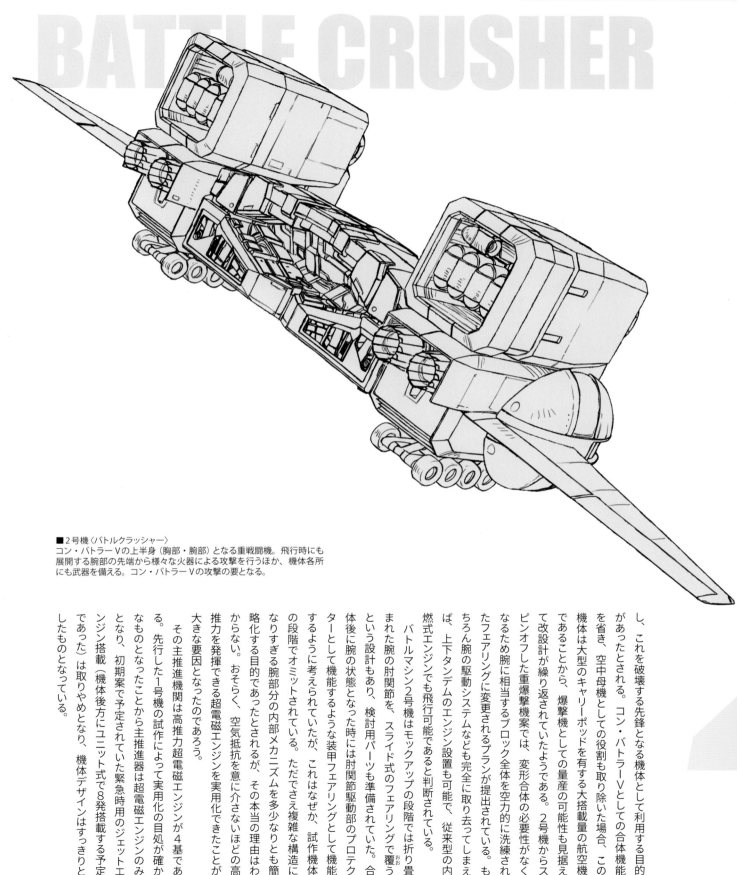

BATTLE CRUSHER

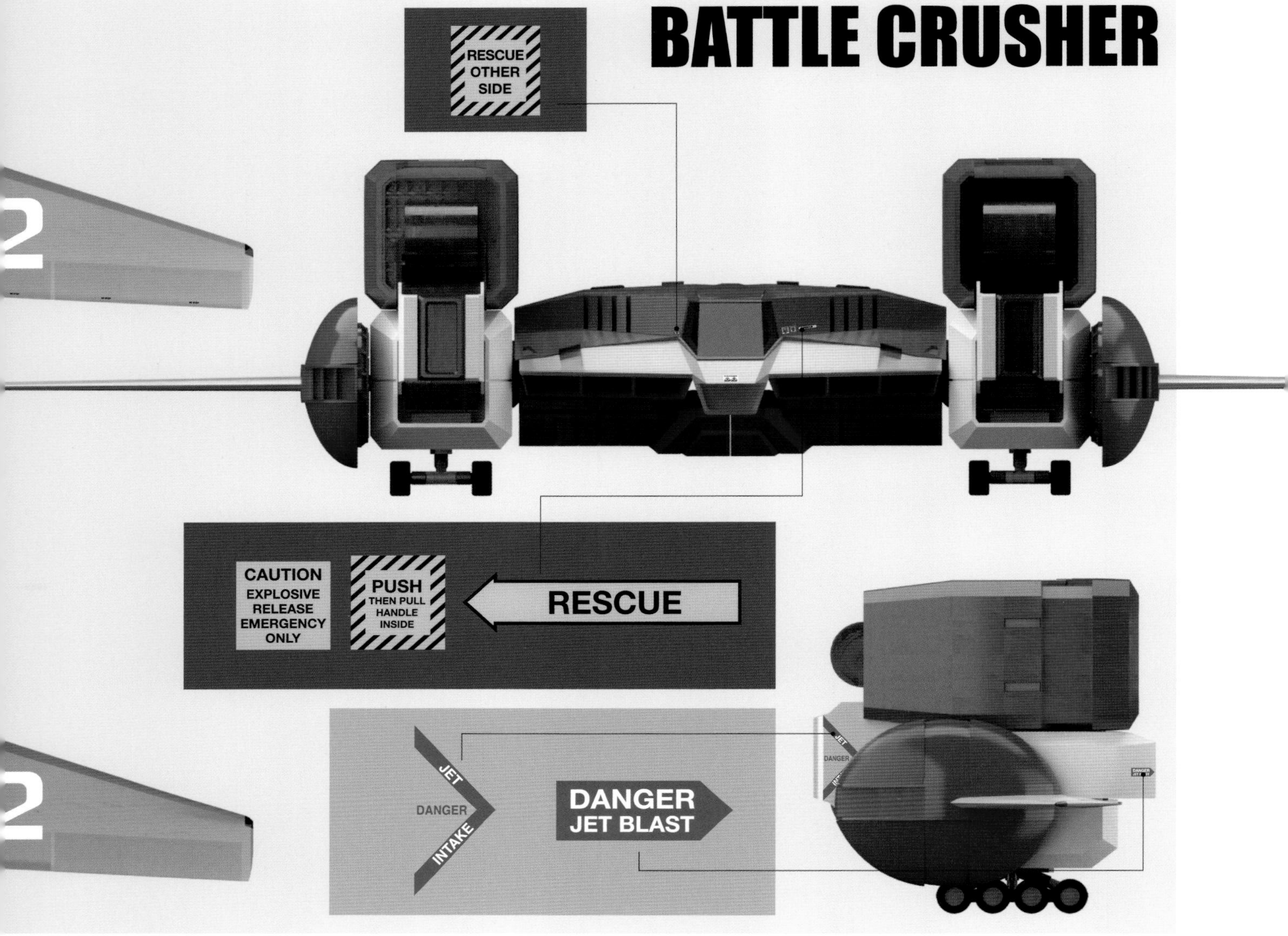

　2号機は盛り込まなければならない要素が多く、機体コンセプトは他の機種とは比較にならないほど次々と変更が加えられ、試行錯誤を繰り返しながら試作が進められた。空中発射母機という素案は完全に消失し、用途を重爆撃機に絞り込んで開発された機体は、実質的には戦闘爆撃／攻撃機という運用形態に適応したものとして仕上がっていった。いわゆるデュアルロール、あるいはマルチロール・ファイターというべきものとしてまとめられたのである。この変更は後に当たり前となる軍事用航空機の多用途性を先取りしたものといえる。高速性能についてはとくに重視する必要のない設計であるならば、マルチロール化を指向してもかまわないという決断を南原博士が行ったようであり、空飛ぶ兵器庫としての特性をより引き出すような方向に向かったのである。

　機体はその大部分が兵器格納用区画になっていて、各兵装用に細かく区分されている。その細かさは1号機以上である。このため必然的に機体重量が増す傾向にある反面、基本的な構造強度は高くなっていた。ここに加えてコンバイン後の腕の駆動メカニズムやコン・バトラーVの主要兵装も多数格納されているため、搭載密度は高く、一段と大重量となり、当初考えられていたような従来型の内燃式エンジンでは離陸することさえ覚束《おぼつか》なかったかもしれない。

　機体重量に関してはバトルマシン全般について回る難題であった。通常の航空機であれば軽量の合金を外板に導入し、とくに強度を必要とする部分のみ装甲用超硬材料を嵌《は》め込むなどすればよいのだが、合体変形後に直接接触による格闘戦の可能性も視野に入れるとなると、機体構造材のみならず外殻装甲強化は全面に及ぶことが必須となる。この材料をどのように調達、あるいは創出するかということが、機体完成後も様々に模索されていた。当面は超硬スチールを基材とした装甲を貼る以

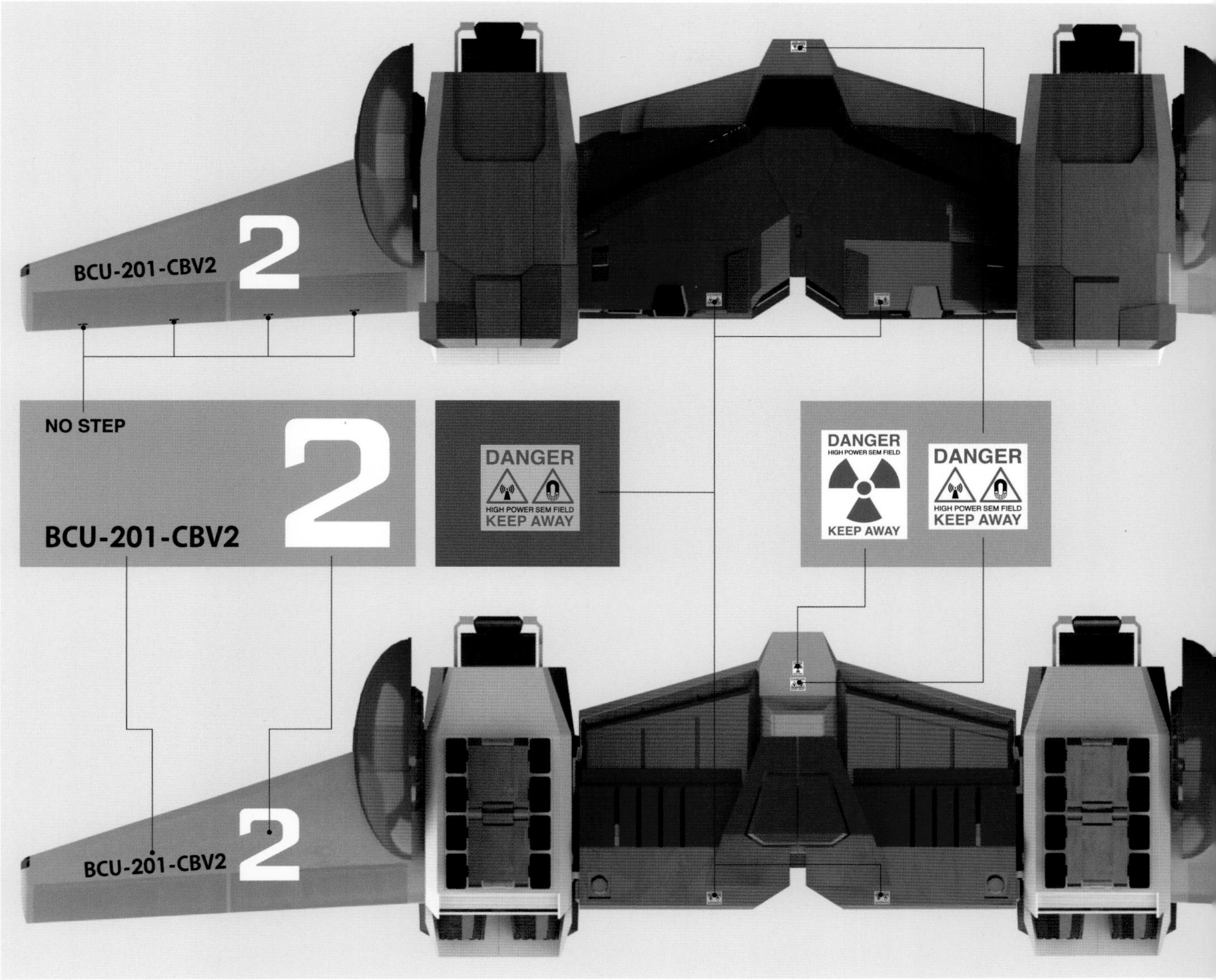

外に方法はないという判断が下されている。これをより軽量でより超硬度の材料に置き換えることが可能かどうかの研究は継続的に進められていた。南原コネクションのラボで材料工学を担当する部署では、チタン合金の改質を試みているが、試作機の完成段階ではまだ実用に供せるような新合金は見いだせていなかった。また一般にいわれるようなセメント-メタル結合素材の改質も行われているが、その製法に由来するためやはり靭性に問題があり、こちらも実用向きの装甲素材としての完成には至っていないままである。このため機体そのものの高強度軽量化を図るためには1号機の生産で得たノウハウを活かしチタン合金を基本構造材とする以外にこの時点での解決策はなかったという。とりわけ強度の必要な主翼の折り畳み機構部分の構造設計は入念に行われていたようであるが、合体時に機体外装内に収納される主翼の歪み許容量はシビアで、飛行形態における戦闘で主翼そのものや連結部などに歪みを生じた場合、収納が不可能になる事態も発生した（その場合は主翼をパージすることで合体シークエンスを進めることになる）。

機体の飛行制御は、外翼後縁に設置された操縦翼面以外に、コクピット下に設けられたインテイクから外気を取り入れ、圧縮後にバイパスされた高圧空気を機体の下方に噴出することで調整されている。高圧の噴出エアによって旋回や機動の制御が補助されていたが、このシステムで垂直離陸ができるほどの推力はなく、あくまでも飛行時の制御に使用するメカニズムであった。ただ、離陸時の滑走距離は短縮できており若干のSTOL性能は付与されていたようである。また翼面は空気層流制御のためにエアブロー・システムが導入されており、翼前縁から吸入した空気を翼面に吹き出すことによって層流をコントロール、低速域における飛行安定性を維持していた。

腕のブロックは、飛行中下に上腕部、上面に前腕部という配置で機首方向に肘関節が向くように折り畳まれている。上腕は超電磁エンジンの収納フェアリングとなっている。腕内部には駆動系以外に多数の兵装が組み込まれているが、コンバイン後に運用する兵器の一部はバトルクラッシャーの状態でも使用が可能である。

コクピットは1号機同様に高強度ガラスを成型した耐圧球形隔壁で覆《おお》われており、合体時には回転して上下位置が変位する。キャノピーの透明シールドは厚いメタクリル樹脂と防弾ガラスを貼り合わせた高強度透明材料で成型される。コンバイン後のコクピットは、1号機以上に攻撃を受けやすい位置に来るため、機体中央部の外装装甲は1号機よりも厚く作られており、またキャノピーはスライド式超硬スチール製プロテクターで保護することも可能であった。これも機体重量を増す一因となっていたが、構造上いたしかたない部分である。

コクピットの操縦装置は本質的に1号機と大差はないが、1号機以上に火器制御に関連した制御装置が並んでいる。ハンドル式の左右操縦桿グリップ部には兵装操作のトリガー、安全装置、兵装切り換えスイッチなどを集中して配置し、バトルクラッシャー時の武器操作を集中管理するように配慮される。2号機としてのこの機体の大きな役割は、戦闘爆撃／攻撃機であることはもちろんだが、想定される仮想敵に対し充分な効果が期待できる可能性の高い兵装を実戦運用試験するためのトライアル兵器プラットフォームとしての機能を盛り込んだ設計も行われていた。このため、搭載兵器は常に新型の装備に積み替えるような運用法が採《と》られており、武器使用に関する情報をモニターする機材まで搭載されていたという。この機種に搭乗するパイロットは搭載兵器に精通することが求められ、テクニシャン（技術者）としての側面も併せ持つ人材が要求されている。

コン・バトラーV状態での戦闘は1号機パイロットが挙動や武器使用を統括管理しているが、兵装関連の運用は主に2号機のパイロットがその処理にあたっていたようである（詳細は「コン・バトラーV 技術解説」の「命令伝達・実行プロセス」（p31）を参照）。

運用兵器の照準／発射の実際の操作、及び弾薬の装填や残弾管理なども2号機パイロットが行う。2号機パイロットは機体の操作から解放される分、楽にはなっている。しかし実戦の中で兵装に異常が生じた場合は、その状況を全機クルーに通告したうえで、不良兵器を機外放出するか、いったんディスコンバインして投棄するか、あるいは兵器使用の指令を強制的にキャンセルし、別の方法を1号機パイロットに提言するかというような判断を瞬時に下さなければならず、復座戦闘機の航法／爆撃手なみの慌ただしい働きを要求される。

2号機は過大な重量によって航空機としての機動性は決してよいとはいえず、とは言うものの大きなペイロードを持つ移動兵器庫として多種の武装搭載を軽減することは叶《かな》わず、また合体してコン・バトラーVとなった時には戦闘用兵器の管理一切を任されるパイロットは、機体本来の性能を存分に発揮するためには操縦の難しい機体への練度まで問われるという負担の大きいポジションであった。

これらの負担を軽減するために、3～5号機からも使用兵器のステータスをモニターし、1号機のパイロットが操作を他機パイロットに委譲する意思を明確にしスイッチすれば、バイパス回路がアクティブになるシステムを追加して1号機、2号機パイロットへの依存度を多少緩《ゆる》める方向に運用規定が変更されていったようである。

■2号機／胸部構造

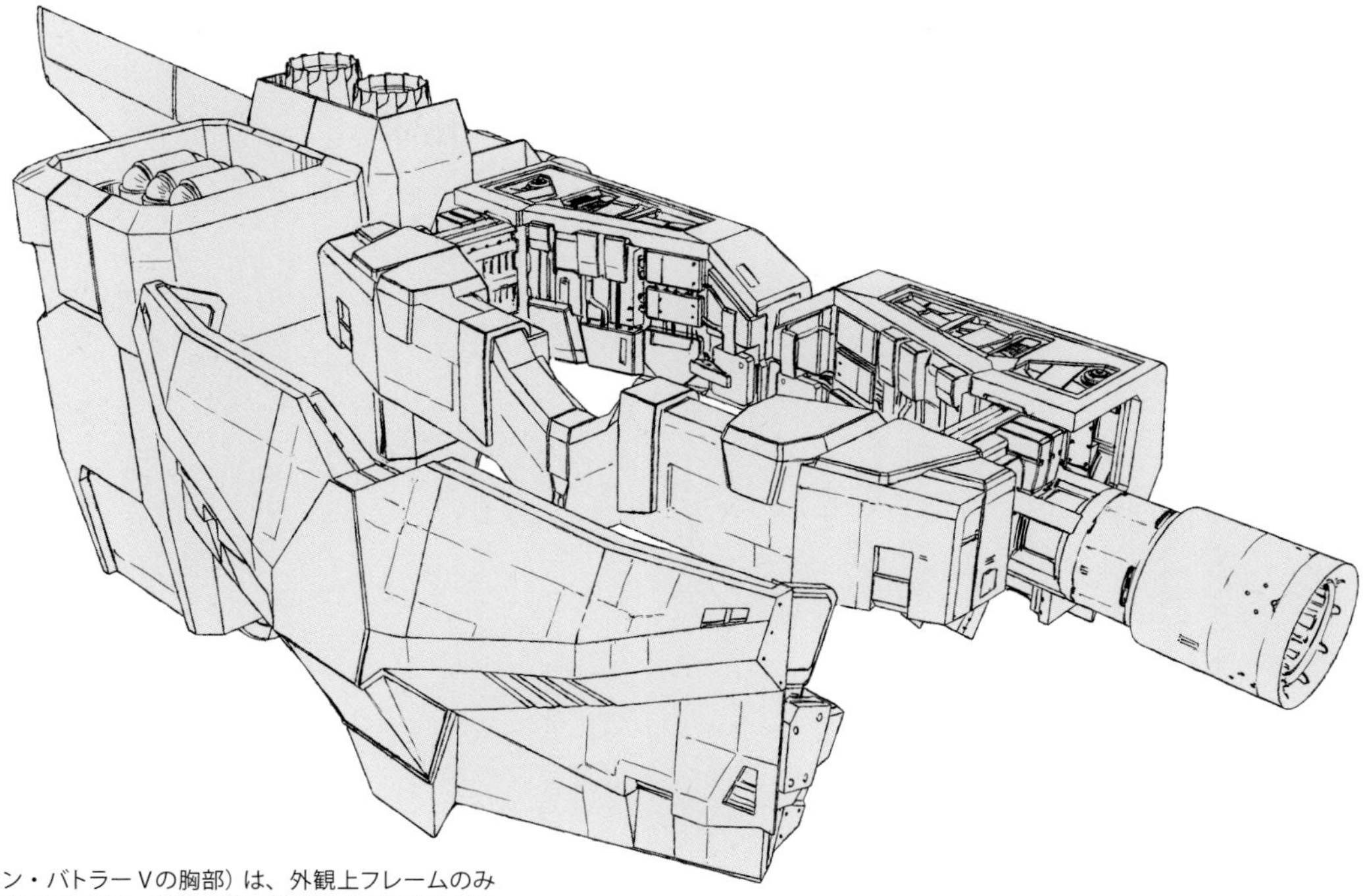

2号機の筐体（コン・バトラーVの胸部）は、外観上フレームのみで構成されているように見える。前後の薄い構造物の中にそれぞれ必要な器機類を収めている。前後の開口部から1号機及び3号機の機体の一部を受け入れ、固定機構により強力にロックする。

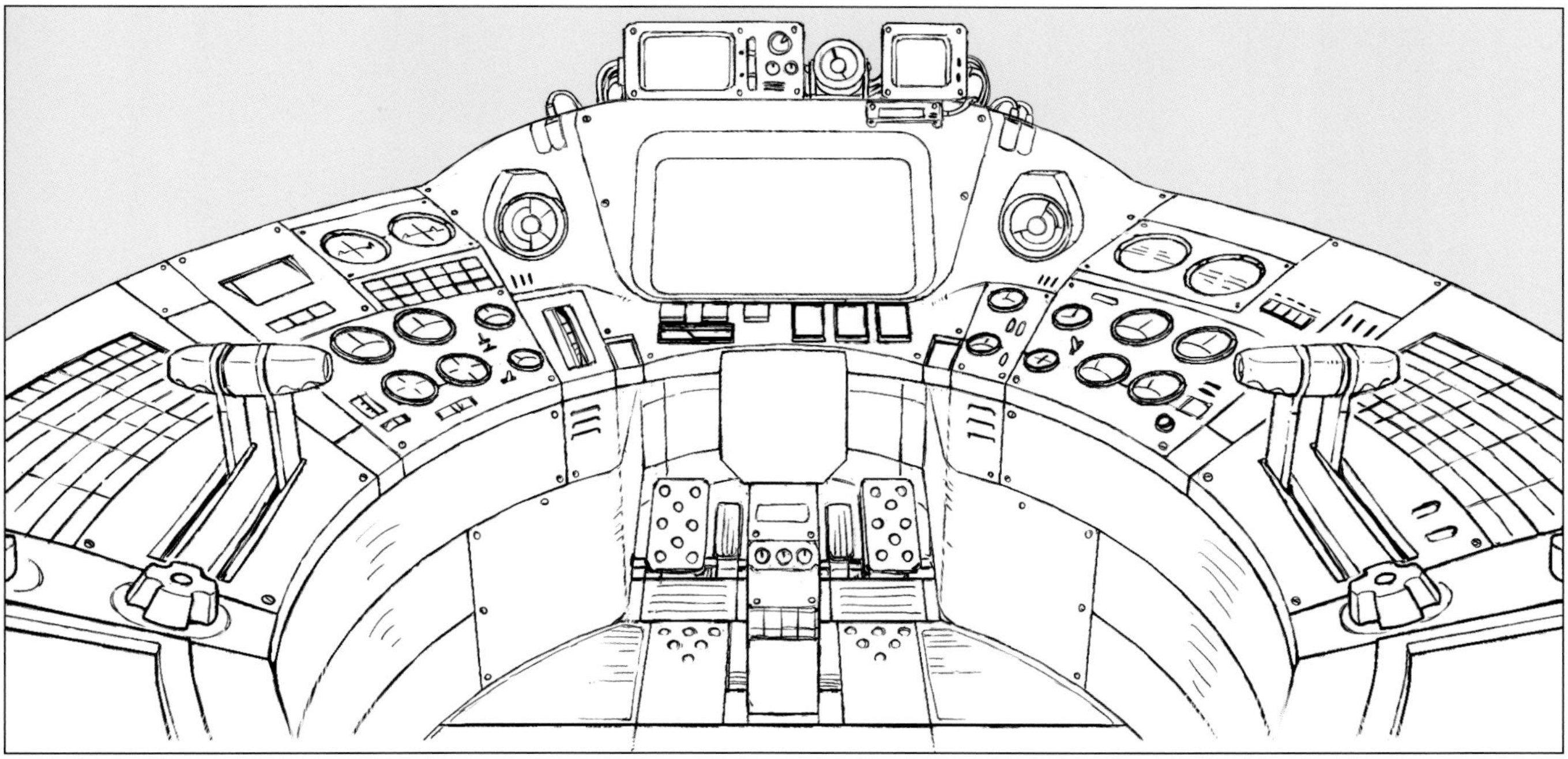

航空機として設計された1号機及び2号機は、コクピット・コンソールの仕様もほぼ共通しているが、メイン・コントロールユニット（操縦桿。図では省略）は異なっている。2号機はそのほかにも射撃に必要な火器管制モニターや照準投影装置を追加で備える。
当時はグラスコクピットと呼ばれる大型マルチファンクション・ディスプレイを主体とした近代的装置はまだほとんど見られず、バトルマシンのコクピットにおけるコンソールの表示計類も旧式であるが、それにしてもおよそ機能的とは言い難いレイアウトである。純粋な戦闘機ではないこともあり、試行錯誤の中途のような印象を受ける。

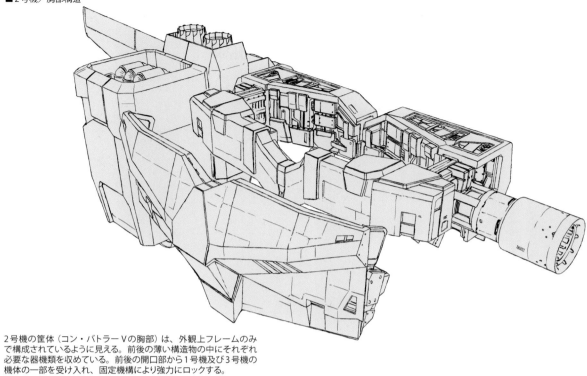

●ロックファイター

各バトルマシンの標準的な装備として多種多様なミサイル及び実体弾兵器が開発生産、搭載されているが、その中でロックファイターは、主としてコンバイン後に運用することを前提に装備された高速ミサイルである。コン・バトラーVでは両手の指を発射筒として利用し、手首の後方に格納されているミサイルを送り出し射出する。飛翔体であるミサイルは頻繁《ひんぱん》に更新されながら威力の向上を図っていたようであるが、基本的にはその構造に大きな技術的変化はないと思われる。もっぱら弾頭に装填《そうてん》する炸薬や推進剤とモーターの高性能化が行われていたらしい。推進剤は固体燃料で、ごく標準的に使用されていたロケットモーターにより推進する。誘導は熱（赤外線）及び発射母機の管制誘導によるものとされる。

より複雑な自律式誘導装置の搭載についても検討されていたようだが、実戦における各ミサイルの運用は主に相手の出鼻を挫《くじ》き、敵の出方を見るためのような用い方が多いようで、発射母機のロックオンから初期誘導に至る自動火器管制に委《ゆだ》ねる簡単な追尾のみに機能は限定されていたようである。ポッド式ロケット弾を発射するように一斉射、二斉射という運用を行うことが多く、この場合には火器管制誘導をオフにして使用していたものと思われる。

ミサイルは弾頭部分、推進剤とモーターのケーシングというシンプルなものであり、ケースの後端に折り畳み式安定翼を3枚装備、あるいは4枚装備するタイプや、無安定翼式のものなど様々あるが、これらの運用上の違いに関しては明確になっていない。ただ安定翼装備式は目標自動追尾や管制誘導により目標追尾距離は

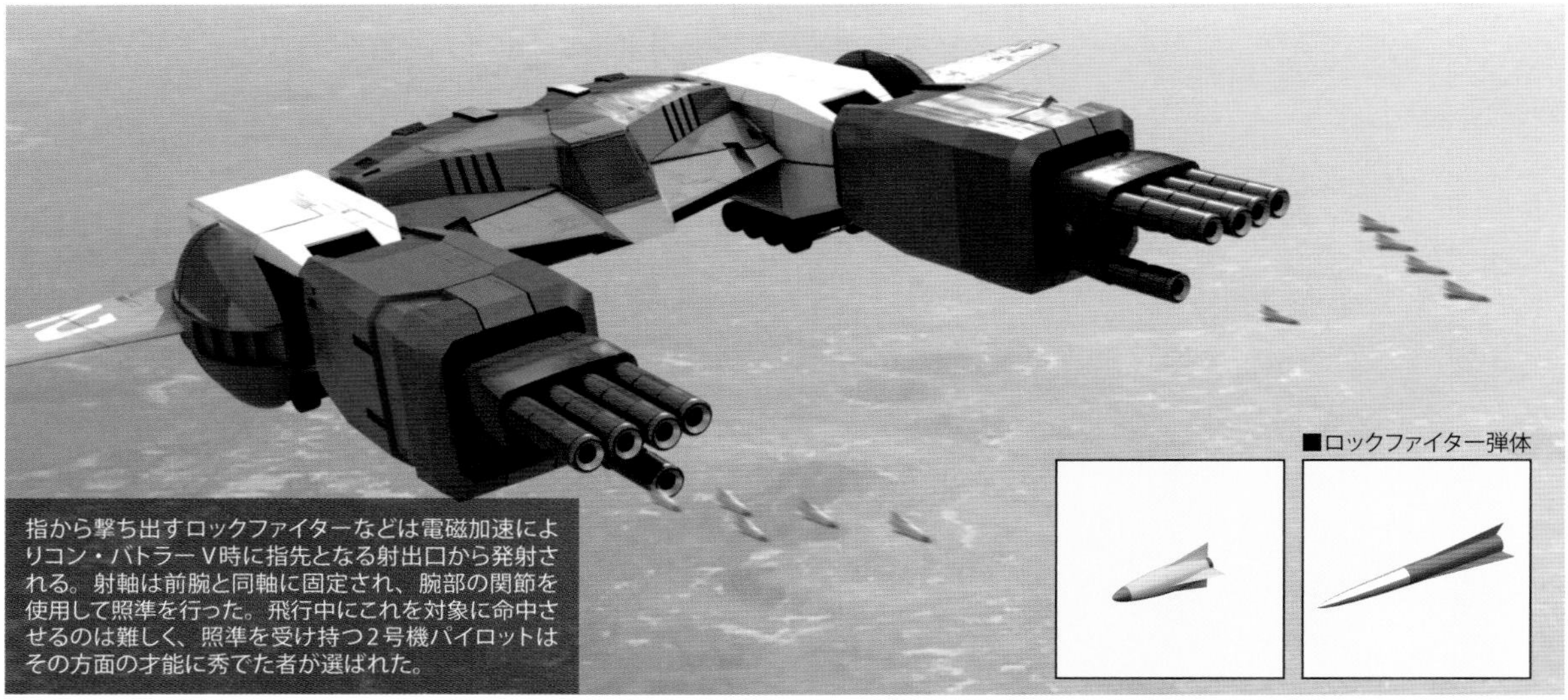

指から撃ち出すロックファイターなどは電磁加速によりコン・バトラーV時に指先となる射出口から発射される。射軸は前腕と同軸に固定され、腕部の関節を使用して照準を行った。飛行中にこれを対象に命中させるのは難しく、照準を受け持つ2号機パイロットはその方面の才能に秀でた者が選ばれた。

■ロックファイター弾体

長く、追随性がよかったことはいうまでもない。翼のないタイプもミサイルと呼称されるが機動性能はあまり高くはなく、むしろロケット弾に近い。安定翼がない状態で機動を行うような実験的な推進装置が搭載されていた可能性もあるが、その点についても公式なリースはない。

ケーシングのサイズによって推進剤量に違いがあり、射程距離や飛翔時間、加速度などに違いがあった。また弾頭については焼夷徹甲弾、徹甲榴弾、特殊弾（粘着弾）等、数種類用意されていたとされる。

これらミサイルの全種類を搭載し選択的に発射することは物理的に難しいため、敵の特性が明確にわかっている場合は最適な弾種を搭載して出撃することになる。しかし、概してそのようなケースは希有なため、緊急出撃に備えて常時装填《そうてん》、搭載されているミサイルはごく標準的な弾種が選択されていたようである。なお弾種の違いは弾頭の色によって、推進剤の推力の違いはケーシングの色を変えることで識別していたようで、ユニットの互換性は確保されていた。

このロックファイターはコンバインせずに、バトルクラッシャーの状態でも運用が可能であった。ただし搭載場所が前腕前端、2号機飛行時には後方を向いている"袖"内に収納されている手の中で、発射に際してはこれを進行方向に向ける必要があった。高推力での飛行中に前腕を機体の前方に展開移動させることは、機体の重心に変位をもたらすことになり、飛行運動に大きな影響を与えるので、運用に際しては高高度域、できれば低速巡行時に展開することを推奨している。これは飛行姿勢が不安定になっても回復の可能性を残すという安全基準による。また操縦に熟練していない状況下での使用は原則として認められていなかったようである。

●ドリルアロー／グランブリット

ドリルアローは、2号機に搭載される特殊兵装のひとつであり、たぶんに実験兵器的な意味合いの強い装備といえる。機首下、インテイク付近に設けられた発射口から射出される実体弾飛翔兵器であるが、通常運用されるミサイル類のように弾頭が目標に接触または接近することで爆発、あるいは徹甲弾のように運動エネルギーと弾体の質量により目標装甲を侵徹するというものではなく、弾体そのものに物理的な刃を装備して、回転運動により装甲に穴を穿《うが》つまたは断裂破壊することで内部に侵入、その後に爆発して大きなダメージを与えようという意図で開発された。

開口切削・破断機能部分に関しては、切削用の工具や建設機械のビットにヒントを得たものが多く、様々なバリエーションが試作され、効果の大きかったものを実戦で試験運用したという。主に円錐形をしたドリル刃、いわゆるステップドリルや、ドリルの先端に付けて回転運動で木材を割るような作業に用いられるウッド・スプリッターと呼ばれるビットをヒントに形状を策定、設計したもののようである。

これらを標準装備として全機種に搭載しなかったのは、弾体そのものの重量が大きいこと、発射に必要なシステムが複雑で、全体重量が嵩《かさ》むことなどが主な理由であった。2号機は先述のように兵装の試験プラットフォームとしても位置付けられていたこともあり、装備使用されたようである。

発射に際しては、まず弾体そのものを一定の速度になるまで回転させる必要がある（プレローテーション）。この行程は、物理的、機械的に行われていた。ローラー様の器機に挟まれた弾体が規定の回転数に達した時点で発射準備が完了する。ここで、電磁的に機外へと射出するが、それと同時に弾体後端の推進エンジンに点火、さらに筐体《きょうたい》側面に開口された回転維持ブースターもアクティブとなり、内蔵されるドリル回転用モーターが始動する。飛行安定は弾体全体がスピンすることである程度維持されるが、安定翼を設置することはできず飛行誘導が難しいことから、発射時弾道のみの軌道となる。

円錐形ドリル状弾頭を有するタイプはドリルアローと呼ばれるものだが、これにも形状の違いがあったようだ。穴を穿《うが》ちながら装甲を侵徹するタイプは〝削りかす〟を後方に逃がしやすいように螺旋状の溝が設けられていたし、密なピッチで螺旋状に切られた刃だけのものは穿孔侵徹ではなく破断を目的にしたものであったと考えられる。いずれも、ドリル部分はサーメット製の超硬・高耐熱素材が用いられていた。

これとは別に、グランブリットというドリル系兵器も運用された。ドスブレッシャーに用いられた超硬素材を使用した錐状構造体を束ねた〝ドリル〟弾頭を有するものである。これは四つ目錐とホールソーを合成したような発想の切削部を持つ特殊兵装で、ブレード枚数をいろいろと実験した結果、4枚タイプと5枚タイプが搭載されていたとされる。穿孔というよりも開口と断裂破壊を目的としたこの兵装もドリルアロー同様に発射プロセスに多くの行程が必要となるため、搭載使用は限定的であった。弾体自体の回転力と推進力も大きくする必要があるため、弾体そのものもやや大型化しなければならなかった。

グランブリット、ドリルアローは敵兵器への打撃効果というよりも、もともとは敵対施設への進入路確保や脱出路開削を目的とした機材からの転用であるともいわれている。

■ドリルアロー

■グランブリット

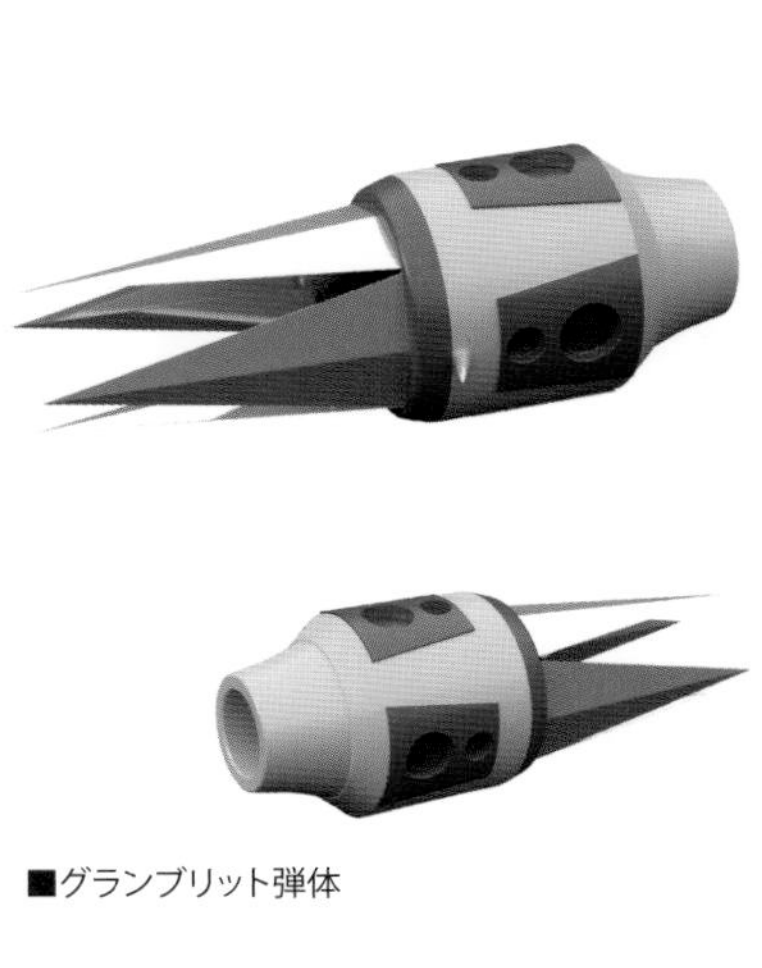
■グランブリット弾体

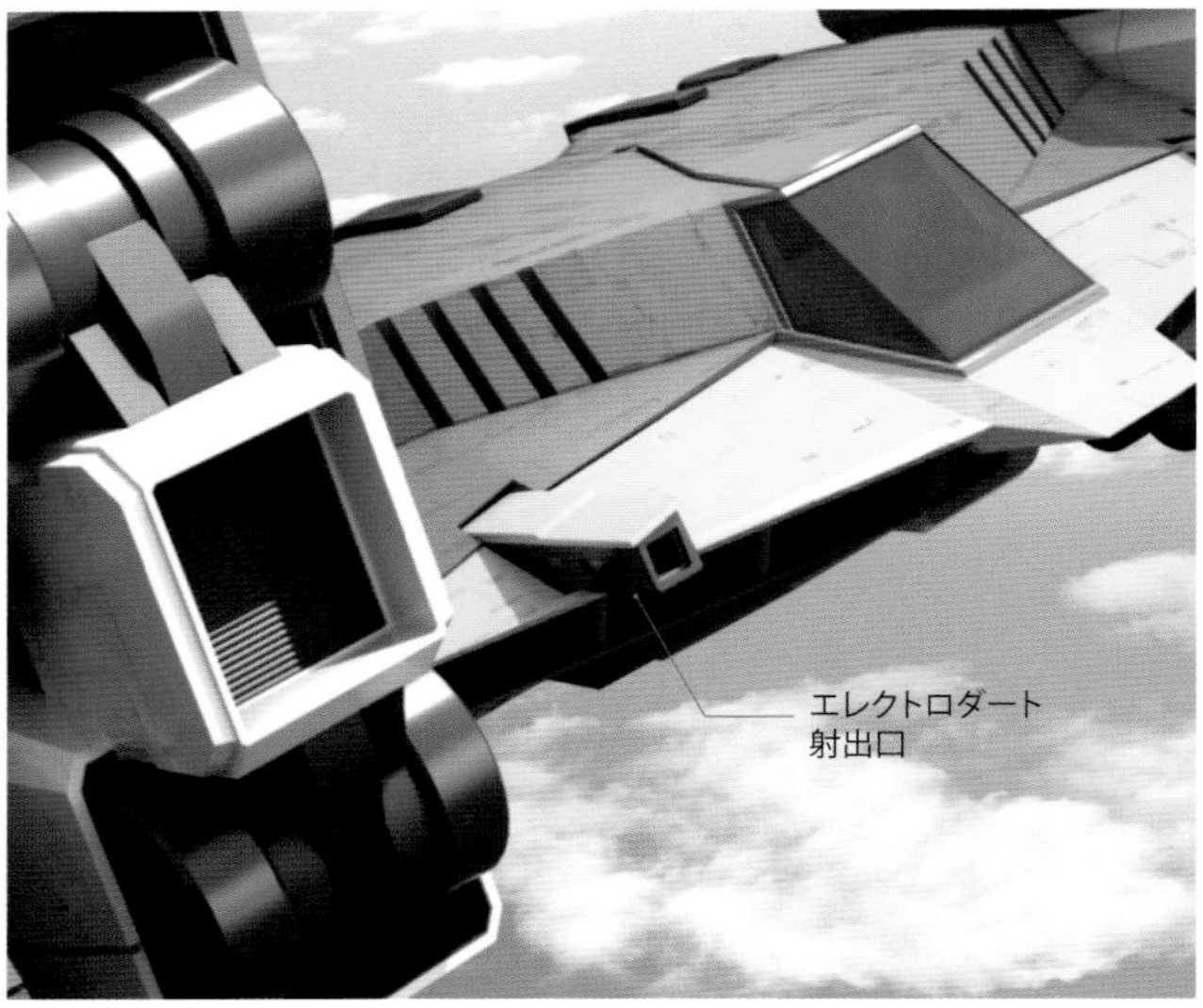

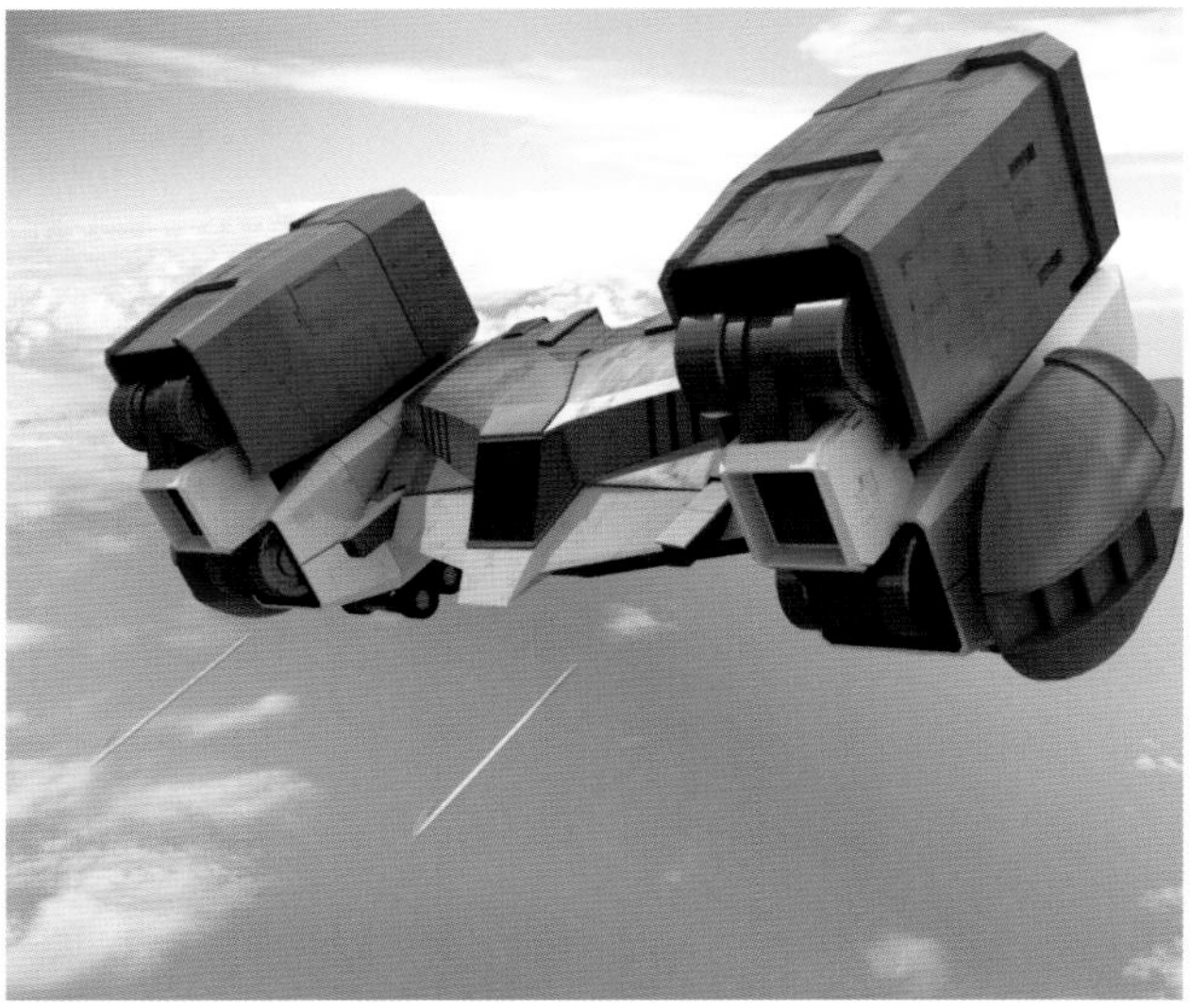

●エレクトロダート

これは2号機に搭載された兵器の中でもとりわけ実験的な指向の強い兵装である。兵装そのものもそうであるが、発射機構も含めての多くの実験に供されたシステムの呼称であるともいわれる。

発射弾体は非常にシンプルな構造の質量弾であり、確認されているものはハープーン、すなわち銛《もり》と呼ばれる狩猟用具に極めて似ている。単純な棒状の本体で先端には銛と同じように〝返し〟が付いている。だが、形状こそ単純だが構造は見かけほどシンプルなものではなかった。まず機体に搭載するために、弾体そのものをどれだけコンパクトにできるかという点にある。これはバトルマシン及びコン・バトラーVそのものの兵器体系全般にいえることであるが、コンパクトに収納しておき、使用時にはこれを組み立てまたは展開するというコンセプトのもとで発想された兵器のひとつでもあった。もともとは、後端にワイヤーロープあるいはチェーンを連結し、敵を拘束するような用法が考えられていたが、質量兵器への転用を模索した結果、2号機に搭載されたようである。

弾体は三段のテレスコピック式であり、鋭利になった先端ユニットには二段起倒式の返しが設けられていた。内部が充実構造となっているのは先端ユニットのみであり、後端二段は中空のパイプ形状であった。ごく単純ではあるが、後端のパイプ部分は可能な限り薄く、また先端の返しを起立させる方式やタイミングをどのように調節するか、かつ電気的な機構を内蔵せず機械的な構造のみでこれを可能とするにはどうするかなど、この弾体には様々な実験的試みが試行された。

テレスコピック式にして本体を伸張可能としたのには、収納面の都合だけでなく、飛行距離の延長と安定性を高める意図もあった。テスト段階では展開式安定翼の設置や、先端の返しを多くする、トライデント式とするなどの検討もされていたが、構造は極力シンプルにすることが決まり、知られている形状に落ち着いた。

従って、材料工学的な分野における素材の開発もまた選定も重要な意味を持っていた。これはコン・バトラーVの開発に必要とされた材料と、それを加工する技術があったから実現できたといえる。

先端ユニットの高質量化についてはどのような材料を用いていたか不明だが、当時の時代性を考えると劣化ウランが充填されていた可能性も考えられる。

もうひとつ重要なのは発射メカニズムである。これは完全に超電磁理論を用いたレールガンとして完成されたものであり、高質量弾体を高初速で射出するだけではなく、レールによる加速距離を最小限にとどめ、かつ弾体を破壊せず、弾道安定をある程度確保するという諸条件を確実にした。

超電磁力を利用したこの射出システムはバトルマシン開発の極初期から研究されており、この開発の成功によってもたらされた成果は、武器射出のみならず、各機のあちこちに形を変えて利用されている。

弱点としては、射出時のエネルギー消費が大きくシステム重量も高《かさ》むため、兵器運用は小規模限定的なケースが多かった。これを解決するための試行は繰り返されており、次第に軽量高性能器機に置換されてはいたが、目立つ部分ではないため、実態はよくわかっていない。ただし、実体弾発射部については出力の大小こそあれ、機体からの〝押し出し〟に際してはエレクトロダートのシステムが応用されており、前項のグランプリット発射にも用いられている。

●マグネクロー

主にコンバイン後、それも両腕を合わせて運用することを前提とした兵装のひとつである。形状はシンプルなキューブ状マウントにスパイクを植えこんだもので、質量弾兵器のひとつに分類できるものであった。左右別々に射出して使用することも可能であり、コン・バトラーVおよび2号機の腕部先端から射出される。

マウントは全体がソリッドなわけではなく、スパイクを固定している基部、全体の奥行きの4分の1から3分の1だけが充実構造となっており、四角いベースの後半はスカートとなっていた。

このデバイスは、圧縮した可燃性気体と発射薬を混合した射出剤を発射機構側に設け、着火撃発して生じる爆燃のエネルギーを一気に放出、これをスカートで受けることで発射される。このスカートは飛翔時の安定を保つ役割もあったとされる。従って弾体そのものに自力飛行能力はない。もっともこの方式は相応の危険度がともなうことから、電磁射出への転換が検討され、改装後機体では転換が完了したといわれる。

質量の最も大きい部分はスパイクで、超硬素材で成型されていた。個々のスパイク内部には質量の大きい材料が詰め込まれているが、これについてはエレクトロダートと異なり、劣化ウランなど放射性のある物質は用いられていない。後端はワイヤーロープで機体と連結されており、コン・バトラーVで運用する場合は、鎖鎌《くさりがま》の分銅のように振り回して使うなどの用法が考えられていた。主に、攻撃目標を破壊することよりも、相手の動きを封じ拘束することが目的の攻撃補助兵器であり、これで敵を捕らえた後に、他の武器で破壊、とどめを刺すというのがマニュアルの手順であった。

コンバイン状態で左右の腕を揃《そろ》え、マグネクローを合体させたほうが質量が大きくなり、射出時のエネルギーも増すために打撃効果が高くなる。

後方からコン・バトラーVに接続されているワイヤーロープには、通電用のケーブルも編み込まれており、超電磁による電撃攻撃も可能なように作られており、敵の性質によってはこれで動きを止めることも可能である。

先に述べたように、この兵器はコンバインしてコン・バトラーVにならずとも運用が可能な設計で、バトルクラッシャー状態でも使用されることがある。しかし、ロックファイターの発射同様に、機体には後ろ向きに格納されているため、装備を前方射出するためには前腕部の前方への展開が必要となる。さらに、飛行中の航空機から高質量体を射出する時の反動のほか、ワイヤー付きで射出した場合、質量や出力が圧倒的に大きい敵に捕らえられ引き寄せられると、むしろ自身に危険が及ぶなど、運用には慎重さと熟練が必要な兵器でもある。

敵に捕獲された場合などにはワイヤーロープを切って逃れるという方法もあるが、電撃によって相手を怯《ひる》ませ、あるいは無力化し、拘束が緩《ゆる》むタイミングを見るといった対処も可能であった。この電撃の出力は、ロックファイター単独ではコンバイン後よりも低いようである。

なお、こうした場合のことも勘案して、スパイク内に炸薬を入れておき、通電によって爆破できるような仕様も存在したようである。また、ベースからスパイクのみを発射するという段階的な攻撃兵器とする計画もあったらしい。スパイクの本数についても時期によって異なっていたようである。

●ドリルスプリング

航空機兵装としては、実は大変なリスクをともなう可能性のある武器であり、特殊な条件下でのみの運用に制限されていたはずである。これは腕の内部に収納される兵装のひとつであり、本来はコン・バトラーV状態で両腕から伸ばしムチのように振るって敵を牽制し打ち据えるという発想で開発の始まった兵器であった。

他の兵装同様に、いかに狭い容積内にコンパクト化して収納しているものを、使用時には展開して利用できるような強度を保持できるかというテーマの解決からスタートした。ムチという形状の武器は、目標との距離を一定に保ち自身を安全圏に置きながら、打撃・打擲により攻撃を繰り返すことができるようにするものであるから、ここに重点を置いて材料、構造、機構などの検討が始められた。

完成されたものは、一定の長さで結節点のある節足動物の触覚のように見える。だが実際にはこれが螺旋状に巻かれた細い帯の一次構造体が集合したものによって構成されていた。一次構造体の構成要素は薄く靭性の高いストライプ状のスチール系材料であり、収納時にはそれぞれがスライドして重なり合い、極めてコンパクトな〝塊〟となる。

展開時にはまず振り出し式に伸ばし、さらに基部にある手首を駆動させる関節機構用モーターをバイパスさせた動力を利用して本体全体を高速回転させる。本体は遠心力によって外側に膨《ふく》らみ、一定の太さを得るというものであった。回転速度の調整によって本体のしなやかさが変化し、ムチのように運用できた。

また、開発過程で様々な実験が行われたが、その中に驚くべき効果が見出されている。遠心力で真っ直《す》ぐに伸びている状態の本体に超電磁エネルギーを印加すると、

このドリルスプリング開発のために用いられた構造の設計は、様々な変化した形で応用され、コン・バトラーVの兵器の多彩さを支えるものとなっている。

極めて強硬度の棒になるという現象である。しかし、この素材に長時間エネルギーをかけると材料が変質し、脆《もろ》くなって破壊されてしまうことも判明している。これは、金属原子中の自由電子が次々と消失し、物質が物質としての態を成さなくなるためであろうと説明されるが、発熱などのなんらかのエネルギー放出といった現象が生じないことから、理論的な解明はなされてはいない。

ただ、実験によって様々な状況を想定しながら実証を行った結果として、実用兵器の一部として運用しても問題はないということになった。もともと、超電磁理論は実用が先行し、その理論精査は後追いの形となっているため、運用における危険回避の方法がわかっていれば、どんどん実用化を目指すという方針で研究が進められてきた。であるから、この特定材料に対する〝超電磁硬化〟現象を応用することに何の躊躇《ちゅうちょ》もなかったらしい。

そうした経緯で完成された兵装は、ムチ、棒、槍、ドリルといった自由度のある武器となった。ただし超電磁硬化は先にも触れたようにやがて構成材料が自壊してしまうため、印加するタイミングと使用時間（実際に搭載された兵器でおよそ2分程度）に制約はあった。また使用後のデバイスは、印加を中止してもゆっくりと金属原子の崩壊が進行するため、兵器としては使い捨て方式のものとなる。

航空機状態の2号機ではマグネクローなどの運用と同様に、前腕を機体前方に展開して用いる。ただし振り出し式に装備を展張することが難しいため、まず本体を回転させることで伸ばすことができるような構造が採用されている。機体の飛行速度による運動エネルギーとドリルの効果で、刺突兵器としては極めて有効なものとして使用可能であるが、2号機の飛行安定性は著しく欠くことになるので、運用が難しいこともまた間違いない。

●バトルガレッガー

マグネクローなどと同じく、両腕を揃《そろ》え合わせて射出、使用することを前提としたコン・バトラーV用兵装のひとつで、純粋に補助攻撃手段として開発されたもののようである。エレクトロダートやドリルスプリングと並行しながら開発し、多数のノウハウを蓄積することになった技術と発想の現れのひとつで、展開式大型デバイスとして完成した。

左右の腕を合わせた幅いっぱいに展開した先端デバイスは建設機械のアタッチメントでいうところのグラップルのような〝つかみ具〟として開発が始まり、最終的な形状は結束具のシャックルのようになり、左右ピースの分割端にはがっちりと噛《か》み合うシャープなツメを有する形でまとまった。この設計が最終的な形状からモックアップ製作に移行する間に機能は、〝つかむ〟と〝つかまえる〟のふたつに分離され、デバイスを多機能性から単機能性へと移行した例でもある。

この先端デバイスもまた、分割スライド式の曲面板状ユニットとして収納されているものを集合させることで運用規格サイズに拡張展開するというコンセプトで作られたものであり、一連のコン・バトラーV／バトルマシンの基本的な方針を具現化している。

靭性と硬度の高い、しかし従来からある素材を改質して用いながらも各構成体（パーツ）は非常に薄く、一方で展開時には充分な強度を確保するという相反する要求を実現するためのデバイスの基礎設計図は、さながら高度な折り紙の展開図を見るようであったというが、ここに加えて、折れ線部分をなんらかの方法で機械的に接合し、スライド移動させる必要もあったわけなので、非常に高精度の加工技術が要求されていたことはいうまでもない。各接合部は強力な電磁力によって密着固定できるようなシステムを組み込む必要もあって、一段と複雑な構造設計が求められるが、そこから今度は可能な限り無駄を削ぎ単純化するためのリファイン作業が何度も繰り返されていた。コン・バトラーV／バトルマシンで運用された武器、武装の多くがこのような開発姿勢で行われていたものである。

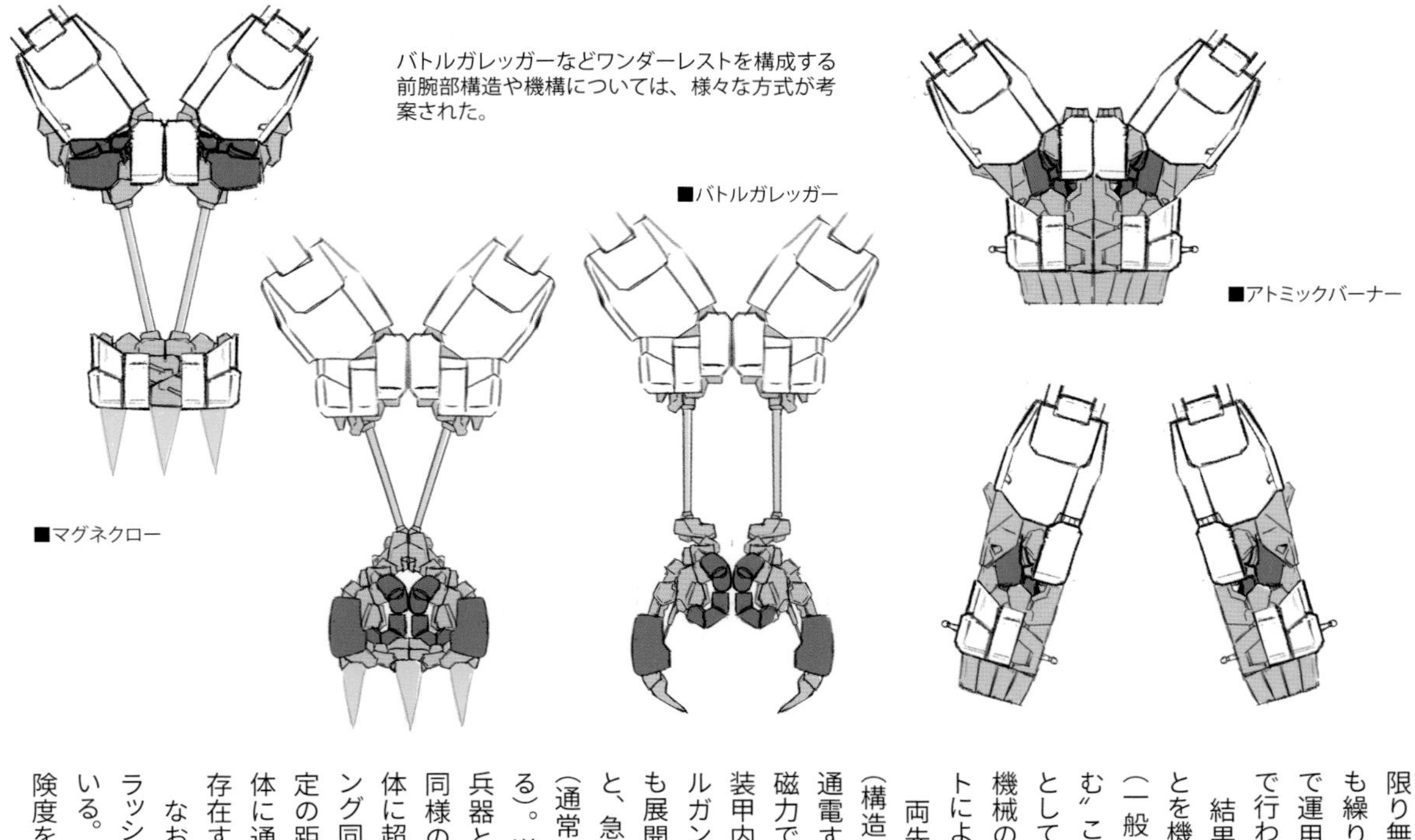

バトルガレッガーなどワンダーレストを構成する前腕部構造や機構については、様々な方式が考案された。

結果的に完成された先端デバイスは〝つかまえる〟ことを機能の上位に置く形状の、シャックルライク・ハンド（一般にはクローと呼ばれることが多い）となり、〝つかむ〟ことを優先したデバイスはグラップリング・ハンドとして別に開発・完成されているらしい。こちらは建設機械のデモリション・グラップルと呼ばれるアタッチメントによく似た形状のものであった。

両先端デバイスの後端に固定されるワイヤーロープ（構造はドリルスプリングを単純化したもの）を通じて通電すると、所定の形状に組み立て展開が行われ、電磁力で固定される。次に射出のコマンドを入力すると腕装甲内壁に設置される電磁式射出システム（低出力レールガン）により発射され、これと同時にワイヤーロープも展開する。ワイヤー部分に印加する極を逆転させると、急速な巻き取りに似た動きを得ることが可能である（通常は通電を停止すると緩《ゆる》やかに収納状態に移行する）。逆転の操作を行うと構造への負荷は高くなるが、兵器としての融通《ゆうずう》性は高く、もともと使い捨ての兵器同様の位置付けであるため、禁止規定はない。また全体に超電磁エネルギーを印加することで、ドリルスプリング同様にデバイスは剛直化し、目標を一定時間、一定の距離に押しとどめることも可能であるし、また全体に通電して電撃を行うという攻撃法も選択肢として存在する。

なお、このデバイスも左右別々に、あるいはバトルクラッシャー状態での運用も可能な部品分割構成になっている。ただし、飛行形態での使用は他の兵装同様の危険度を想定しなければならない。

BATTLE TANK

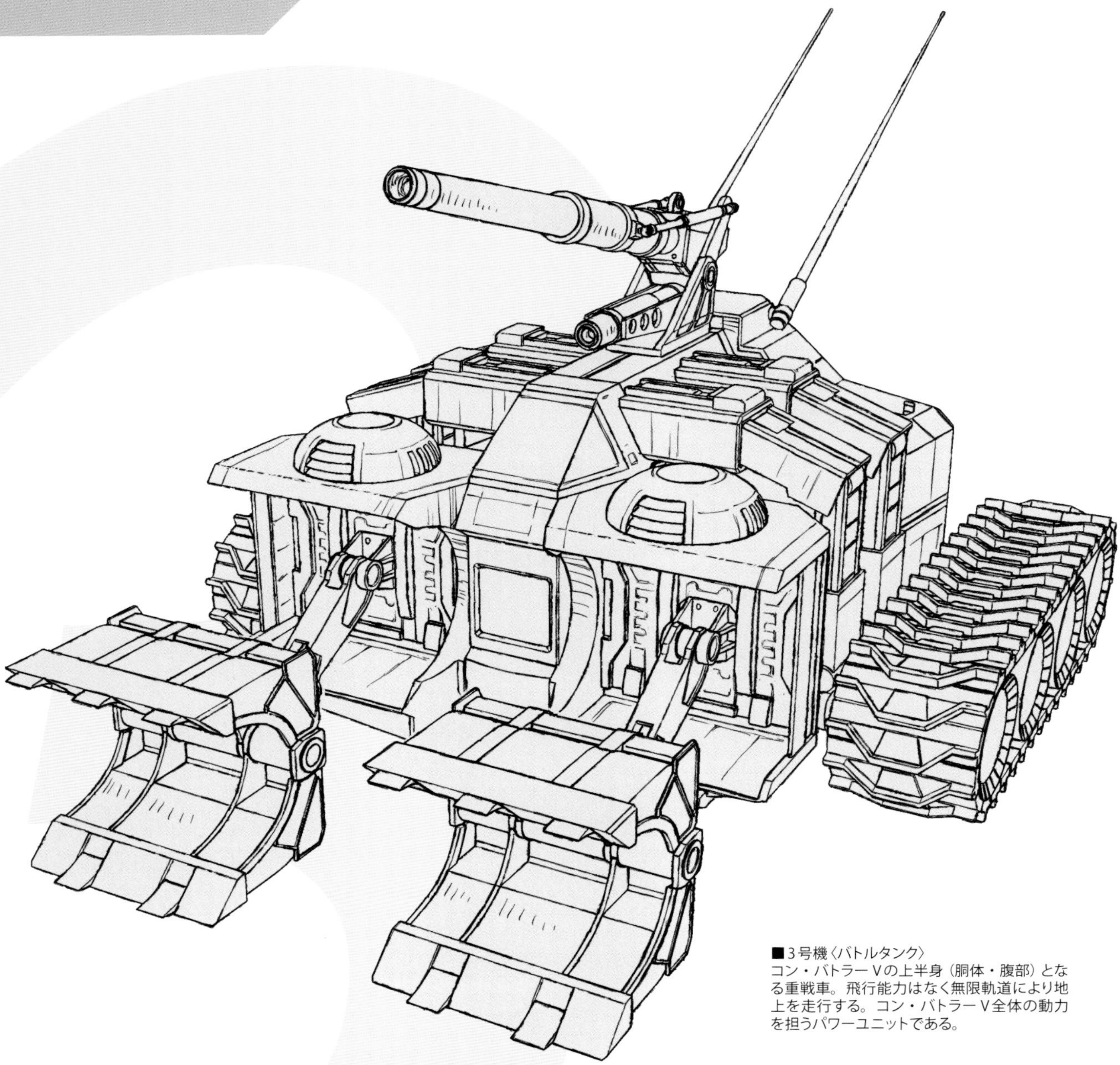

■3号機〈バトルタンク〉
コン・バトラーVの上半身（胴体・腹部）となる重戦車。飛行能力はなく無限軌道により地上を走行する。コン・バトラーV全体の動力を担うパワーユニットである。

●3号機／バトルタンク

コンバイン後は腹部から腰の位置に配される機体で、コン・バトラーVの驚異的な高出力を支える動力源となる高出力の超電磁リアクターを搭載した、文字通り要となる機体である。一般に公表されている資料では「原子炉」との記述が見られ、詳細は機密指定により伏せられていたが、博士が開発に成功した、核分裂を利用しつつも〝安全な〟高エネルギー発生源であるとされていた。

いずれにしても重要な機関であるため、安全性確保の必要性から、他のバトルマシンに比べて最も装甲は厚く作られており、機体重量も非常に大きい。エネルギー供給源の確保に目処が立ったところで本格的な機体設計が始まっているが、超電磁リアクターの小型軽量化への挑戦もそれと並行しながら行われたという。結果的にこの機体スケールに収まるリアクターシステムを実用化したことは驚異的で、最も開発には時間がかかっている。

厖大《ぼうだい》な熱エネルギーを発生させるリアクターには強力な冷却システムが不可欠で、さらに振動や衝撃、搭載車輌位置の変位に対しても不調、変調などが一切生じないよう設計する必要もある。戦闘ロボットの中核として、ハードな運用に耐える堅牢さがまず第一に求められたのだ。また、電気的なエネルギーを生成しこれを取り出すためのシステムも組み込まねばならず、ここにも大きなハードルがあったものと思われる。このため3号機の設計開発には長い時間がかかったようだが、とにかくコアとなる持続性のあるエネルギー供給源に目処が立たない限り、超電磁現象を利用した大エネルギー兵器も実現しないため、関係者は不休で開発研究にあたった。

3号機もまた、1、2号機などと同様に自力飛行が可能なバトルマシンという構想で基礎設計はスタートしたらしいが、超電磁リアクターの重量とサイズの軽減縮小

BATTLE TANK

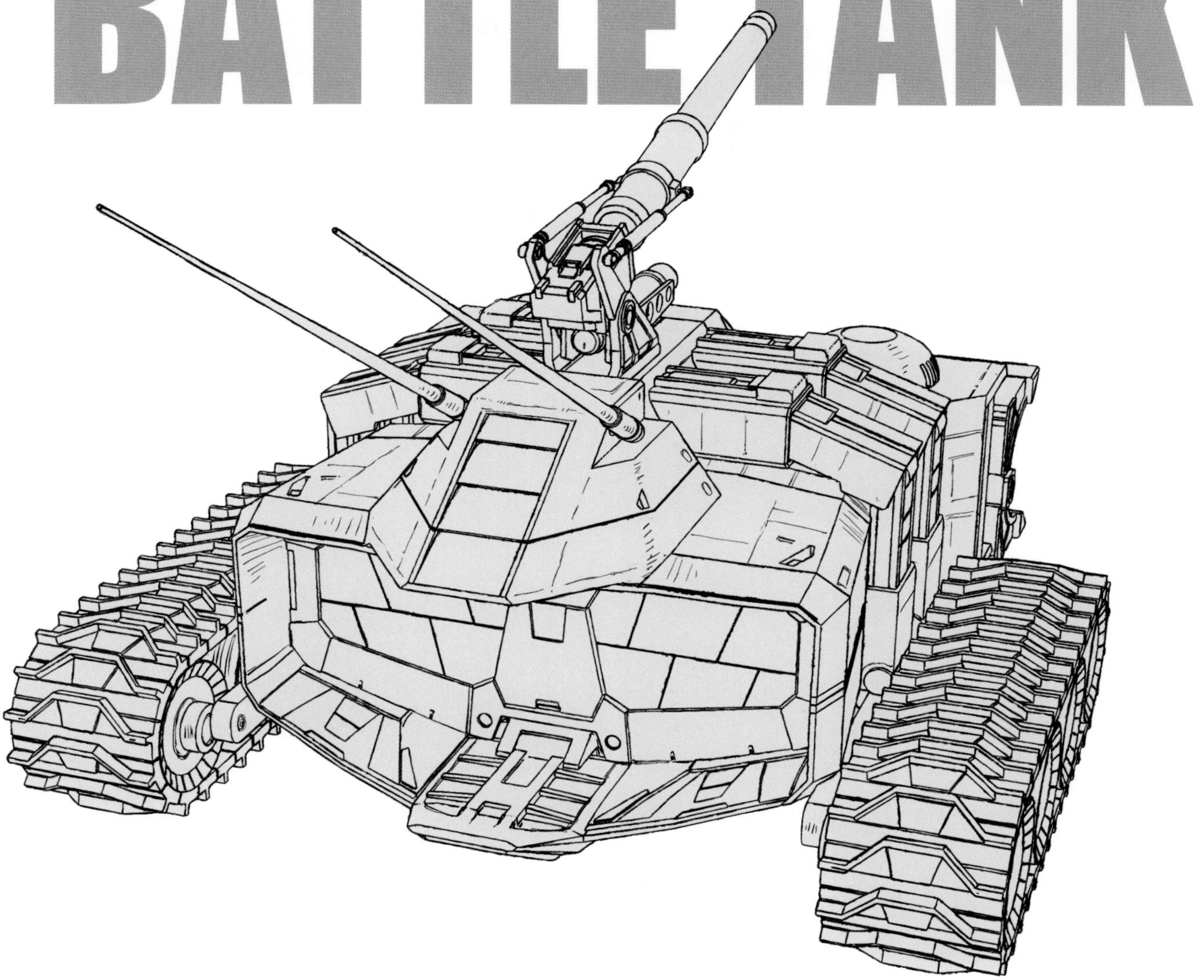

に限界があることが明確になった時点で、自力飛行能力付与の項目は削除されたのである。もしも、さらなる小型軽量化と高出力化を進めることができれば、5機種すべてにこの超電磁リアクターを搭載して、より強力な合体式人型兵器の立案が可能であったし、さらには単独パイロットの操縦による複数の巨大人型兵器運用も実現できたかもしれない。しかし、それは現状では叶《かな》わない。結局のところ、5人のパイロットを擁《よう》するチームでの運用を前提にしたコンバイン・ロボット兵器システムに集中することが最善策であると確定されたのである。

しかし長距離飛行能力こそ持たないものの、走行中に広い地割れ、あるいは無限軌道では越えるのが困難な起伏などに遭遇する可能性を考慮し、ごく短距離ながらジャンプ的な飛翔能力を持たせることは運用上必要であるとされ、これをどう解決するかがまた新たな問題として持ち上がった。

その対応策を探る過程で生み出され研究が進められたのが、超電磁リアクターで生成した超電磁エネルギーを充電池のように溜めておく大容量キャパシターの理論である。これは駆動部を動かすために必要な電気エネルギー用のキャパシターと混同されることが多いが、それとはまったく異なるもので、バトルマシン全体の完成度を一気に高めるブレークスルーとなった。機材の完成は超電磁リアクターと名付けられたシステムの時と同様に、バトルマシン搭載可能サイズと重量に収めることが目指されることになる。一定の出力を維持したまま小型化したキャパシターの完成が覚束《おぼつか》ないようであれば、対応策として3号機から他の各機に遠隔で超電磁エネルギーを送り、各機体に搭載された超電磁機材の出力を維持しようという試みも模索されていた。

このエネルギーの遠隔伝達方法は実際に実現し、超電磁フィールド技術と組み合わせることで、なんらかの

BATTLE TANK

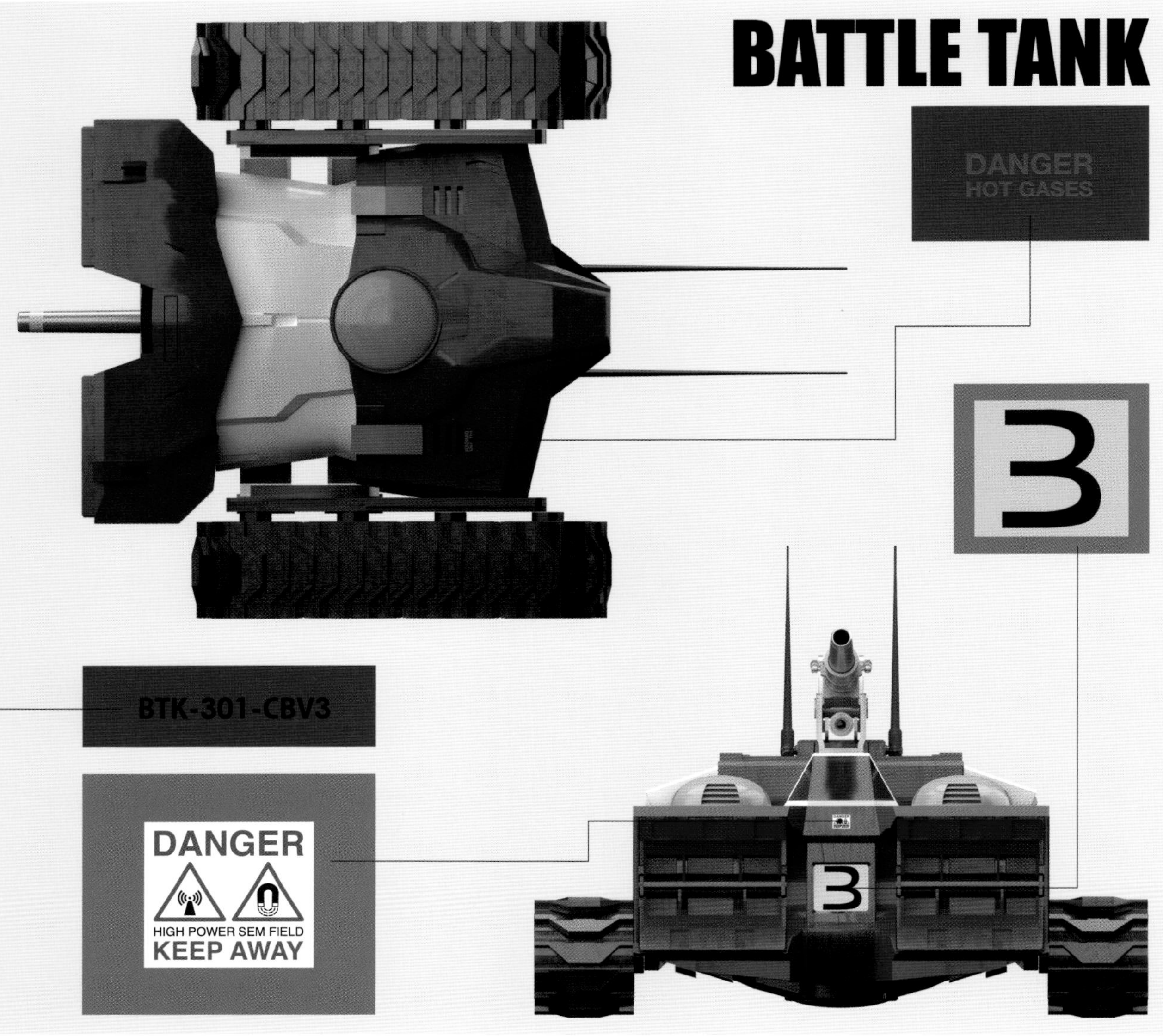

事情から行動が制限される状況に陥った機体を強引に引き寄せて脱出させるという荒技を実行できるようになる。さらに、副次的ではあったが、コン・バトラーV／バトルマシンの運用の根幹を成す兵器コンセプトを拡大し、さらに空中におけるコンバイン（合体）というアクロバティックな運用も可能とするまでに至った。しかし、直接この技術が3号機に応用されることはなかった。莫大なエネルギー消費を許容できなかったのである。

　前述のように、設計段階から航空機的要素は付与されなかったものの、走行時に地面などのギャップを飛び越すといた事態を想定して、短距離のジャンプ程度は可能なように超電磁技術を応用した小型スラスターは搭載されていた（機体下面のスリット内）。発進時にはコネクションの斜路を利用してジャンプすることが多いが、これは少しでも遠くに〝飛ぶ〟ためである。3号機は超電磁エネルギーのチャージ量を気にすることはないが、航空機として超電磁リアクターをフルに利用する超電磁エンジンを搭載して長距離飛行可能な機体を作っても、機体は必然的に〝コンパクトな大型爆撃機〟ほどになってしまうため、合体して人型となることを優先し、今さら設計を変更してまで長距離飛行能力を付与する必要性はない、と判断された。

　だが3号機と5号機を空中搬送（フェリー）するための専用キャリアを作る案も浮上していた。これは両機をまとめて搬送する計画と、個別に運搬する計画が別々に検討されている。この搬送専用機は図面が引かれモックアップまで作られもしたが、必要な高出力、高推力を実現するには超電磁リアクターが必要で、問題はこの時点でその基数がまったく足りていないことだった。超電磁リアクターは、あと何基きちんと機能する状態で製造できるかどうかわからない状況で、貴重だった。従って、実戦に出る3号機の予備とすることが現実的であると

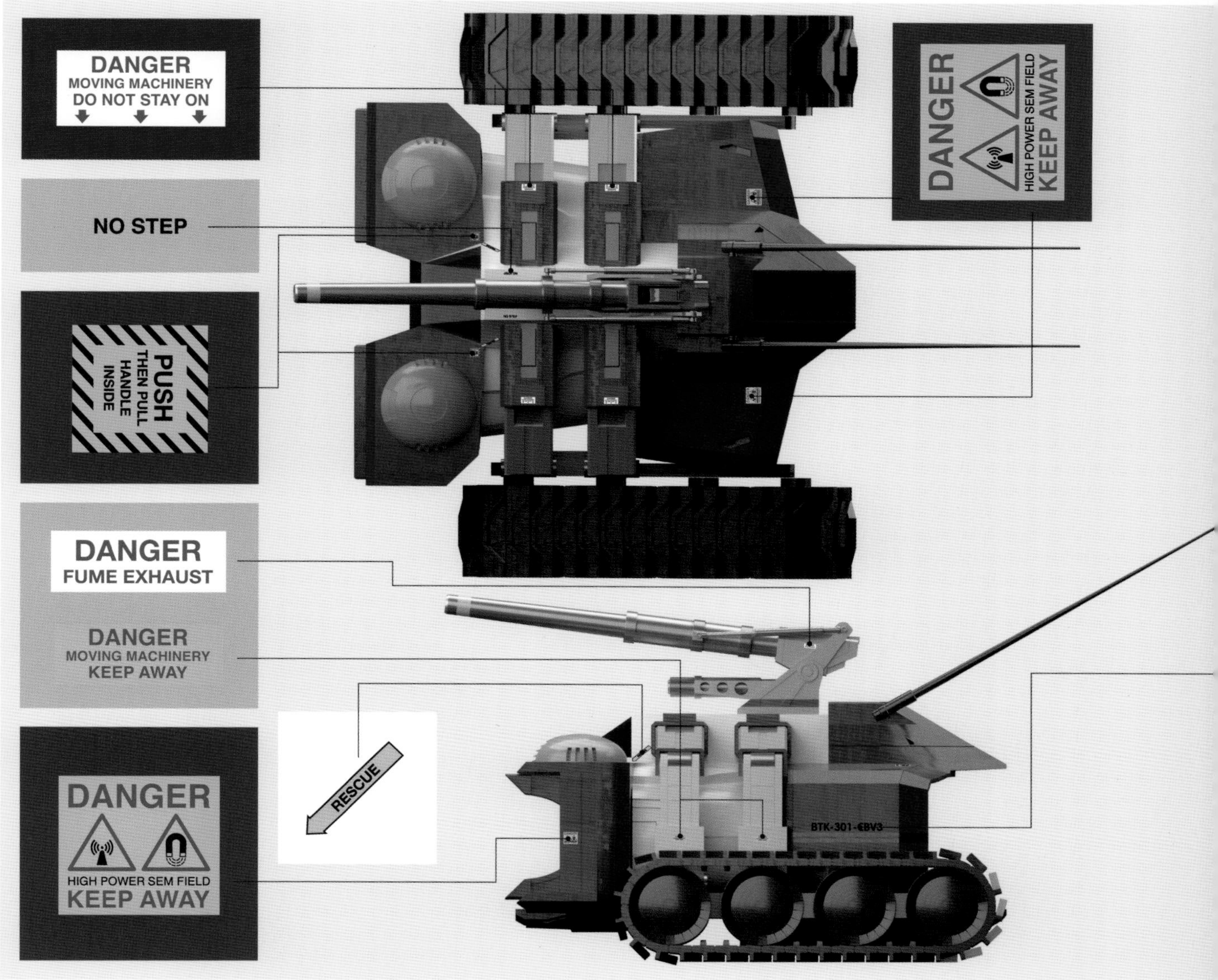

判断され、最終的にキャリアの具体化はペンディングされることになったのだった。

超電磁リアクターは、いや、それどころか超電磁理論に立脚するテクノロジーはすべてが、まだまだ未知の部分が多く発展途上であった（南原博士の言による）ため、ようやく期待通り機能するまでにこぎ着けた器機を基礎に据え、ひとつひとつ前に進んでいくしかなかった。

やがて、この別ユニットによる空中搬送のプランは形を変えて最終仕様に活かされることになる。それは、後述するバトルマシン各機の仕様策定、言い換えれば〝役割分担〟を決定するプロセスの中で、僚機であるバトルマシン（具体的には4号機）に3号機の輸送能力を持たせればよい、というアイデアに行き着くのである。

なお、自力長距離飛行は困難と判断された3号機だが、他の機体が有する超電磁力とシンクロできれば、ある程度の距離は飛行可能となるシステムが開発された。超電磁フィールドの応用例である。ただし、引っ張る側のエネルギー消費が著しく、3号機からの超電磁エネルギー遠隔充填ではとても追いつかない消費速度となるため（時間をかければ充填できる）、緊急時以外の稼働は行われない。

前述のような検討の経緯を経て、3号機はコン・バトラーV全体をまかなうエネルギーの生成プラントとして、そして飛ぶことをあきらめ、自走砲として火力と移動手段を有するユニットとして、最終設計に入ることになる。この段階に至り、1号機から5号機のコンバイン前の、バトルマシンとしての役割分担が明確に絞り込まれ、それぞれの特性をより活かすように各機とも専門度を高めた形状や装備の選定が一気に進む。

3号機の走行装置は幾つか候補に挙がったプランの中から無限軌道方式が選択された。限界まで軽量化されたとはいえ充分すぎる重量を有する超電磁リアクターや各種機材、装備を詰め込んだ状況の車体では、全備重量を支持し問題なく移動させることが可能な走行装置ということで、無限軌道になった。

駆動機構は超電磁エンジンとほぼ同時に完成された超伝導モーターを使用することとなった。当初、駆動方式は車内にモーターを置きトランスミッションとドライブシャフトを介して起動輪（スプロケットホイール）を回すという方法からスタートした。スプロケットホイールを前方に置いたプル駆動とするか、後方置きプッシュ式とするかは内部搭載機材と駆動動力系器機の配置と重量配分によって決まるところであるが、これだけの重量物を走行させるためにはかなり大型のモーターとギアによるトルク強化が必要となるうえ、変形に際してのドライブ・シャフト折り畳み機構によって、さらなる重量の増大が避けられない状況となることは目に見えていた。

接地圧を小さくするためにたいへん幅広の履板で履帯《りたい》が構成されることは含み置きであったが、スプロケットホイール、誘導輪（アイドラーホイール）はともかく、転輪（ロードホイール）をどのような形式とするかなども検討が必要であった。

履帯《りたい》は、走行時の振動軽減や衝撃の吸収効果を多少なりとも向上させ、また静音性を高めるために、履帯を構成するピースとなる履板は強度のある硬質ゴム製の弾性体履帯とすることが決まり、各履板は軽量高強度合金製の金属製コアを入れたうえで、非常に厚いゴム製の層で覆われた一体成型となっている。滑り止めとなるラグパターンは背が高く、単純なシングルバーではなく、ワイドシェブロンをベースにV字の頂点と端を横方向に伸ばしたような、台形に屈折した形にモールドされていた。滑り止めの接地面はさらにコンパウンドを配合した層を貼り込んであり走行路面へのグリップを確実なものとしていた。このゴムコーティング層にも金属線を並べた強化ライナーを芯材として強度を増していたが、やはり損耗《そんもう》が激しく、作戦行動からの帰還後は履帯《りたい》を丸ごと交換しなければならなかった。それでもなお金属式履帯《りたい》としなかったのは、先述したように、衝撃吸収、振動軽減効果を求めたことによるが、それに合わせて、ゴム製一体履帯《りたい》の成型方法と素材の改質、改善が思いのほか進展したことも影響している。転輪接触面の高反発性の高いゴム、基本構造の金属部を包み込む高強度・耐熱ゴム、接地面に用いられる複数のコンパウンド配合型ゴムを、ひとつの金型に段階的に注入し、一体成型品として得る技術が確立したこと、さらに全金属製連結式履帯《りたい》よりも重量が半分程度に抑《おさ》えられることも、重要なファクターであった。

3号機の無限軌道はコンバイン時に車体下面から上面（コンバイン後の直立した状態では前面から背面）に大きく移動するため、駆動機構をどのように配置するかが課題だった。しかし、これは発想の転換によって解決さ

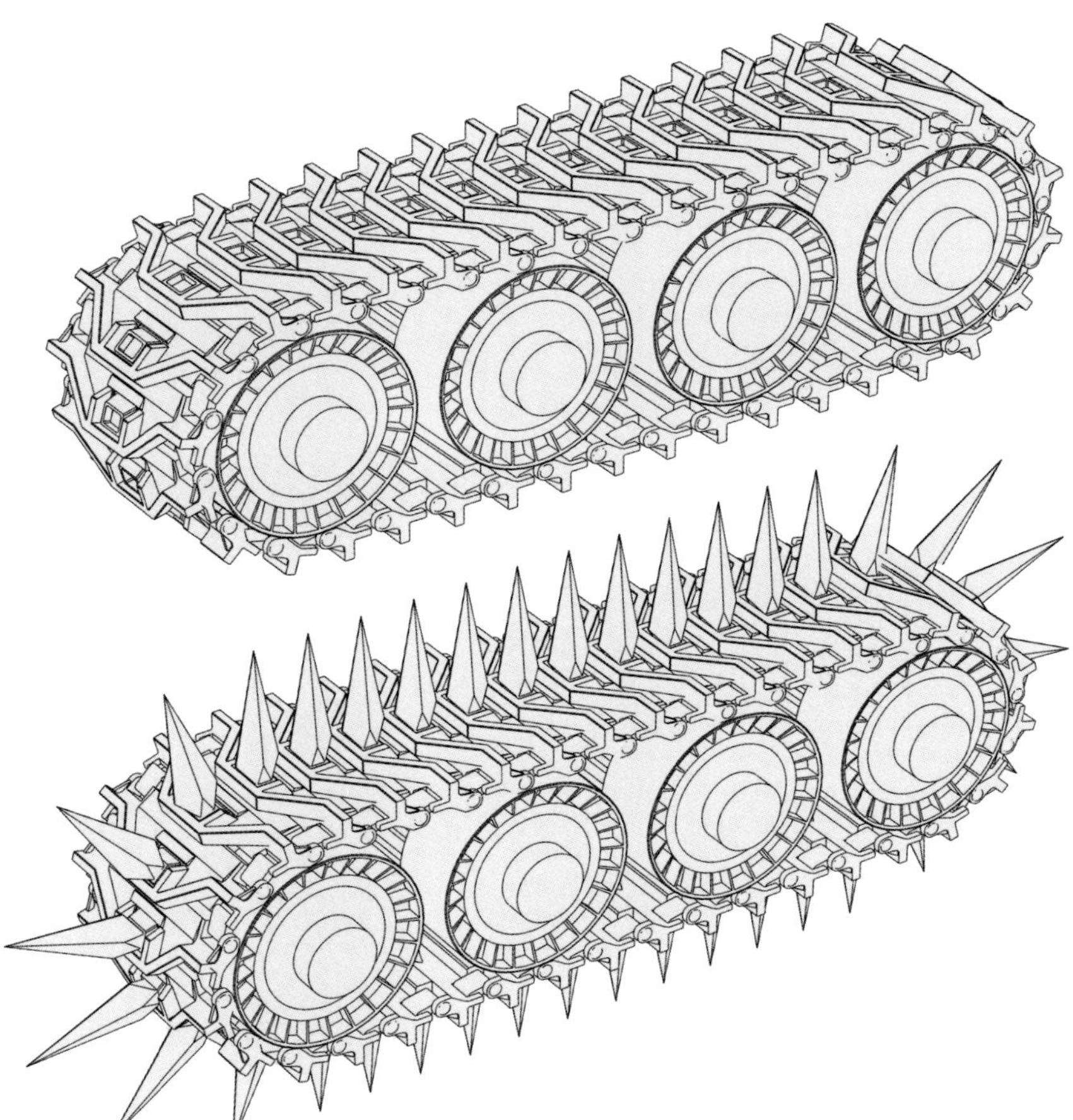

■無限軌道
バトルタンクは四輪駆動式無限軌道を1対装備する。無限軌道のユニットはキャンベル星人との戦い後半において新規開発されたものに交換され、スパイクが表面に突出し「バトルチェーンソー」と呼ばれる武装にも転化されるようになった。

れた。駆動用モーターや周辺器機を車内には置かないことにしたのである。スプロケット、アイドラー、ロードホイールをすべて同直径で共通の駆動用ホイールとし、動力は超電磁モーターを全ホイール内に収めるというものである。後にインホイール・モーターと呼ばれる方式を先取りする構造を採用したのである。左右で合計8輪すべてが回転駆動する8輪走行式であり、必要に応じて動力をカットしアイドラー状態にすれば、前方駆動、後方駆動式への切り換えも可能となる。全輪の規格を共通にしておけば、生産ラインは1種類で賄え、パーツの互換性も高いので供給での負担が軽減できることになる。

車輪は、初期段階ではシャシー上部から延びるアームに取り付けられている。車輪が単独で回転することで、駆動機構をアームに内蔵する必要がなくなった意義は大きい。後に、ホイール内の超電導モーターに対するエネルギー供給にも遠隔伝達方式が採用され、伝達ケーブルすら不要になった。独立して稼働するようになった無限軌道は「バトルチェーンソー」として遠隔操作が可能となり、構造の単純化は、重量に課題のあった3号機開発に福音をもたらすものであったことは言うまでもない。

各ホイールは内輪、穴開き輪、外輪の3枚がワンセットとなる。内輪、外輪の外周はタイヤが嵌《は》め込まれており、履帯《りたい》の接地圧コントロールを補助している。また中央の穴開き輪は、履帯《りたい》側に設置されるスプロケットが噛《か》み合い、動力を伝達する。走行時は、任意に設定した〝親〟ホイール（通常は左右最前方だが、転輪にかかる負荷や走行状態に応じてオートマチックに切り換えられる）に追随して、他のホイールのモーター出力及び回転数を同調させている。

車体内に搭載すべき駆動関連器機用のスペースが不要になり、コンバイン時の折り畳み／収納機構に付随する駆動伝達メカニズムも簡略化され、空いたスペースは他の用途に充《あ》てることが可能となった。多くはもちろん超電磁リアクターだが、各バトルマシンにエネルギーを伝送するための〝キャパシター〟にもかなり充《あ》てられている。

車体はバトルタンク時よりも、コンバイン後の荷重方向を強く意識した構造設計が成されている。とくに前後方向の縦通材は太くかつ圧縮に耐えるような構造を充分に検討したものとなり、この縦通材を取り巻くように肋材が配されている。通常の地上走行車輌とは異なった発想で軀体、筐体《きょうたい》を設計しなければ、コンバイン後の機体を支持できないし、最も重量の大きい超電磁リアクターも安定して内蔵しておかねばならないため、単純なモノコック構造では成立しない機体でもあった。もちろん筐体《きょうたい》の強度は装甲外板によっても維持されていた。

コクピットは3号機も球形耐圧透明隔壁内に収められ、機体の位置／姿勢変化に対応してパイロットの着座姿勢を適正に変位させる。透明風防は外側からスライド式シールドによって保護することが可能である。操作操縦系は航空機タイプのバトルマシンとは異なってレバー方式となった。基本的には戦車（あるいはクローラ式建機）のそれに似ており、左右の駆動システムは、左右のレバーによってそれぞれ行うのが通常のマニュアル方式である。これが最も微妙な走行操作が可能となるが、兵器操作と同時に車体操縦を行う時には、右または左の主操作レバーによって左右駆動系をコントロールできるように、セミオート方式に切り換えることが可能である。

コンバイン時には、各機体のエネルギー状態や各駆動部のステータスをモニターすることが、3号機パイロットの最も重要な役割であった。超電磁リアクターの出力管理、各機、各部へのエネルギー配分とバイパス状況、全機に搭載される〝キャパシター〟の状況監視、超電磁エネルギー兵器に対するエネルギー供給と消費の状況など、モニタリング項目は多岐にわたる（これらは基本的に監視装置がモニターしており、異常の際にパイロットが対処・調整を行う）。さらに、1号機パイロットによる行動統括管理とそれに付随する2号機パイロットによる兵装管理に対し、運用に支障が出ないよう、3号機パイロットは超電磁エネルギーの供給配分を行い、兵装の連続使用にも耐えられるようにする必要があった。そして、4号機パイロットがその補佐を担うことになっていた。

また、極端なパワーダウンなどの異常時には、恒常安全運転されている超電磁リアクターの、緊急出力増加操作と制御もここから行われることになる。いわゆる一種のパワーブースターだが、これは内燃機関のエンジンでも同じだが、稼働上限ぎりぎりでブーストをカットしなければ、超電磁リアクターの暴走、または破壊に直結するため、これらの監視と管理は3号機パイロットの重要な任務である。

分離時でも、各バトルマシンのエネルギー・ステータスは3号機が監視することになり、各機のエネルギー低下があった場合には、遠隔充填を開始するなどの作業も搭乗パイロットの仕事であった。

全バトルマシンの、そしてコン・バトラーVにおける総合的な〝機関士〟として働けるかどうかが3号機パイロットに要求される能力でもあった。

もうひとつ、コンバイン状態において重要となるのは切り札のひとつであるビッグブラストの管理である。3号機車体内部に分割収納されている弾頭／炸薬部、推進剤部を、コン・バトラーVとしての発射タイミングにシンクロさせながら組み立てが行われているかどうかを管理すること。もちろん、基本は自動で行われているが、これも不都合があった場合、入力は2号機でバイパス指令が可能だが、実際の発射に至るまでのプロセスは3号機で管理されるのである。従って、自動組み立てが不調な場合には、マニュアル操作によってミサイルの組み立て手順を完了させなければならない。

また、ビッグブラストの発射口周辺外板内側には通常、超電磁エネルギー・コレクターとして機能している機材があり、その管理も必要であった。とくにコン・バトラーVのシステム強化改修が行われて、ビッグブラスト発射口が回転式シャッターで保護されてからは、装甲板内側のエネルギー・コレクターを発射口に移動させ集束吸収率を高めることが可能になったが、この操作は自動では行えず、コクピットからマニュアルで最適位置と角度に調整するのも3号機パイロットの役目で、さらにエネルギー管理を一手に引き受けているパイロットはエネルギーの分配操作も行わなければならなかった。

3号機の車体正面には、バトラープラウという肉厚で大型のドーザー・ブレード状デバイスが設置されていた。これは進行方向の障害物排除というのが基本的な装備理由だが、走行時における正面からの攻撃に対して走行装置を保護するという役割もあった。プラウの角度調整や上下動には非常に太い駆動アームが使用される。

重量軽減を求めている車体でありながら、バトルタンク時に〝ドーザー・ブレード〟を駆動させるために、このような大型で高出力のアクチュエーター搭載の必要性があるのか、と思えるほどの、オーバースペックなアーム駆動機構が採用されているのは、コンバイン時に上半身（合体した1、2号機）をしっかりと受け止め支持する受容接合装置という重要な役割を持つためであり、人型となった時にの上半身と下半身（合体した4、5号機）の運動、捻《ひね》りや屈伸という動きを司《つかさど》るメカニズムとして機能する必要があったためである。

アームの駆動は電磁式アクチュエーターが用いられ、耐荷重の高いハイパワーの超電磁リニアモーターを内蔵していた。上下半身の動きを円滑にするため、プラウを動作させる基部のアクチュエーターは左右で別ユニットとなっている。

なお、地上走行車輌としての速度はかなり高く、舗装路では最高時速100㎞以上で走行することが可能であった。また、ゴム製クローラの損耗《そんもう》が著しく不都合が生じた場合には、自切機能によって履帯《りたい》を切断投棄することができ、ホイールによって走行することも可能である。この場合は、シャシーがわずかに車体を持ち上げるように移動する。また履帯《りたい》を外した状態であってもコンバインは可能で、一部兵装こそ運用ができなくなるものの、さして戦闘能力を落とすことなくコン・バトラーVとしての戦闘継続が可能だった。

●パワーアーム

バトルタンク時のバトラープラウに託された機能は車体正面に置かれた防御装甲板であり、かつドーザー・ブレード的な役割を持つことは先述したが、プラウは二重構造になっており、外側は厚く超高強度の装甲素材で作られ、内側（赤色での部分）は新素材として研究されている導電性のある軟質合成樹脂材料でコーティングされた高強度鋼製となっていた。この部分は通常、プラウの一部として機能しているが、必要に応じて〝つかみ具〟であるグラップルとしての役目も担える複雑な機構を内部に収納していた。

カプラー・ユニット全体を収納するために装甲を施した格納区画を設けて完全に内包するように筐体《きょうたい》を設計する方法もあるが、コン・バトラーV開発計画に一貫しているスタイルは、ひとつのデバイスをマルチプル・ファンクション化して、大きなユニットの数を減らしつつ（ただし内蔵される構成パーツは複雑化する）も、ひとつの器機にできることを少しでも多く盛り込もうということである。この基本スタイルからいえば、バトルタンクの前方に置かざるを得ないコンバイン用カプラー・ユニットを多用途デバイスとして運用できるように設計を拡張するのは必然のことであったろう。

無限軌道式の装甲車輌であることがマシンの基本特性であるならば、そこから派生する機能性の選択肢を可能な限り広げて、およそコン・バトラーV／バトルマシンには不要であるという項目を削除していき、残った結果のひとつが、ドーザー・ブレードのような役割を果たしつつデモリション・グラップル的な要素を盛り込んだ機材の搭載である。地上での運用が主となる走行車輌であるが、戦闘兵器としての主兵装として火砲を搭載する（次項参照）というのも項目削除方式で篩《ふる》いにかけられた機能で、ここに走行ルートの障害を除去し道を開削確保するためのデバイスが備われば、バトルタンクからスピンオフした多用途地上戦闘兵器の叩き台にもなろう。そこで選定されたのがバトラープラウであり、パワーアームだった。

パワーアーム（先端デバイス）の駆動に必要なブームとアームのユニットは、カプラー／マウント・プラットフォームの稼働に必要なアクチュエーターとダンパー、ショックアブソーバーとして作られた器機の共用を目指した。こうして完成しプラウに収納されたデバイスは特徴のあるU字溝ブロックのような形状である。片側のユニットは上下に2分割されているが、これはプラットフォーム時では個々に稼働し、上半身の動きの自由度を高めている。さらに左右のプラットフォームはそれぞれに駆動した。その駆動系器機が有する可動範囲を、ブーム／アームのスライド式延長も含めて拡げることで、物を押す、つかむという基本的なグラップルとして

■パワーアーム

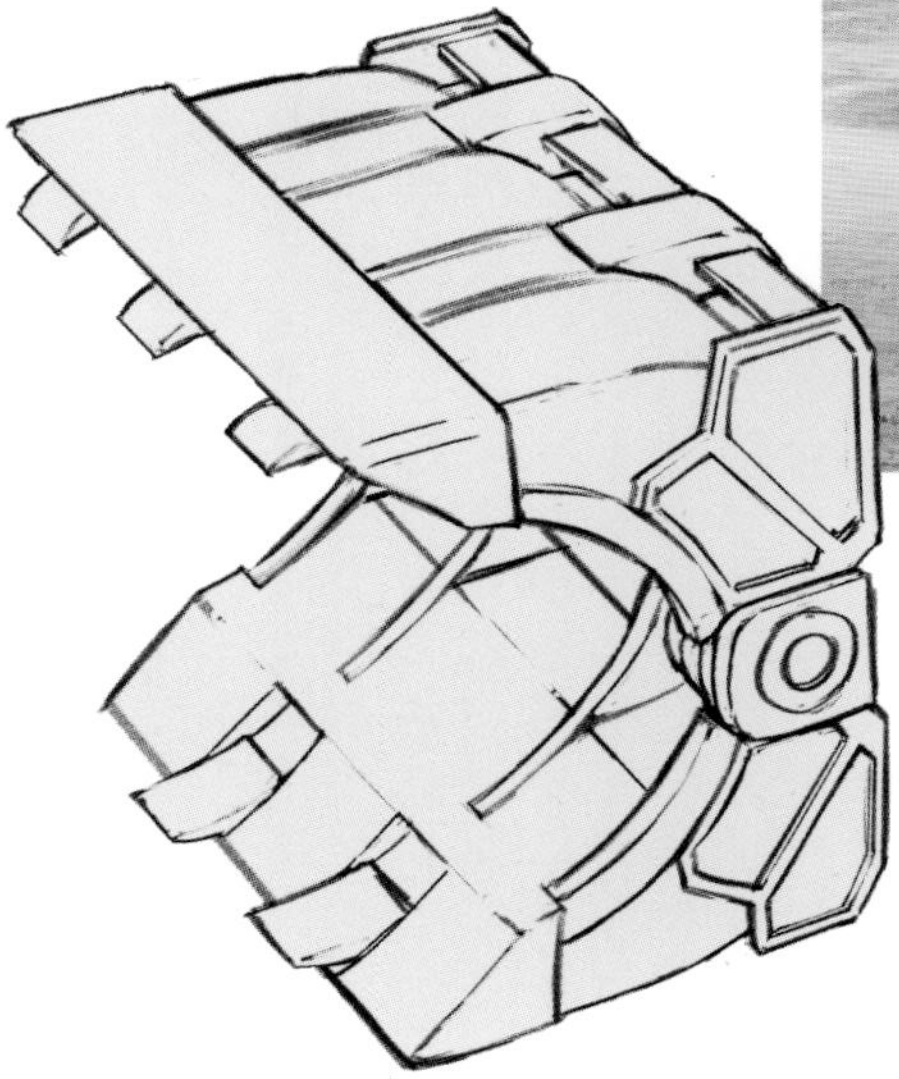

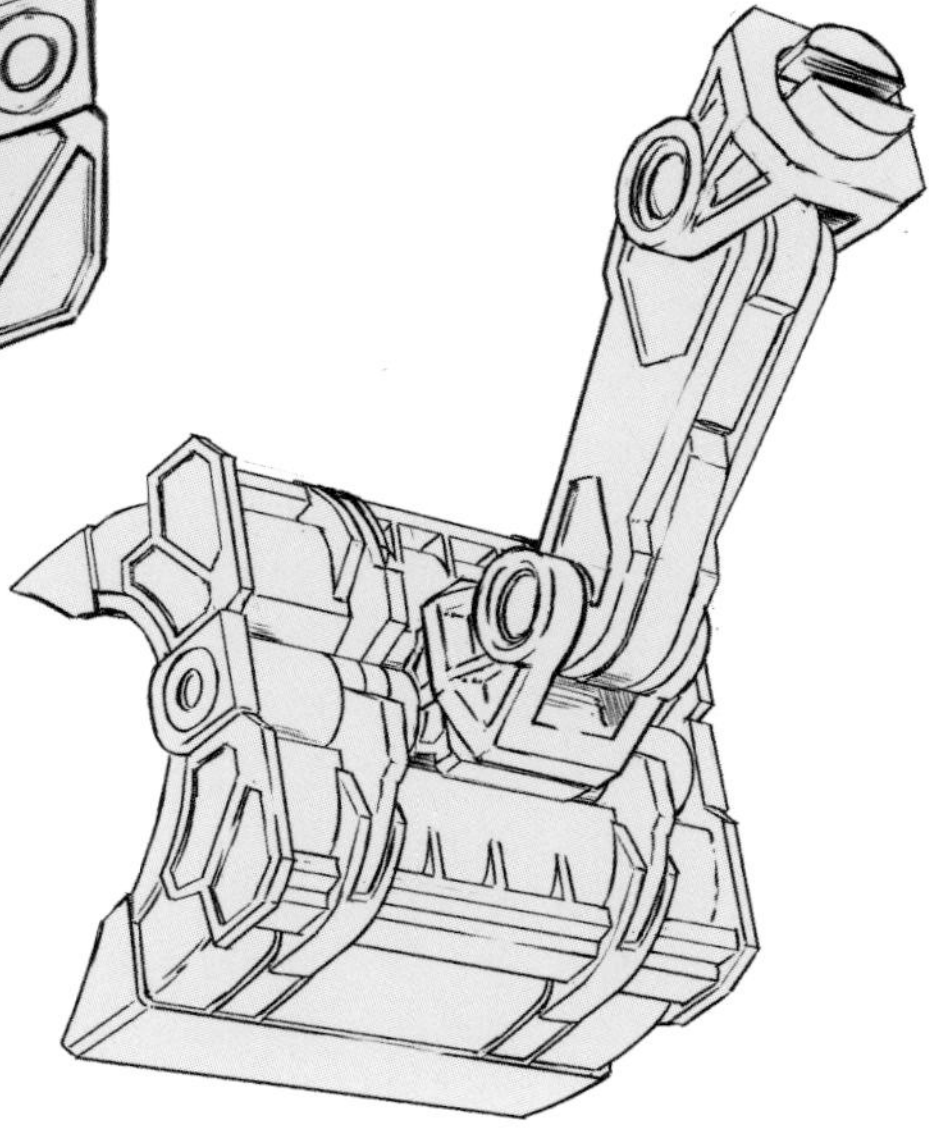

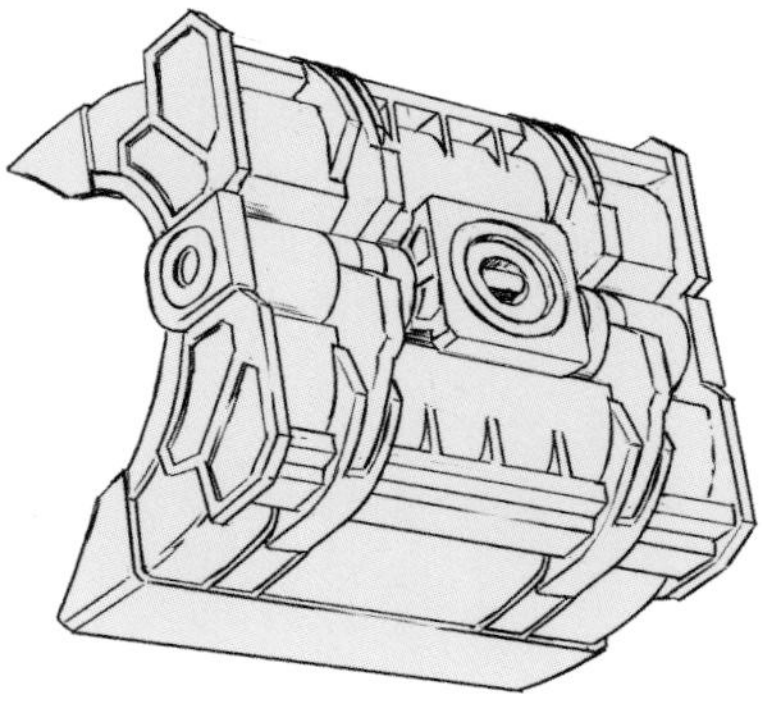

使用可能であった。また合体時のカプラー機能として必要な電磁ロック機構の電磁力を利用して、磁性のあるものを吸い寄せる、金属壁などに吸着させて車体を支持するなどの使用も視野に入っていたという。このようなハードな使用に躊躇《ちゅうちょ》なく転用できるのも、そもそもが大重量を支持し、大質量が大きく重心を移動させることにも追随しながら制御するような、極めて頑丈な構造に大出力の器機を組み合わせた機械として完成していたからである。

●320㎜戦車砲

　3号機の設計段階から準備されていたという兵器である。〝戦車砲〟という名称が一般に流布しているようだが、これは搭載するバトルマシンが無限軌道式であったことからイメージしてメディアが付けたニックネームであり、実際にはHEM-XHG01という開発ナンバーが正式で、開発チームは〝超電磁砲〟と呼んでいたようだ。320㎜という口径は、砲身開口部の内径を表すものであるが、この直径の砲弾が発射されているわけではないことに注意しなければならないだろう。従来からあるようなメカニズムの砲で、口径320㎜クラス、火薬発射式のものを地上で運用するとなれば、いくら技術が進歩したとはいえ戦車砲としての運用は不可能だし、自走砲さえ覚束《おぼつか》ないだろう。第二次世界大戦に実際に使用された列車砲のような兵器形態でなければ、使うことはできない。

　3号機バトルタンクに搭載された〝戦車砲〟は実体弾を発射する火器ではあるが、この機種でなければ運用の困難な技術を盛り込んだ新機軸の試作品であった。発射薬（火薬）の爆燃によるエネルギーで弾体を撃つのではなく、電磁加速砲（レールガン）であり、他のバトルマシンが弾体の発射などに使用する小規模あるいは低速のものとは異なり、パワープラントそのものといっていい3号機でなければ運用が不可能な、大口径砲であった。

　砲全長が3号機の車体いっぱいに収められているのは、運用試験兵器のためバトルタンクに設置可能な容積を割り出し、これに収納可能なように試作開発図面が引かれたもので、口径もそれに合わせた最大値として設定されたようである。

　砲身は、砲腔内に施条のない滑腔砲《かっこうほう》で、砲を構成するパーツは、いわゆる鉄ないし鉄合金（スチール）などではなく、軽量で高強度でありながら電磁場に影響を与えない、あるいは影響を受けない材料によって構成される。主に繊維強化合成樹脂が用いられていたというが、耐熱性と耐摩耗性が高い材料の開発・選定には将来的に量産が見込まれる試作材料が多く対象となり、その中から導入されている。また、セラミックス系の材料も要所で使用されていたというが、重量の問題がある素材については物理的な軽量化を実現する研究も行われていた。なお、超電磁エネルギーの影響による材料の劣化のため砲身寿命は短く、数十発程度の使用で交換された。

　また、電磁加速砲としてではなくミサイル発射装置としても運用が可能で、電磁砲弾と外寸を揃えた専用のコンテナに大型ミサイルを収納し、搭載することもあった。

　発射弾体は超硬質セラミックスで弾尾に導電性のスカートが付けられていた。純然たる質量弾だが飛翔速度が極めて高く、炸薬を搭載する必要はないと判断された。弾頭が充実しているのは先端のみで、後半は開放した状態になっており、発射にともなうプラズマの膨張圧も発射のエネルギーとしている。弾体表面には緩《ゆる》やかな螺旋状の溝が数本切られ、加速中及び発射後、空力により弾体にスピンをかけるようになっていた。

　搭載のベースとなるバトルマシンはワンマン・オペレーションであるため自動装塡《そうてん》システムが採用されている。弾倉は砲身下部左右に分けて2基設置され、給弾は左右どちらからでも行えたため、片側の給弾装置を先述のミサイル・コンテナとし、射撃ごとに撃ち分けることも可能であった。装弾数は片側5発、計10発である。

　もともと全備重量が大きい車輌であるうえに、搭載スペースの確保が難しいため、装弾数を増やす工夫として弾体直径を200㎜まで減らし、導体スカートを展開式にして砲身内レールに接触するよう改修した小口径弾も試作されている。この弾種を用いれば携行弾数は倍に増やすことが可能である。

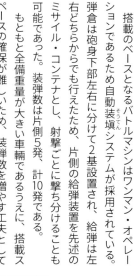

●アンカーナックル

車体上面の前方には左右に1基ずつ、比較的大型のドーム状フェアリングが設置されていた。これももともとはデモリション（解体）作業に関連する機材のひとつとして開発された、「アンカーナックル」と呼ばれる装備が格納されている。バトラープラウとパワーアームの用途と同じで、進路開削、障害物破壊・排除に使用する目的のデバイスだが、補助的な兵器としての運用も頻繁《ひんぱん》に行われている。

アンカーナックルの本体は逆円錐形の筐体《きょうたい》で、周囲四方に三角の安定翼が付けられている。後端には推進用の小型モーターが設置されるが、通常はこのモーターのノズル脇に設置されたトーイング・アイ（牽引フック）に、特殊合金で作られたアンカー・チェーン（鎖）が繋《つな》がれている。この鎖は、フェアリング内に設置されたウインチ（巻き取り機）に接続されて、放出後の巻き取り回収や、車体の重量を利用してアンカーナックルを打ち込んだ目標を引き倒す、車体をリフトするなどに用いる。このため、ウインチの動力は高出力の超電磁モーターであり、チェーンの材料も非常に強度の高い合金である。

ウインチマウント部の上半分は、アンカーナックル収納シースと発射用の超電磁式射出装置とで構成される。この超電磁式射出装置によって通常使用の場合は、推進時にモーターに点火することなく目標到達が可能なように設計されていた。

アンカーナックル筐体《きょうたい》の進行方向端には、ドリルアローのように螺旋刃を切ったビットが取り付けられている。このビットは回転も可能だが、射出・飛行・目標接触時に回転させてはいなかった。目標に接触した際に回転していても対象がビットを受け付けないほどに硬い、あるいは曲面や凹凸が多く進行方向のベクトルが逸《そ》らされると、筐体《きょうたい》の質量が小さいため回転力によってはじき飛ばされてしまうからである。ドリル状ビットの回転は、後述のように、ある程度の安定化状態を確保できたところで始めるのが通常の手順である。

フェアリングへの格納時は、先端ビットは格納スペースを最小とするため半分程度筐体《きょうたい》内に潜り込んでいる。射出と同時に内蔵される回転駆動ユニットともども筐体《きょうたい》前方に移動し、質量を弾体前方に移し全伸長状態となり飛翔する。

ビット駆動ユニットは回転及び打撃式機構で作動し、目標外表面を強力に侵食する。すなわち、アンカーナックルは発射されると慣性質量とモーター噴射の推進力によって目標外表面を侵徹、この時点で筐体《きょうたい》四方の安定翼後部が展開して〝かえし〟あるいは〝フック〟としての機能を発揮する。目標表面に筐体《きょうたい》がある程度固定されたところで、先端ビットを回転させ、対象物内部にさらに侵入し、破壊、破砕効果を高めるのである。

チェーンを介してアンカーナックルに通電し、電撃兵器として使用することも可能である。これももともとは、障害物破壊の目的で付与された機能である。

障害物破壊、排除を想定したデバイスであったためこうした手順で運用されるが、これを飛翔兵装として用いる場合には基部のチェーン接続を解除、発射と同時にモーターに点火し最高推力で目標に到達するような運用も可能である。先端ビットを回転させながらの飛翔を必要とする場合は、ビット回転と同時に安定翼を展開しアンチトルクのカウンター機能として作用させる。また、ドリル状の先端ビット内に炸薬を装填《そうてん》することも可能であった。なお、他の兵装にもいえることだが、あらゆる敵の特性にできる限り対応しようと務めてはいたものの、戦ってみなければ効果の判定はできず、搭載していった装備が通用しない（当てが外れる）ことも多かった。

BATTLE MARINE

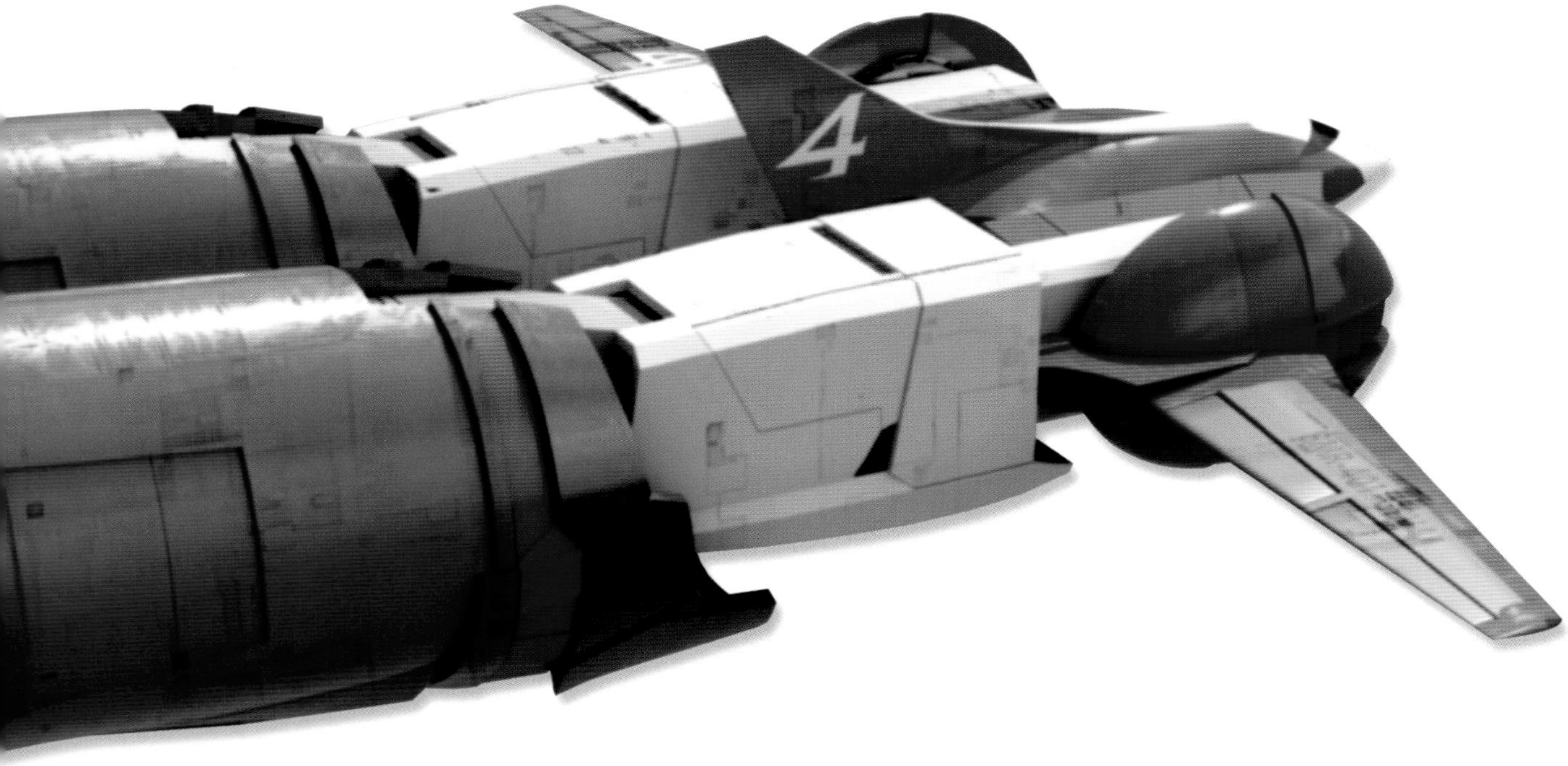

4
BMR-401-CBV4

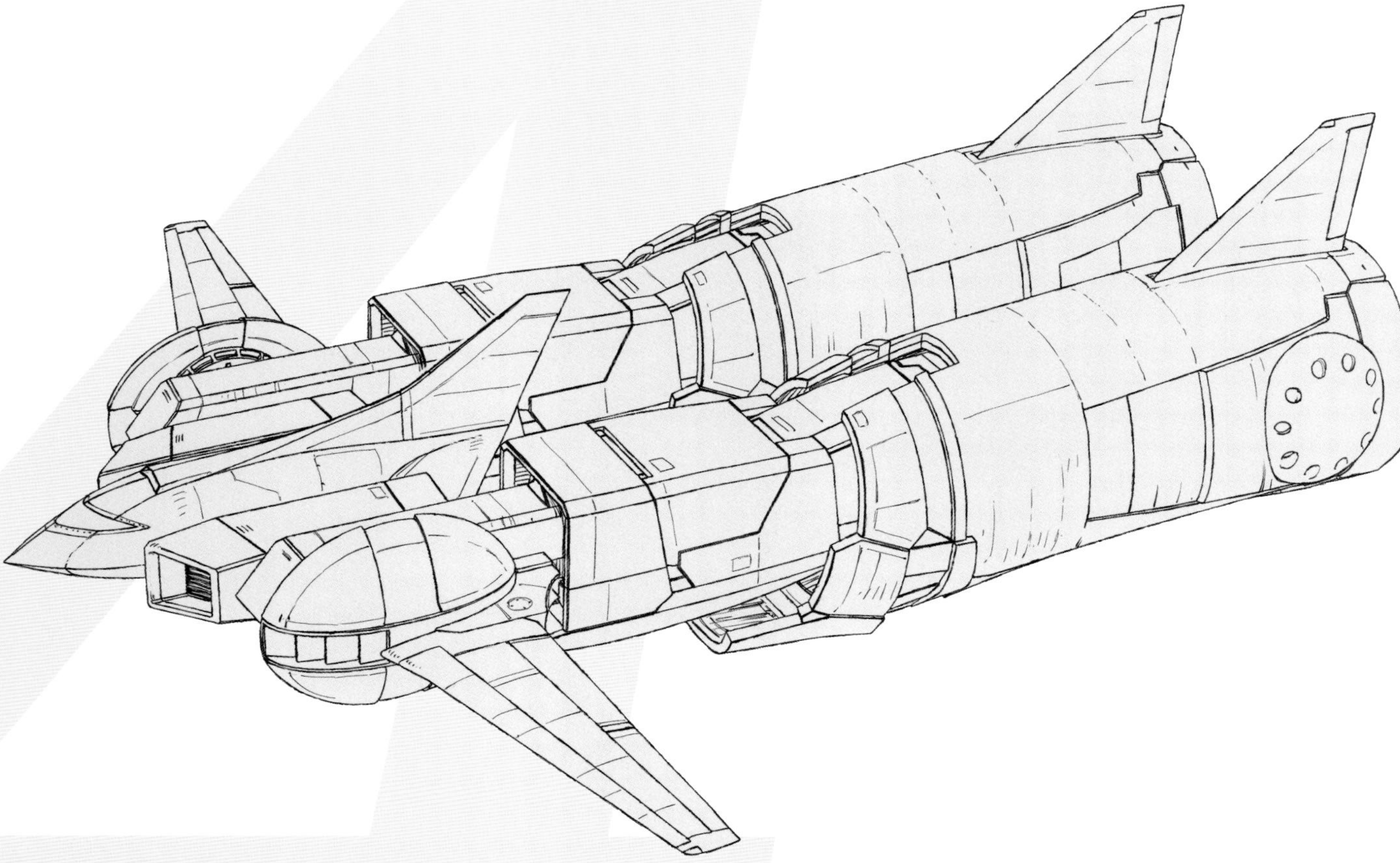

■4号機〈バトルマリン〉
コン・バトラーVの下半身となる潜航／飛行艇。各種の修理・レスキュー装備を有し、完全水中行動も行える双胴型の機体が特徴。

●4号機／バトルマリン

4号機は、コン・バトラーVの両脚になることから双ブーム式とし、飛行して移動するために航空機として開発されているのだが、さらに、全バトルマシンの中でも水中航行能力に特化した機体となっている。各バトルマシンはそれぞれに特化した作戦行動域や任務対応性を有していたが、いずれも水中における行動も可能なように作られている。これは設計の過程で大気圏外運用にさえ対応可能な機能を基礎設計の中に盛り込んでいたことによるようだ。

水中航行能力に特化した4号機の基本設計は、潜水艦を飛行させるにはどうすればよいか、さらに最も重要な人型兵器となった際に機体全体を支持しうる強度と動作を兼ね備えた構造を、バトルマシン形状の中にどのように落し込むか、という要求からスタートした。少なくとも1機のバトルマシンに水中行動能力が必要とされた理由は、敵として想定されたキャンベル星人の地下拠点や出現地点の正確な位置が不明で、海底も警戒対象であったこと、また早期発見や迎撃用の機体が求められたことが挙げられる。

計画が進む中で、開発部門に対しさらに要求が加えられることになった。それは設計試作から明確になった3号機の、極短距離跳躍能力しか付与できないことに対する解決策として、4号機を専用のトランスポーターとして運用することができないか？というものであった。各機に多用途、多目的機能を賦《ふ》するのは、コン・バトラーV計画の基本ではあったが、この要求仕様はかなりの難題といえた。

そもそも3号機の単独飛行能力を制限することになった大きな要因は、本来の目的である人型兵器コン・バトラーV駆動のために必要な超電磁リアクターや強化された〝キャパシター〟を、まとめて人型時の重心位置に置かれるバトルマシンに集約するのが機体の運動性にとって最も適切であるという判断からである。3号機の走行装置に無限軌道式を採用したのは、機体の大重量化にともなう対応からだった。

BATTLE MARINE

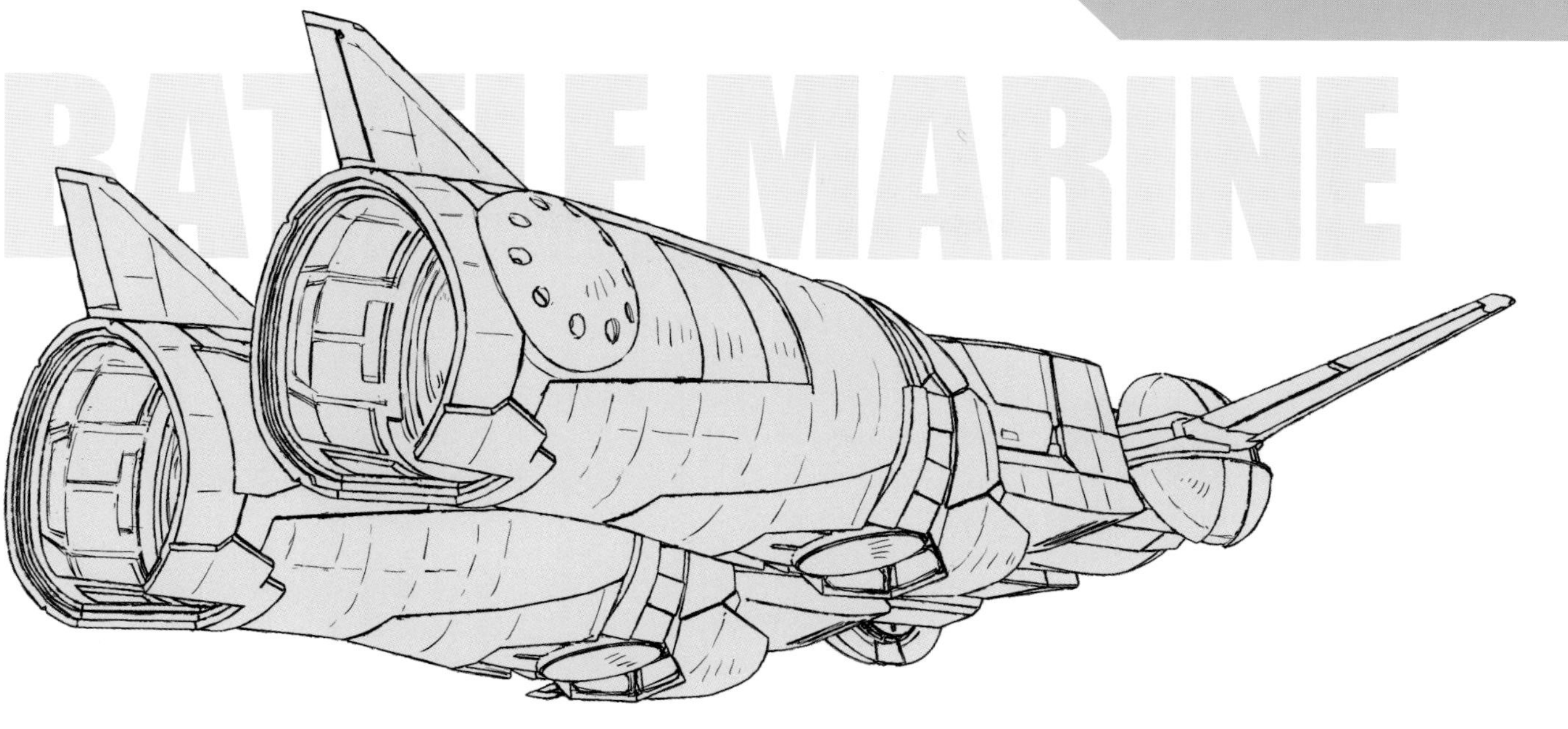

コン・バトラーVを構成するバトルマシン設計で試行錯誤を繰り返していた当初に、このような要求は存在していなかった。4号機の初期プランでは左右脚構成ブロックがもっと密着した状態にあり、3号機との接合部位となるコクピットを含めた腰下・股間部を構成するブロックとの距離も近く、より潜水艇を印象付ける形状であったという。しかし新たな要求として3号機搬送能力の付加という項目が加算されたことで、設計計画は根本的な見直しを迫られることになる。3号機をリフト及び空中搬送（フェリー）するために必要な形状に見直しを図られた4号機は機体全幅が拡大され、左右脚構成ブロックの間隔を広くとった形にまとめ直された。しかし、超電磁エンジンが実用化でき、推力の問題にある程度目処が立ったとはいうものの、他機をリフティングして飛行するために必要な技術は、大推力だけでは解決しないハードルの高い難題であることには依然変わりはなかった。この空中搬送能力を与えるということは、4号機自身に垂直離着陸の機能があることが前提であるのだが、まずそれすら目処が立たない状態だったのだ。

当時量産配備が開始されていたという垂直離着陸戦闘機のコンセプトを、超電磁エンジンに置き換えて推力偏向する方法を模索していた時期もある。エンジン全体を回転させ推力軸を変更するティルトスラスト方式も考えられた。旧来の燃焼型エンジンとは作動原理がまったく異なる超電磁エンジンだが、推進力はエンジンノズルの開放部から後方に作用するように開発されている。これを偏向させるための方法、バイパスする技術的解決法、あるいはより小型化する方法や手段などを模索していたのである。

その時点の技術と理論ではエンジン推力を減少させずに小型化することは困難で、開口部断面積が一定以上に減じられると、推力は一気に低下してしまう現象を回避することができずにいた。さらに推力開放部面積と同じく一定以上にエンジン全長を減じると急速に出力が低下するという現象も生じ、技術的困難に追い打ちをかけていた。このため、現状のエンジン配置では垂直方向に機体そのものをリフトすることは困難であり、万能に思える超電磁力をもってしても解決は容易でないと思われた。

そんな中、またしても偶然の発見が光明をもたらした。それは超電磁現象の新たな側面であった。継続研究されていた超電磁現象の理論構築と、この現象に関与する〝新素粒子〟を確定的に見いだすための地道な実験において、主旨から外れるような偶発的な観測結果も丁寧《ていねい》に拾い上げて検証していた。この過程で見いだされた〝効果〟が、仮に〝抗重力効果〟と呼ばれた現象で、いわゆる昔から想像されているような〝反重力〟とは意味合いが異なるという。

この抗重力現象は、機械的には超電磁モーターの延長線上にある技術で具現化できることがわかってきた。超電磁界の中に置かれた回転子が超高速回転し一定の速度を超えると、回転中心軸方向に沿った力場（これを〝抗重力場〟とし、この力の流れを〝抗重力線〟と称する）が発生していることが観測されたのである。この力は回転軸に直交する方向には発生しない。

抗重力線は、永久磁石のN極からS極へと環状に描かれる模式的な磁力線の流れのように、起点と終点を持ち循環するように発生するものではないらしい。回転子の回転面を境界に、重力源の方向（地球など）とは逆向に抗重力が発生する（つまり抗重力線の発生源を引き上げる、重力源から遠ざけるように作用する）というものであった。

重力の働く方向と回転軸方向が完全に一致していると、抗重力は最大になる。反対に角度がずれるにしたがい、発生する抗重力エネルギーはどんどん小さくなり、直交するところでゼロになることがわかった。さらに角度を大きくしていくと再び抗重力作用が増大し、180度回転したところで、最初の0度時点と同じ力に戻る。つまり回転子の回転方向には関係なく、重力の向きに作用し、重力が存在しなければ発現しない（正確には、地球以外の物質が持つ弱い重力に対しては、計測限界以下の抗重力しか発生しない）。

この原理を応用すれば、抗重力現象を利用した〝浮揚〟

BATTLE MARINE

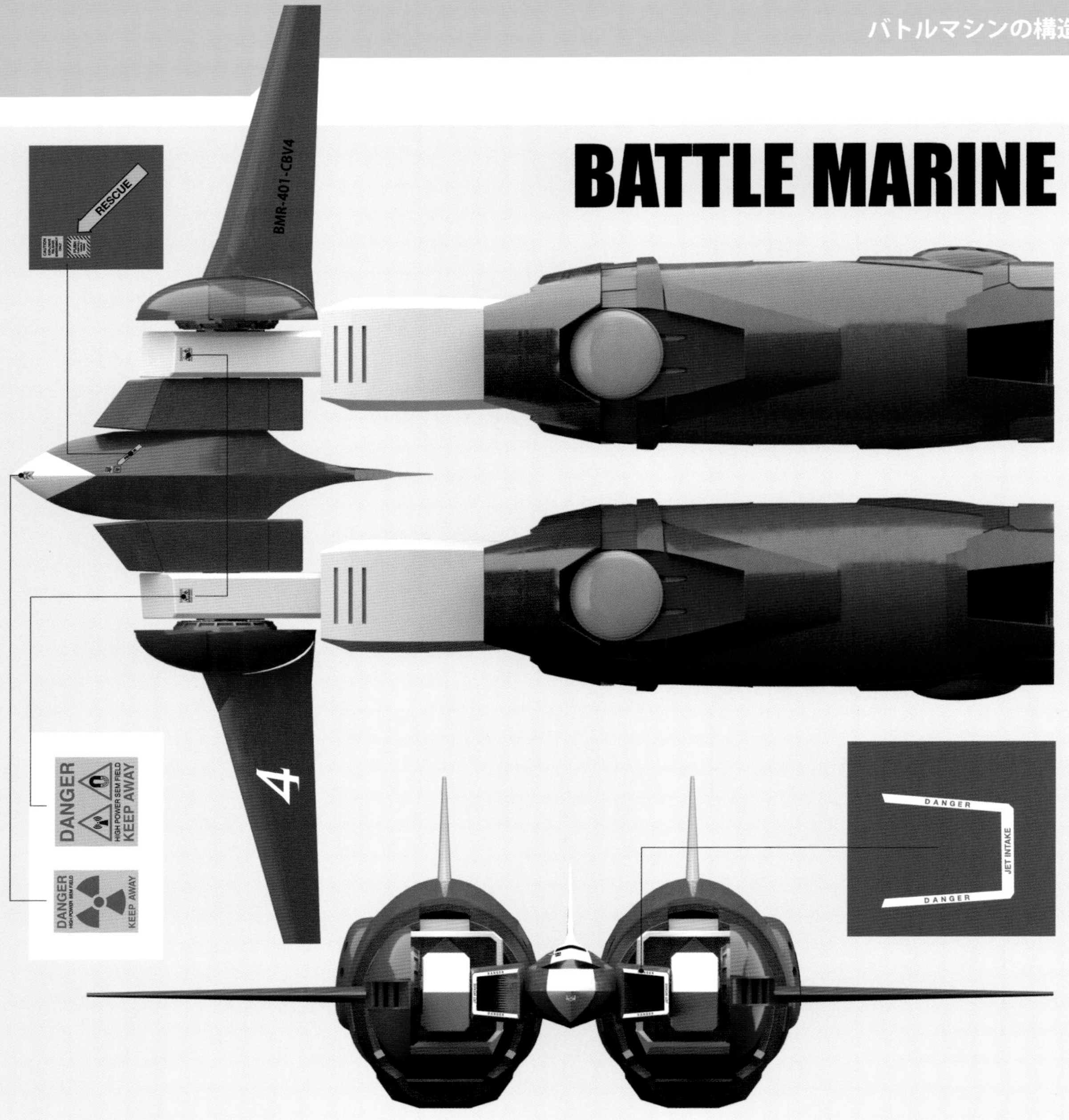

器機を作ることはできるのではないか、という研究が行われたことはいうまでもない。装置の中心となる回転子と、これを取り巻く超電磁界発生装置、そして回転子がジャイロとして機能するような構造、支障なく回転子の軸線を重力線方向に一致させるためのジンバル機構、これらをパッケージした抗重力システムができれば、垂直離着陸に大きな希望が見いだせる。

実効性のある機材を作ることが先決なのは超電磁理論器機開発の常識となっていた。理論は後、まず具体的に機能する器機を具体化することである。そして、どのような大きさ、体積の機材があれば、どの程度の質量の物体を浮揚させることが可能なのか。実験器機の試作から実用に向けての試行が開始された。

実験の結果、回転子の直径が大きければそれに見合う、また回転速度が高ければ同じ径でもより強い効果が期待できることが判明したという。しかし、機材寸法には上限がある。これは搭載スペースと機材重量、発生する抗重力の相関関係で成立するため、設計計画と実作、廃棄、改修の繰り返しが必要だったことは、他の部分と同様である。

こうして、当時可能な限りコンパクトにまとめ上げた装置の試作が完成した。この装置では、高速回転によるトルクを打ち消すため、左右対称位置に逆回転する回転子を置いた。試運転の結果、発生した抗重力は予想値を上回り、実験機はあたかも高推力で垂直離陸しているかのような挙動を示したのである。しかし、あっという間に搭載していた〝キャパシター〟のエネルギーを使い果たし、地面に落ちてしまった。猛烈な超電磁エネルギーの消費であったという。ここにまた次なる課題が立ちはだかったのである。

結果として抗重力装置の全機への搭載運用は見送られた。これは、飛行と武装に関係したキャパシターのエネルギー消費を勘案してのことである。3号機への搭載は、エネルギー消費的な問題は少ないため可能ではあったが、そもそも最も大型のリアクターを搭載する3号機に容量的余裕がなく、結局のところは当面、断念することになった。

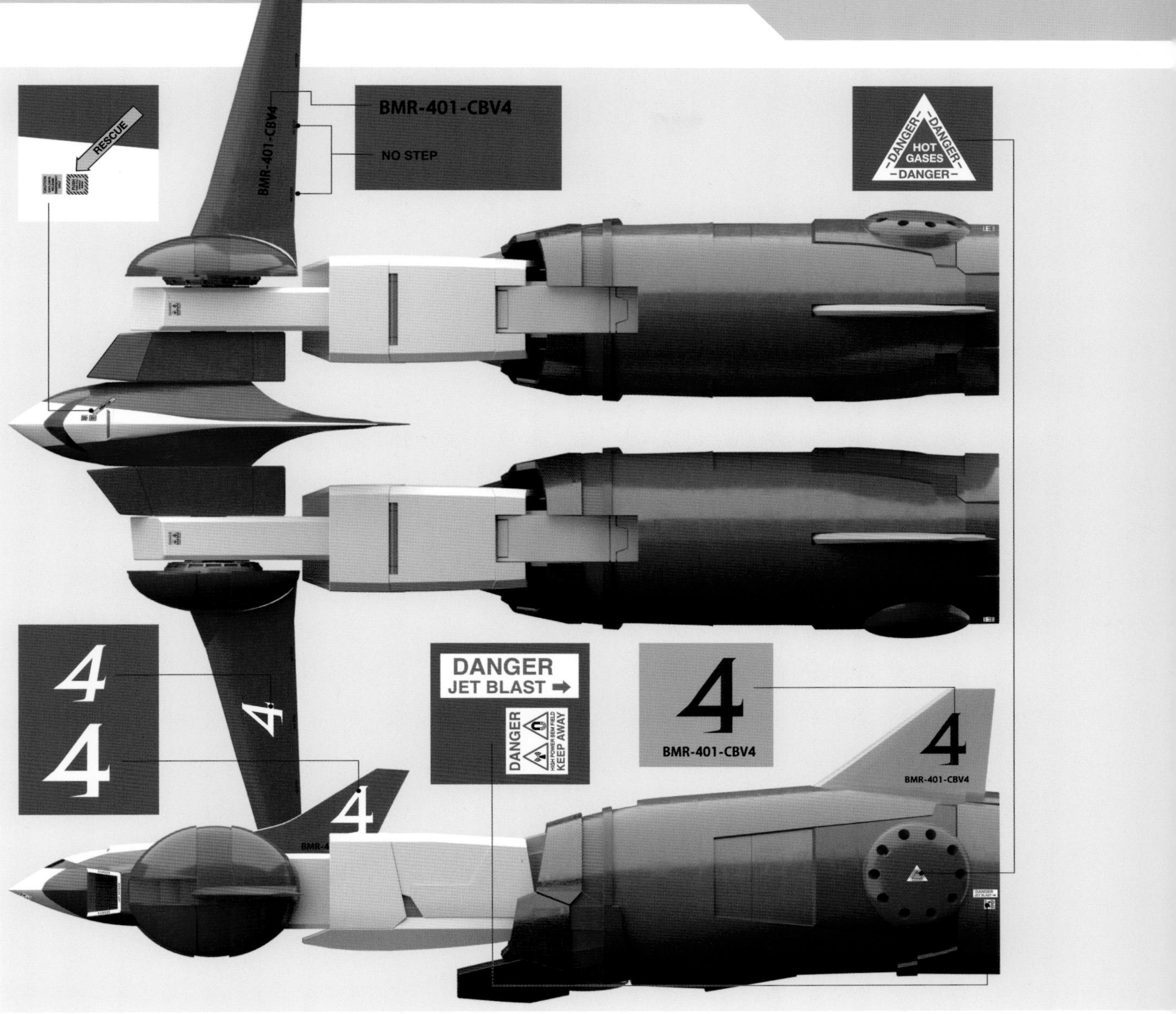

それよりも搭載キャパシターへの遠隔によるリチャージ時間の短縮のほうが現実的であるという意見も出ていた。

最終案として浮上したのが、4号機で3号機を搬送するという初めの要求案にしたがったものである。そしてプランを実現するための具体的な構造とシステムの設計が始まった。設計決定稿では、コクピットのあるメインハル（主艇体）の左右に新たな構造を加え、この中に抗重力システムを設置した。機材冷却の問題から空気取り入れ口を設け、通常は外気による空冷方式が採用されている。

4号機に搭載された抗重力装置と同等のサイズで実験した〝出力〟測定の結果は、最大出力でコンバイン後の機体全体質量を浮揚させるほどの抗重力を発生させることに成功した。しかし、搭載予定のキャパシター容量では、単機あたりで約2分、単純計算で10分が限界であるという結果が出た。当然ながらこれは、浮揚ということのみに全エネルギーを投入することができての話である。戦闘行動において、多くの超電磁エネルギーが必要となるため、実質的にはこの何分の一になるか、わからなかったというのが実際のところであった。

4号機の機体パフォーマンスは、こうして導入される抗重力発生システムによって大幅に向上するだろうと思われたが、その一方で、運用制限に対する明確な指針も提示する必要があった。いってみれば、余力を出し切ってしまえば、そこで機能停止する可能性があるためである。単機でシステムを使用する場合は、最大出力の5％程度でゼロGに相当する、質量ゼロの状態に置くことができた。しかし、この状態を維持するためには、超電磁エネルギーを消費しているわけであるから、そのまま継続的な使用はできない。このために考え出された機構が〝超電磁〟ではない補助推力の導入だった。

4号機は機体形状からすれば、超電磁エンジンは高出力のものを搭載可能であった。これはコンバイン後に脚となるブームの長さを利用して高出力化を図ったエンジンが内蔵されており、ブーム後端部左右外側にはロータリー式の高圧エア噴出孔（ロータリー・ガスポート）が、ブームと抗重量システム搭載ブロックの下面にも同様の高圧エア噴射口が設けられた。これはインテイクから吸入された外気を、超電磁エンジンの作動エネルギーの一部を利用した装置で圧縮、エアをコントロールしながら噴射して、機体姿勢の制御や制動、機動に用いようというものである。いったん、空中に浮揚すれば前方への推進はメインエンジンで行われ、抗重力システムはオフになる。垂直離陸時には抗重力システムが働くが最低出力で、高圧エア噴出で機体を持ち上げるということも可能であった。これで、エネルギー消費の大きい抗重力システムを必要時以外に駆動させなくても済むようになった。

水中での航行はメインハル左右に配置された抗重力システム搭載ブロック内に併設される超電磁ハイドロジェット推進装置によって行われた。インテイクは吸水口として機能し、水はダクトを介して噴射口へ送られ、後方や下方に高出力で噴射される。このシステムは空中では空気を、水中では水を圧縮噴射可能なハイブリッド機構であった。ブーム後端のエンジンノズルは通常閉鎖される。超電磁エンジンは燃焼型ではないため駆動エネルギー生成・放出部内に水が入っても機能に影響はないが、侵入した水が超電磁エネルギーによってプラズマ化し爆発的に膨張するため、基本的に水中での超電磁エンジンは停止させることが通常の手続きであった。ただし、緊急時にはエンジン出力を最低に絞り、エンジン内に注水した水を一気に気化させることで推進力として用いることが可能であるとされる。しかし、機体への負担も大きいといい、一度この運用を行うと、エンジンはブーム筐体《きょうたい》ともども丸ごと交換が必要であった。

ブーム後端のロータリー・ガスポートは飛行時と同様に、水を吸入して圧縮、噴射を行い、水中における推進補助と姿勢制御、制動などに用いられた。水中における機動性の高さは、このロータリー・ガスポートに頼るところが大きかったという。

機体は多くの飛行、潜水航行用器機で隙間なく埋め尽くされていたが、メインハルには、搭載装備を一部降ろせば人員の収容も可能であった。これは機体の性質上から要求された運用であったといい、要請があれば海難救助のような任務にも対応が可能なように準備されたもので、簡易シート、傷病者収容のためのベッド、簡単な救急設備などを据えることもできた。基本的にメインハルは完全な防水・耐圧構造を有しており、収容人員の安全は充分に確保できるはずであった。

コクピットはもちろん他機種と同構造で、透明な球形耐圧隔壁で保護されている。また、コクピットキャビンは他機種よりも広く、球形耐圧隔壁を閉じなければ3人程度の成人を収容できたという。このほか、コクピット全体を脱出ポッドとして使用できるように改修が加えられている。これは、実験的な運用というよりも、宇宙空間運用を考慮した際の元設計段階から仕様に加えられていたもので、とくに海中、水中で行動不能となった際に最も運用可能性が高いとして、配備された4号機では生きた機構として導入されている。

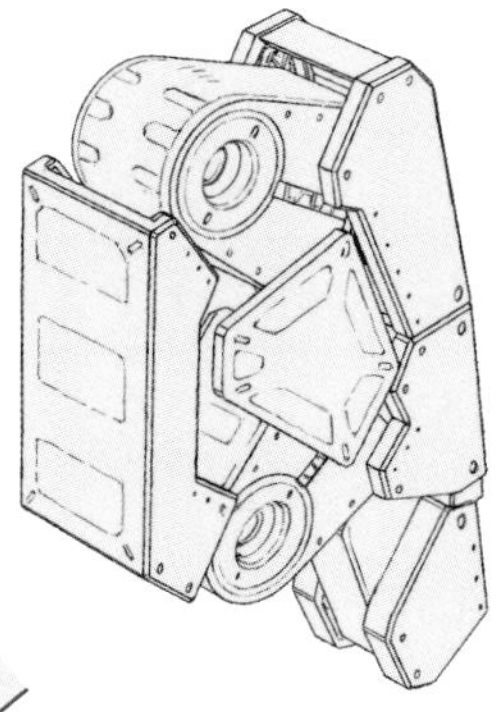

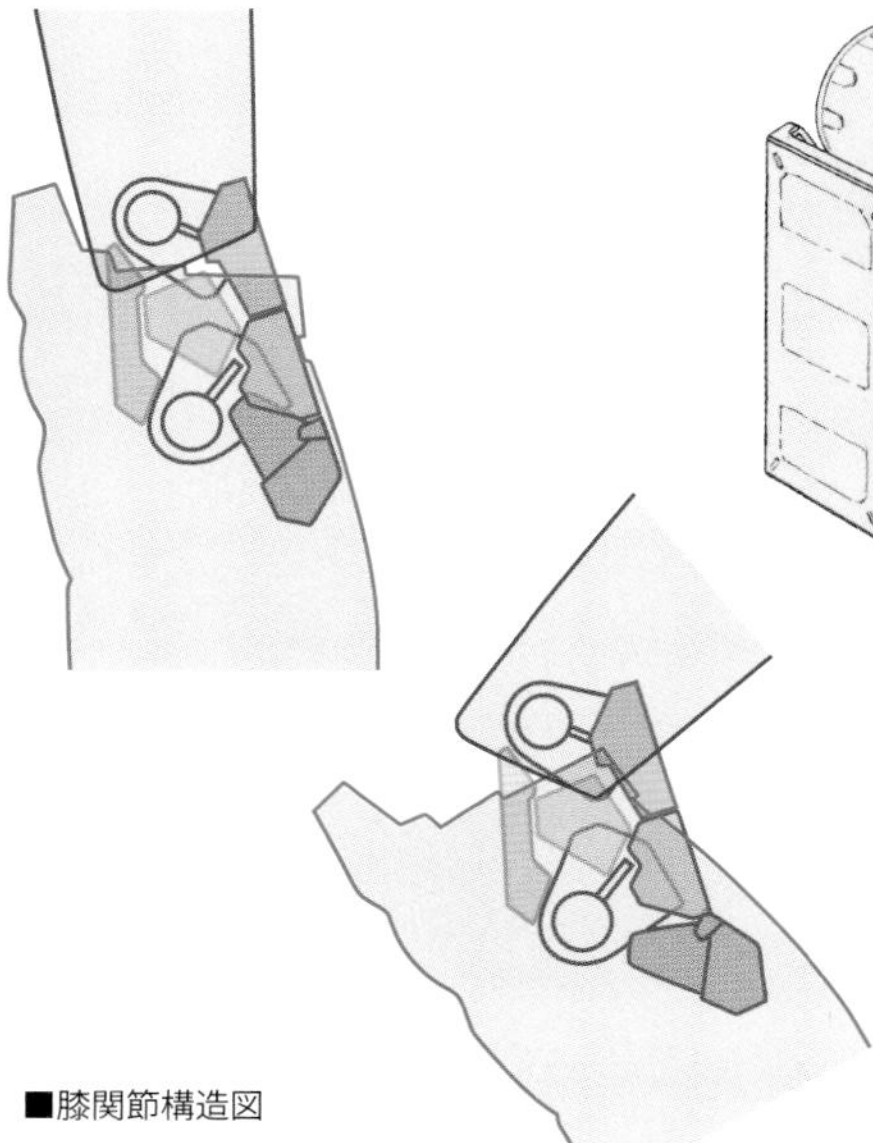

■膝関節構造図

航空機、潜水艇いずれの状態であっても、主翼は展開状態で運用されていた。主翼はコンバインによって人型に変形した際には折り畳み機構によって小さな"塊"となって、ブーム内に収納される。これは、通常の航空機のように主翼内に燃料タンクなどを収納、搭載する必要のないシステムで飛行が可能であったからできたことであろう。なお、主翼は発生した揚力をむろん飛行に利用するが、それはいってみれば補助的な役割に過ぎず、低速航行時に機体を安定、また機体の機動制御に主として使われていた。

水中航行時には艇体の浮上、潜航に関係する潜舵として機能する。折り畳みのヒンジ部から角度を変えて最適な効果を付与することも可能であるし、後退角を設けることも自由に行える設計である。

このほかに、艇体には水との接触抵抗を軽減するためにスーパーキャビテーション理論によるなんらかの抵抗軽減手段が講じられているともいうが、この点は明らかにはなっていない。

●メカニフィクサー

バトルマシンの機体に内蔵搭載される装備としてはどちらかといえば異質なものといえるが、救助活動におけるデモリッションツールや応急補修などに有効なマルチパーパスデヴァイスとして開発されたようである。接着用のグルーガンを巨大化したかのような形状の器機は左右胴体内に格納されているが、使用時には機体外板をリフティング・トレイとして利用し吊り下げ状態で運用することが多い。主に使用されるのは可変波長式のレーザーガンであった。用いる波長を変調し出力と焦点距離を調節することで、赤外域レーザーを利用し熱線としての放射なども行うことができるが、本来の用途は大気中、水中における溶断や溶接で、障害物の除去に際して対象を切断破壊する、カッティングして通路を開削するなどに用いたり、他のバトルマシン外殻や水中建造物等に亀裂などの損傷が生じた場合に応急的に溶接補修する。また、別途用意した合成樹脂充填剤やコンクリートを塗布あるいは注入してキュアリングを行ったり、広域照射によって殺・滅菌にも使用できる。ただしレーザービームの照射出力によっては、〝ギャパシター〟のエネルギー消耗が激しい場合があるため、溶接／溶断用の予備装置として従来型の電気式トーチも装備している。

　器材使用の自由度を高めるため、対象物を固定または移動させるための多関節式アームを備えるグラップル・ハンドを併用することが多く、これを含めてメカニフィクサーと呼ぶこともある。グラップル・ハンドは板状の対向式二指型をしているが、それぞれ単板ではなく、帯状セグメントが集合したもので、個々のセグメント間に働く結合力を調整することで、比較的軟らかいものであっても、破壊・破損のないように摑《つか》むことが可能になっている。多指式にしなかった理由は開く、閉じるの制御を簡易化するためであったようだが、セグメント結合力のフレキシビリティによって、かなり自由度の高い作業が行えたとされる。

　専用のツールとしてレーザー偏向用ミラーを携行する場合もあるが、特殊な例としてはオペレーションの状況を確認するために、像を写し、格納庫内監視カメラを通じてモニターするという荒技を行っている。この時には、レーザートーチと電気式トーチを併用しながら、損傷を受けた2号機に対し、かなり大掛かりなリペア・オペレーションを行っている。

　過負荷を覚悟のうえで出力を上げることもでき、これによって高エネルギーのレーザートーチや長射程レーザー砲、ハイパーバーナー、サーマルガンといった高熱高エネルギー攻撃兵器としての機能も発揮できる。しかし先述のようにエネルギー消費が大きく、また器材にかける負担も大きくなるため、定格出力及び適正波長かつ、連続使用の場合には制限時間内の運用が推奨されていた。

●リフトアーム

ブームの前半部（コンバイン後は大腿部にあたる部分）には、懸案であった3号機のフェリーに必要な収納式デバイスが内蔵された。ここにも他の補助兵装などに応用されている伸長展開式設計が応用され、実用デバイスとして完成されている。

3号機の大重量をリフト／フェリーするための推力を得るという点についてはブレイクスルーがあったものの、これをどのように4号機でリフトアップするのか、その方法についても様々な検討が行われた。もっとも簡単に実現できるプランは複数の高張力鋼製ワイヤーロープで吊り上げることであった。左右脚筐体《きょうたい》下面の一部を、コンテナなどの大型貨物を吊る場合に用いるスプレッダーのような懸吊機材としてワイヤーで下ろし、3号機と接続、懸吊《けんちょう》しようというものである。これはもっとも実用性への近道であると目されたので、ワイヤーロープ用材料の選定や本数、巻き取り装置の開発、スプレッダー形状の設計など、オプションのひとつとして実作業に入っていたようだ。

既存の技術に立脚したロープ／スプレッダー方式の開発と並行して、コン・バトラーVの内蔵兵器を展開／収納する技術を利用した、新しい懸吊機材の開発も進められ、地上にあるバトルタンクをリフトアップし、しっかりと保持できるような強度と構造を確保できるかの検証が行われた。こちらは、設計から構造まですべてに新たな試みがあるため、むしろ発想が自由で、超電磁理論の応用というおおよそ例のない機材を数々ものにしている開発陣にとっては腕の見せどころであったらしい。

折り畳みやテレスコピックという発想は機材のコンパクト化のために旧来からあったが、コン・バトラーV開発における折り畳み／伸長展開は、収納保管時には嵩《かさ》張らず使用時には大きく丈夫な梱包用の箱のように、その体積差が極めて大きく、そしてその要求される強度はフィックスで構造を組み立てた以上のものというのが基本にある。さらに、構造材の物性を低下させない限り、超電磁力を利用してもかまわないとされていた以上、従来技術ではできないことを成し遂げることが技術屋の意地、というものであったのかも知れない。精密加工技術で世界に技術発進をし、後世に再現不能といわれるような超絶技巧を持つ技術系職人が、当たり前に行っていた加工技術を注ぎ込んだ成果ともいえる。

リフトアームは、スライド式に重なり合った薄板状のユニットを展開すると薄いボックスが形成される構造である。各ユニットには非常に細かいビードがエンボスされ、また起倒式の補強リブが多数縦横にセットされており、これらが構造を強化している。

しかし、こうした最先端技術を投入してコンパクトに折りたたむことはできても、強度までは担保できず、3号機の重量を支えることは困難を伴っていた。そのため、リフティング実験でリフトアームの破壊、破損を回避することはできなかったようである。

ただし、強度に関する問題は、超電磁技術への理解が進むにしたがい、拍子抜けするほど簡単に解消された。超電磁エネルギーを使用した電磁ロックによって、展張した各ユニットそのものの強度や接合強度は十分に確保できたのである。3号機との接合については、先行して進めていたスプレッダーを改修し、シャシーを左右からつかむような形で接続することとした。また、接続と同時に3号機から4号機にエネルギー供給が開始され、抗重力システムを稼働させることで、容易に上昇が可能となった。ドッキングについては、超電磁機器が磁石のように引き合う作用を調整することで、ほぼ自動で行えるようになっている。

3号機を分離する場合、この車輌の大質量を利した体当たりによる攻撃が可能であろうが、それは理論上のことであって、絶対に行ってはならない禁止事項となっていた。万一、超電磁リアクターに影響のあるような損傷が生じた場合、システムは暴走の可能性を常に有していたからである（実戦ではそうした攻撃法を用いたこともあるが、あまりにも軽率な行動であるとして厳重な注意がなされている）。そもそも、パイロットが搭乗している有人機をぶつける、といった発想そのものが常軌を逸しているわけだが、逆にいえば3号機の構造強度（とコクピットのパイロット保護機構）は実際この衝撃に耐えうるだけの堅牢さを持っていたということでもある。

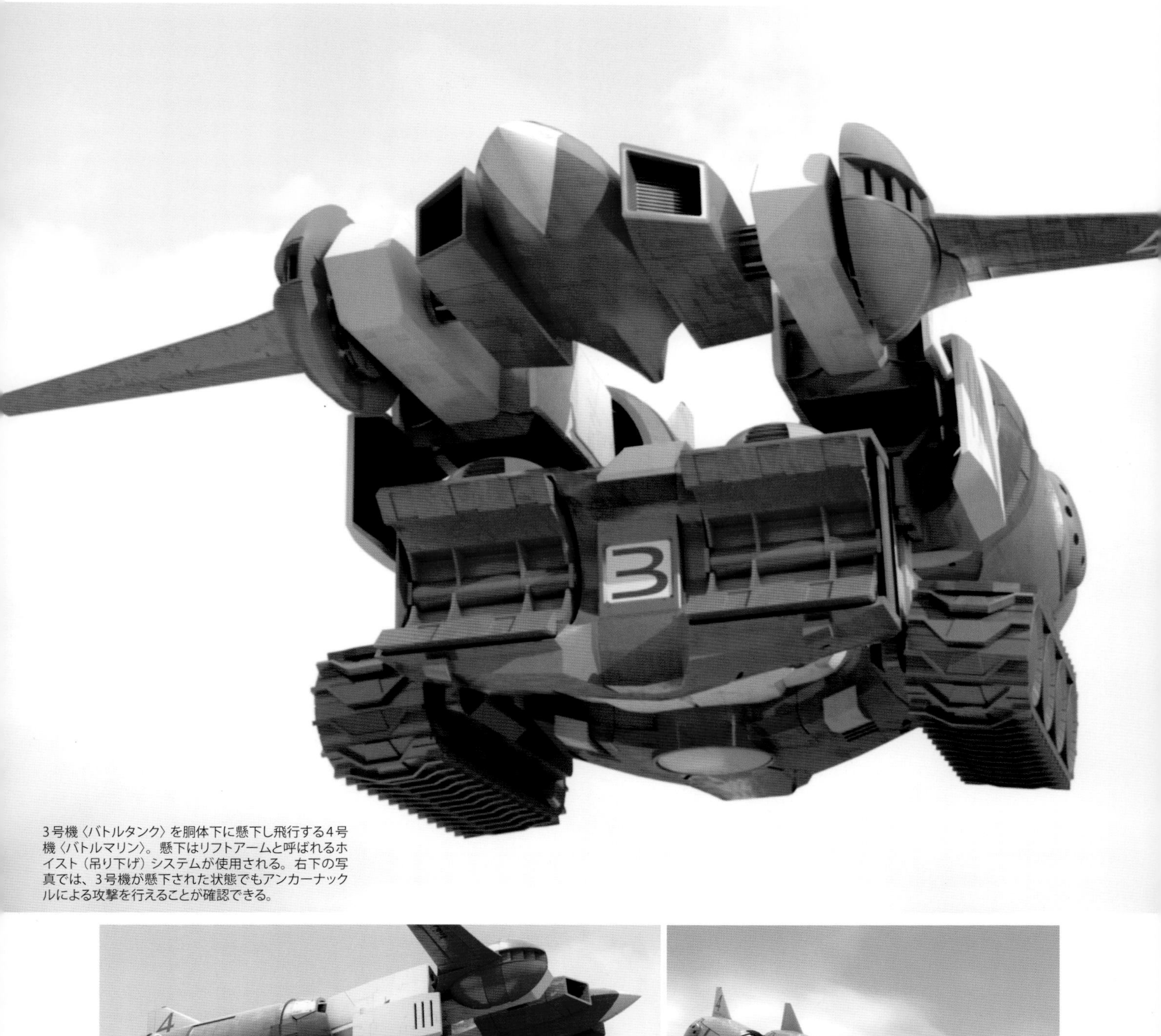

3号機〈バトルタンク〉を胴体下に懸下し飛行する4号機〈バトルマリン〉。懸下はリフトアームと呼ばれるホイスト（吊り下げ）システムが使用される。右下の写真では、3号機が懸下された状態でもアンカーナックルによる攻撃を行えることが確認できる。

●マリンミサイル

攻撃用兵器の搭載は最小限に止められており、主として水中における運用を前提に開発された機材が用いられていたようである。４号機も他のバトルマシン同様、ミサイルを搭載しているが、水中発射ならびに航空投下式の専用ミサイルを搭載していた。このマリンミサイルは空中発射、飛行推進も可能だったが、そのように用いる場合には射程が著しく短くなった。

マリンミサイル本体は空中を推進しうるロケット・エンジンを用いた動力を搭載するが、スーパーキャビテーション理論を応用して水の粘性を減少する装置が弾頭部に内蔵されており、その速度は時速４００㎞に達するとされる。空中投下の場合、水中に入った時点でエンジンが点火され、４号機からの指示によって目標に向け航行を始める。

弾頭には、いわゆる通常の炸薬以外に音響による撹乱《かくらん》を目的とした特殊弾も準備されていた。

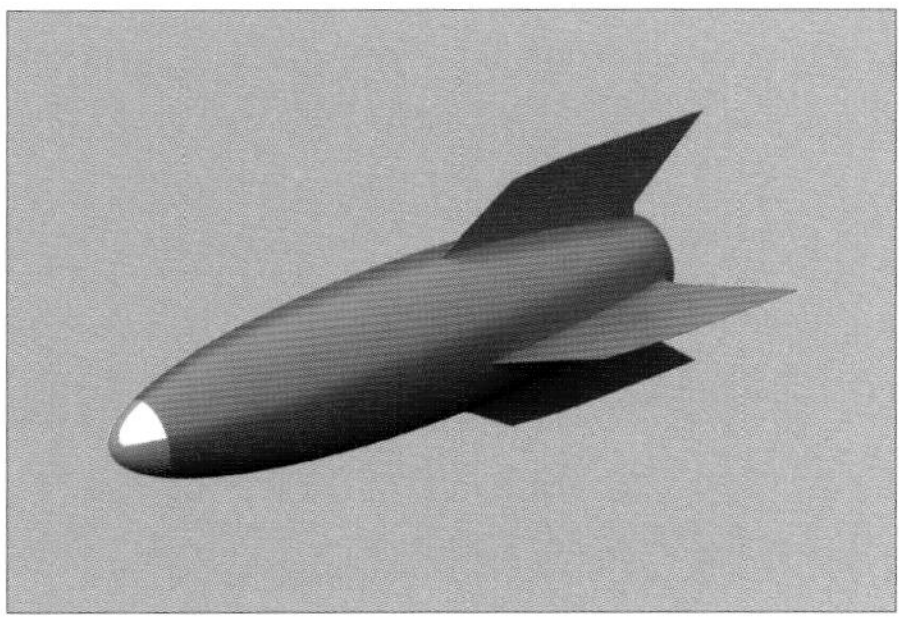

■マリンミサイル

■空中爆雷

●空中爆雷

試験的な兵装として「空中爆雷」が搭載、運用されたことがある。これはもともと、水中発射式の浮揚式機雷の一種であり、水中で放出すると自動的に浮き、プリセットされた深度に達するとバラストが作動して浮上を停止、目標が接触または近接すると信管が作動し爆発する。こうした機雷としての運用を想定して開発されたが、空中から散布して水中に沈むと、一定の深度で信管が働き爆発する爆雷としての機能も付加された。その後、さらに改良が加えられ、強力なローターを内蔵し一時的に空中浮揚静止が可能なように改造されたものが空中爆雷であった。この一連の機雷／爆雷は機体の上面にあるリリース・ポートから散布または放出されるため、爆雷／空中爆雷の場合、射出機構の性能向上が必要であるとされた。飛行中の射出投下は流入した空気を応用した圧縮空気放出器機によって行われたが、機体が静止状態にあっても運用が可能なように大幅な機構改修がなされ、電磁的な射出方式器材が導入されるようになっている。

BATTLE CRAFT

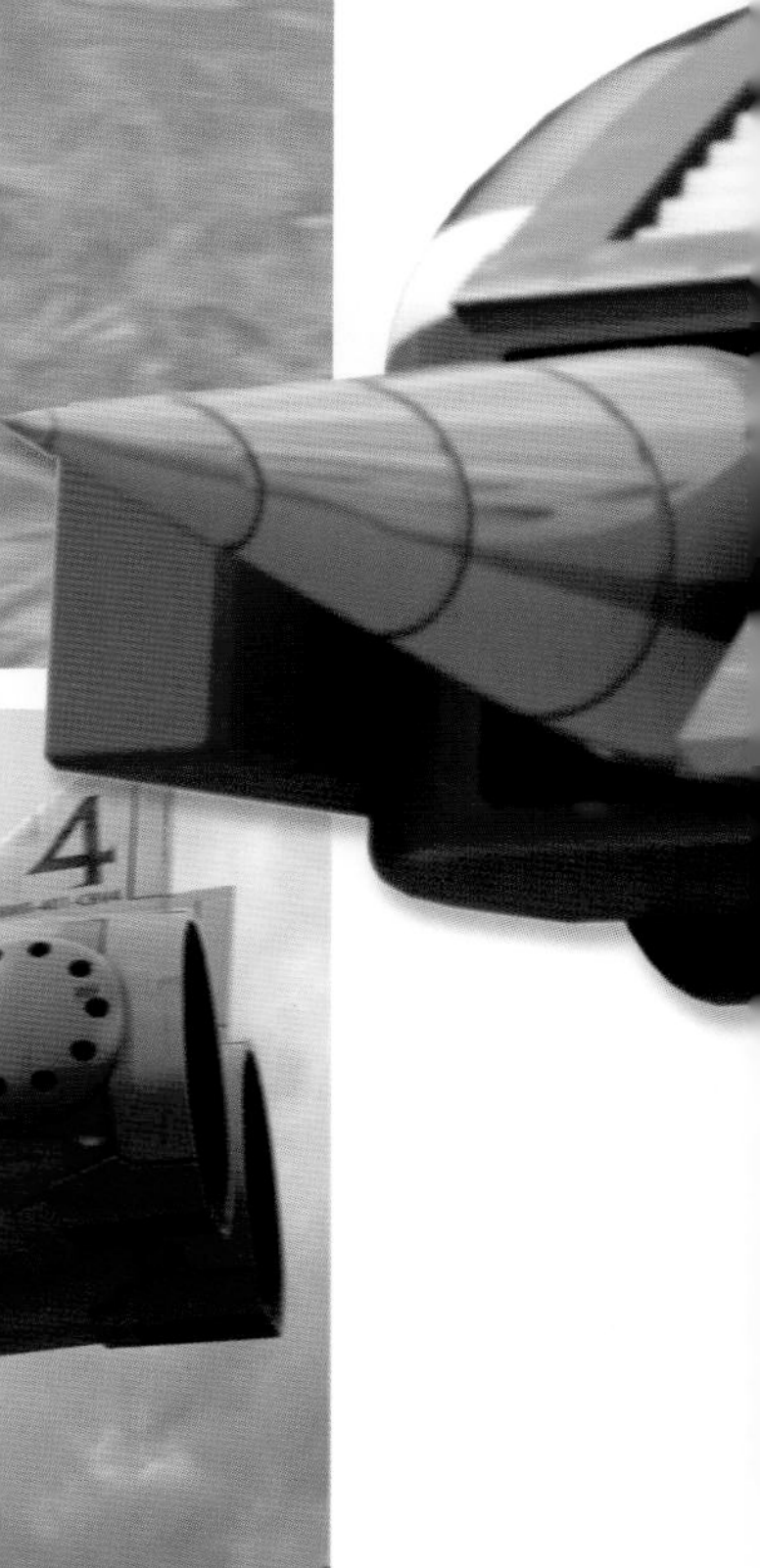

●5号機／バトルクラフト

各機に任務による専門性という特徴を持たせ、それに応じた形状と構造を有するバトルマシンはそれぞれに独特な形状を有するが、その中で最もユニークな特性の機体（車体）が5号機である。コン・バトラーVでは左右の足となる必然性からコンバイン時に分離する（合体のために分かれるのである）ということが求められたが、搭乗者は1名でコントロールする形式をとっていた。これは、プラン策定の初期から考えられていたことらしく、マスターマシンとリモートマシンとして計画され、通常は操縦操作感覚がつかみやすいように日本における乗用車運転同様〝右側運転席〟となっていた。しかし状況に応じては左側をマスターに切り換えることも可能なように、同規模、同規格のキャビンが設置されている。

可逆性のある分離と結合というメカニズムは、コン・バトラーV開発計画では必ずクリアしなければならないハードルのひとつである。鏡像対称形でほぼ同質量に作られた左右マシンの分離結合が容易に行えないようでは、先行きは暗いことになる。5機種あるバトルマシンの中で要求されるパフォーマンスは最も地味な印象を受けるが、技術開発という点においては3号機に次ぐ重要な位置を占める機体であった。コン・バトラーV開発計画における基礎技術を底上げするためには、格好《かっこう》の実験対象となっていたのが5号機だったといえる。

バトルクラフトは目に見えるような大掛かりな変形メカニズムこそないが、分離を前提としたシステム設計を行う必要があり、エネルギー伝路を含む動力／制御等回路の切断と再結合方法、あるいは非物理的・非機械的接合分離技術の確立、超電磁波も視野に入れた遠隔操縦指令伝達方式の開発とその自動化や主従マシンの追随操縦技術の確立が真っ先に求められた。また、それ

BATTLE CRAFT

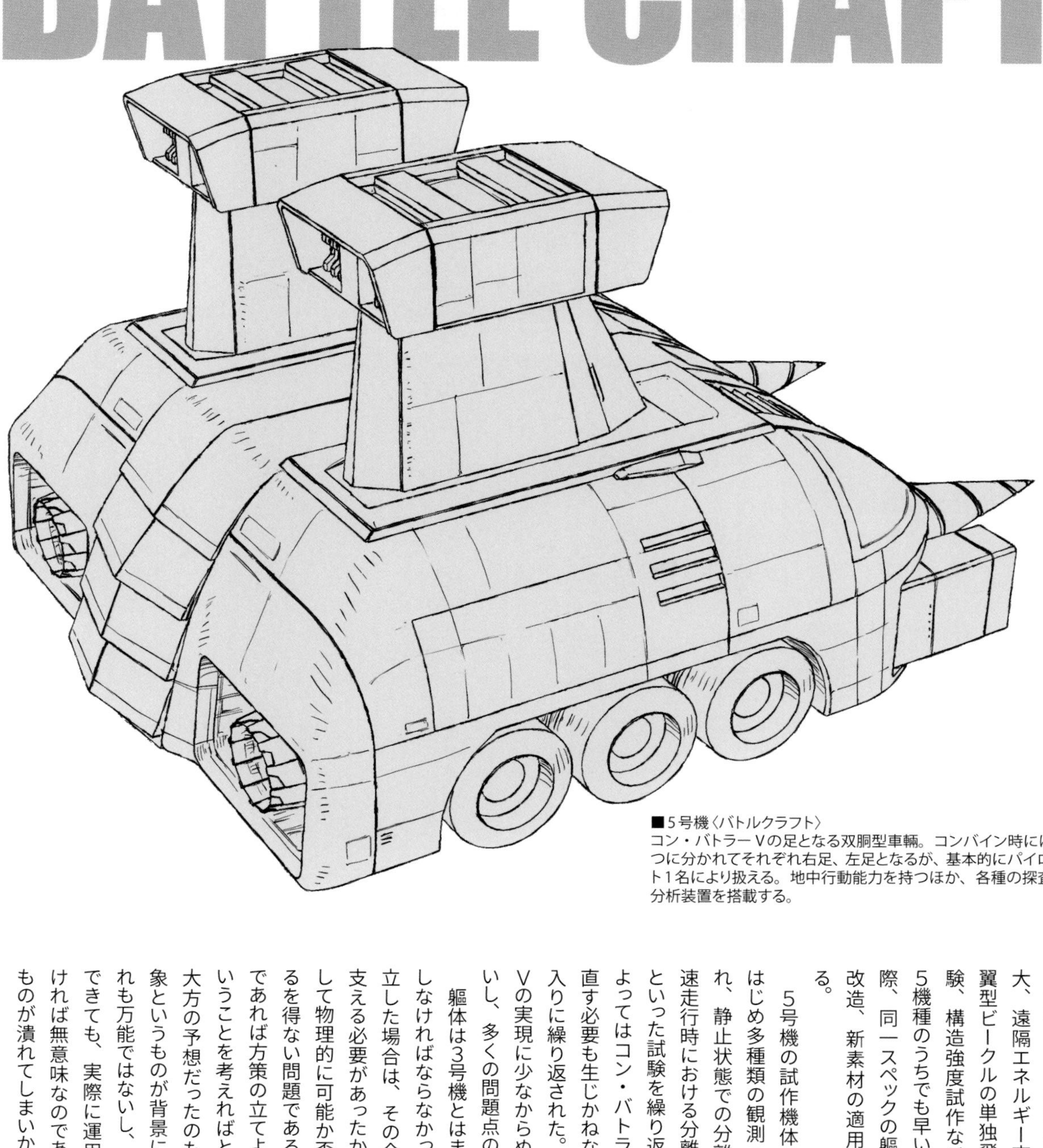

■5号機〈バトルクラフト〉
コン・バトラーVの足となる双胴型車輌。コンバイン時には2つに分かれてそれぞれ右足、左足となるが、基本的にパイロット1名により扱える。地中行動能力を持つほか、各種の探査・分析装置を搭載する。

と並行して、搭載キャパシターの小型軽量化／容量拡大、遠隔エネルギー交換システムの実現と効率化、無翼型ビークルの単独飛行能力付与、機体用各種材料試験、構造強度試作など、技術試験及び実証機体として5機種のうちでも早い時期に具体的に実作された。この際、同一スペックの躯体を複数製造し、折に触れ改修、改造、新素材の適用などが繰り返されていたといわれる。

　5号機の試作機体には躯体、筐体《きょうたい》のストレス感知をはじめ多種類の観測・感知・検知・計測機材が搭載され、静止状態での分離結合実験に始まり、低・中・高速走行時における分離結合、ジャンプ状況での分離結合といった試験を繰り返している。これらの結果いかんによってはコン・バトラーVのプロジェクトそのものを見直す必要も生じかねないため、実験、試験は慎重かつ念入りに繰り返された。その集大成となるコン・バトラーVの実現に少なからぬ影響を与えたことはいうを俟《ま》たないし、多くの問題点の洗い出しにも貢献したのである。

　躯体は3号機とはまた違った意味で頑丈な構造を模索しなければならなかった。コン・バトラーVが地上に直立した場合は、その全重量を左右に分離した5号機が支える必要があったからである。これは、そもそも論として物理的に可能か否かというところからスタートせざるを得ない問題である。動くことなく直立しているだけであれば方策の立てようもあろうが、自在に動き回るということを考えればとうてい無理であろう、というのが大方の予想だったのも事実だ。超電磁理論、超電磁現象というものが背景にあって生み出された計画だが、これも万能ではないし、この理論を基にして可能性が拡大できても、実際に運用に足る機材、器機が実現できなければ無意味なのである。そうなればプロジェクトそのものが潰れてしまいかねない。当時なし得る可能性を片

BATTLE CRAFT

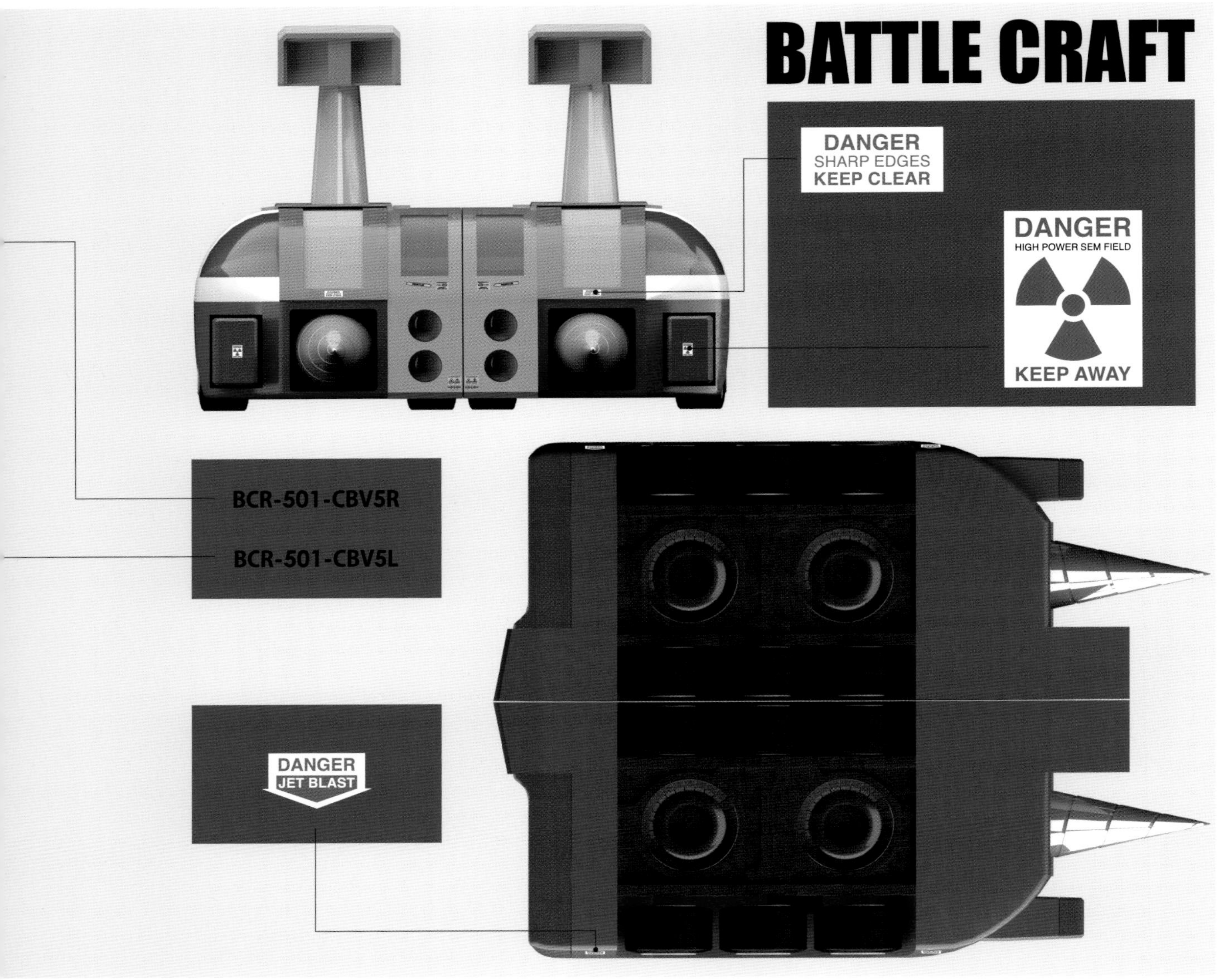

端から試し、失敗を繰り返しながらも模索するしかなかった。そこに南原博士の不屈の精神の表れといえよう。

躯体の強度確保には材料自体の高剛性化や超靭性化などまず材料の改質が必須であるが、それだけでは不充分で、例えばハニカムのような物理的強化構造を見いだし、軽量で高い剛性を得る方法を考案する必要にも迫られていた。それは肉眼レベルで確認できるような構造、機械的な工作加工技術で解決できないものであれば、分子レベルにおける構造構築、メッキや溶着によって強化構造を創出する、あるいは従来から用いられている金属加工技術も見直して、異種金属を重ね合わせて圧力によって物理的に接合するクラッドなどを発展させることで新たな特性の金属を見いだし対処し得ないかというような研究も積極的に進められていた。もちろんサーメットをベースにした、後に言う複合材料や金属間化合物、セラミックスなども研究対象であるが、理論だけではなく即座に応用可能なものという前提にあったことが、ますますハードルを上げていたのである。

磁力あるいは通電によって分子レベルでの構造を変位し強化する方法も模索されている（もちろん可逆であることが必須であるとされた）。これは各機体の運用条件によって必要とされる物理的な特性が共通であったり、特有のものであったりするので、全機に敷衍することができない技術もあるが、アプローチの方法論として極めて重要なスタンスを確立することになる。その苦労、試行錯誤の成果が、伸長展開式の各種デバイスへと繋《つな》がっていくことになる。

左右マシンの接合面についても、様々な工夫を要した。完全な密着面を形成するのは可能であるとしても、コンバインによって分離し戦闘行動を終えた後に再結合が可能かどうかということである。戦闘によって大きな負荷がかかったのちに変形や異物の付着によって、戦闘前と

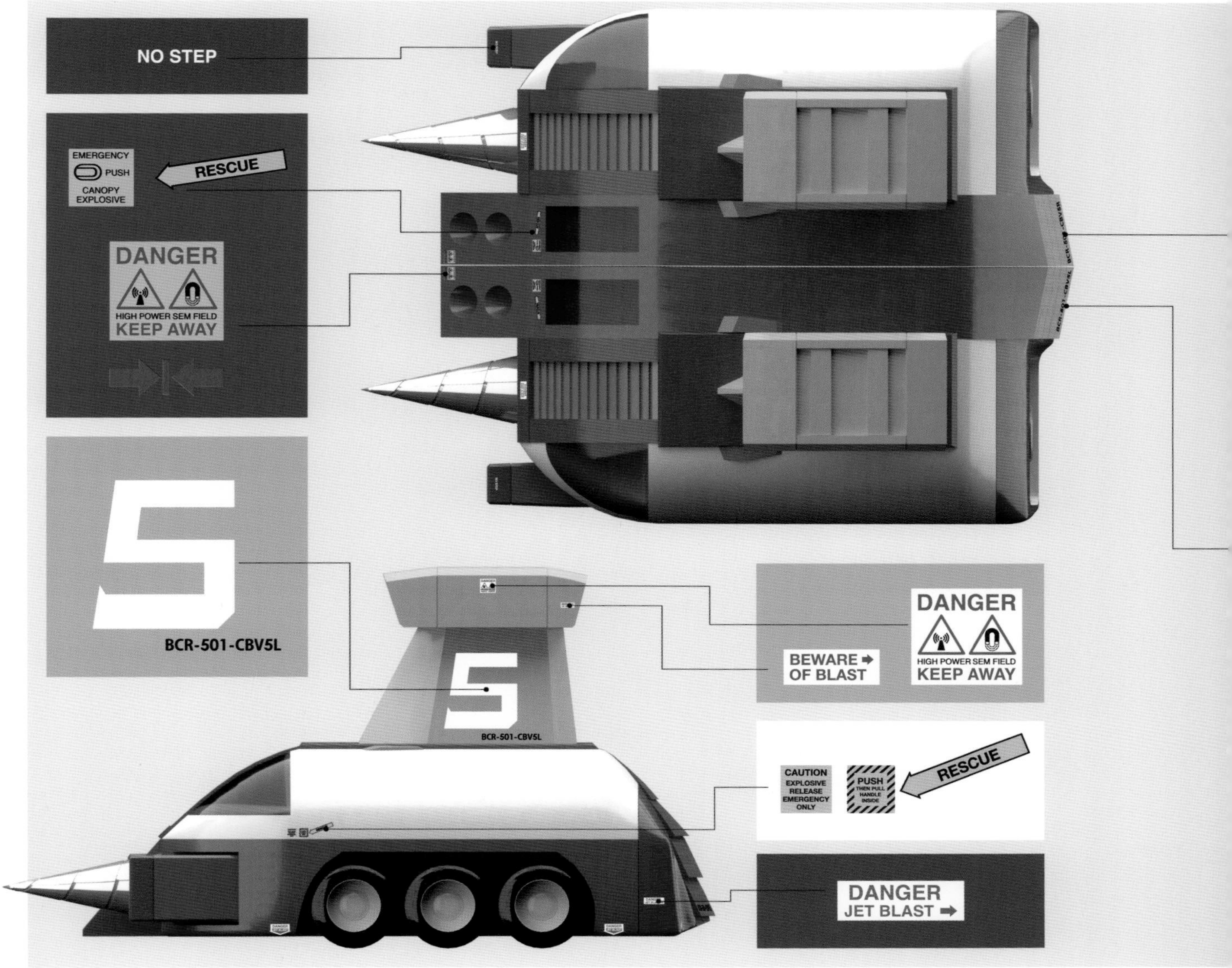

同様、元に戻ることができるか？　帰還時に左右結合が不完全になるということは充分に予見できることである。この対策をどうするか？　どうすれば最も効率がいいのか？　連鎖的に、派生的に問題は広がっていく。これは他の機体が単独で戦闘行動にあたったのちにコンバインする場合に同様な障害は生じないのか？　ディスコンバインして再度コンバインする場合に不都合は出ないのか。山積する課題をひとつずつ潰《つぶ》すしかなかった。

基本案の時点では、走行装置についての明確な方針はなかったようで、3号機と同様の無限軌道式、最終的に実装されることになるタイヤホイール方式のほかに、ホバークラフトも検討の対象であったという。結論としてタイヤホイール方式が採用されたのは地上走行の高速性が確保しやすいからだが、走行装置の動力についても、超電磁モーターを用いることは決まってはいたが、ドライブシャフトを介する駆動伝達にするのか、もっと直接的な駆動方式を採用するのかという段階からスタートしている。さらに、大型の航空機、とくにペイロードの大きい軍用輸送機や爆撃機用のタイヤを参考に、新たな材料を導入し、耐久度を増したものを開発する必要があった。

駆動方式は3号機同様に、より正確に言えば5号機で初めて試験運用が行われることになったインホイール・モーターとすることが決定された。これは、車体下面にホバリング用の推進機関設置が予定されていたことによる。車体下、シャシー部分を横断または縦断するようなドライブシャフト設置は避けなければならなかったのである。インホイール・モーターを採用したために、左右車体合わせて12輪（このホイール数もこの数に落ち着くまで紆余曲折《うよきょくせつ》あったらしい）を同期しながら回転させる、従来とは異なる方法が求められた。また、個々のホイールの回転速度を変えれば信地旋回も可能で、カー

バトルマシン各機における射出型兵装の弾頭は基本的に誘導装置が付いておらず、照準は搭乗パイロットが手動で行う。これは当時の技術成熟度の問題もあるが、相手が生身の"生物（奴隷獣の場合）"であったことが大きい。

ブをスムーズに曲がることもできる。なお、全ホイールにステアリング機能を付加する方式も検討されたようだが、実戦運用車体への装備はされていないともいわれる。

ホバリング機能は、抗重力システムの導入が可能かどうか検討されたものの、左右分離するために機材搭載容量が不足し、断念された。コンパクト化を目指していた抗重力システムだが、専用のキャパシターも含めたパッケージ全体の小型化には限界があったのである。超電磁エンジンの搭載も検討されたが、他項でも書いたように充分なエンジン全長が取れないため、当初は他の方法を模索せざるを得なくなる。だが再三にわたるスペック改訂の結果、4号機で要求されるような大重量浮揚能力は必要ではなく、単体で短時間のホバリングが可能であればいいという妥協《だきょう》案にまとめられ、超電磁エンジンによる垂直推力を得ることが可能か検討が始まった。

ホバリング機能のためだけに水平飛行用とは別個の超電磁エンジンを搭載するとすれば、すなわち1号機や2号機で使用していたものより大幅に全長を短くする必要がある。そのうえで必要な推力を確保できるかは、開口部面積とエンジン主機部の全長との相対的な関係から理論値が導き出せる。結果、この方式では理論上実現不可能との判断が下された。やがて、すでに搭載が決まっている、後方にノズルを持つ飛行推進用超電磁エンジンの出力を2割程度増大させたうえで、左右の各軀体下面に2基ずつの上昇用排気ノズルを設置する設計案が浮上する。この超電磁エンジンからの排気を、下面のノズルへと流路をバイパスすることで、必要な上昇推力を得ることにしたのだった。

相応の重量がある機体を上昇させる必要から、当然ながらエネルギー消費は大きく、使用時間には制限が設けられていた。このバーチカル・ノズルの搭載によって、地上静止状態から地上50mまでのリフトであれば、通常

出力（最大出力の70％）での静止時間は約1時間であるという実験結果があるため、実用に際してはもっと短い時間に設定されていたはずである。ホバリング状態から、水平飛行用の後方ノズルへ排気流路を切り替えることで、飛翔による前進が可能となる。

飛行時の推進力はエンジン推力で強引に賄《まかな》っていたが、前進飛行機動に対する抵抗を多少なりとも軽減し、〝リフティングボディ〟とはいわないまでも機体全体で揚力を発生させるような効果が期待できるよう、断面形状をリファインしている。そのため、コクピットを収納している機首部分が少し前方に伸び、文字通り〝靴〟のようなプロポーションとなったが、最大の重量物である超電磁エンジンとキャパシターを、前述の下方ノズル増設の際にやや前部に移動させ、空力中心のずれに合わせた結果、走行、飛行時の安定性に影響はほとんど出なかったといわれる。昇降舵に相当する構造がないため、ピッチ・コントロール（上昇降下の機体制御）は、バーチカル・ノズルの推力調整によって行われるが、ヨー（左右方向）・コントロールは大型の垂直尾翼後方にある方向舵によって操作する。

走行安定性能は高かったものの、シャシー下面と走行面のクリアランスが小さいため、悪路をあえて走行するよりは、低高度を飛行した方が速い。その場合、低高度では空気密度や障害物などの関係で安定した高速飛行が望めないことから、ホバリングしつつ低出力で推力をコントロールする特殊な飛行方法が使われる。

タイヤの材料は、大手タイヤメーカーの援助を受けて南原コネクションが独自に開発した素材が主として使用された。基本的な構造は大型建機用と重航空機用をハイブリッド化したようなものであるが、中空ではない完全なソリッド式だった。ホイールのすぐ外側、つまりタイヤの最内層は特殊なコンパウンドを配合してホイールへのグリップを最大限に高めた層で内部には超硬スチール製のワイヤが封入されている。その外側は衝撃吸収用のクッション層があるが内部には金属繊維を編み込んだ帯が内封されていた。その外側に高反発性のクッション層、接地面から側面にかけて耐カット、耐摩耗性とグリップ性の高いコンパウンドを配合したトレッド材で覆《おお》われている。踏面にはグリップ用の溝は切られておらず、排水と表面積確保のため細い溝が入っているのみである。

■5号機／足甲部関節機構

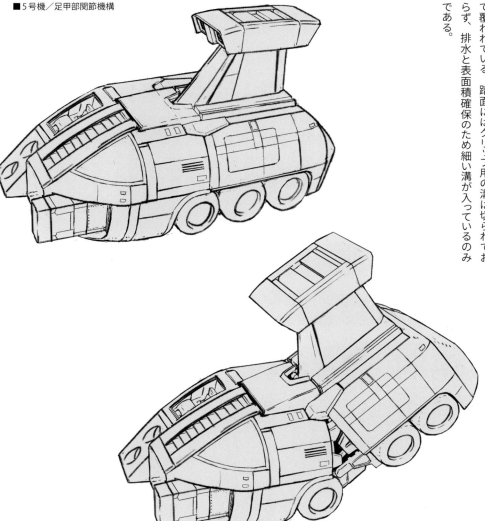

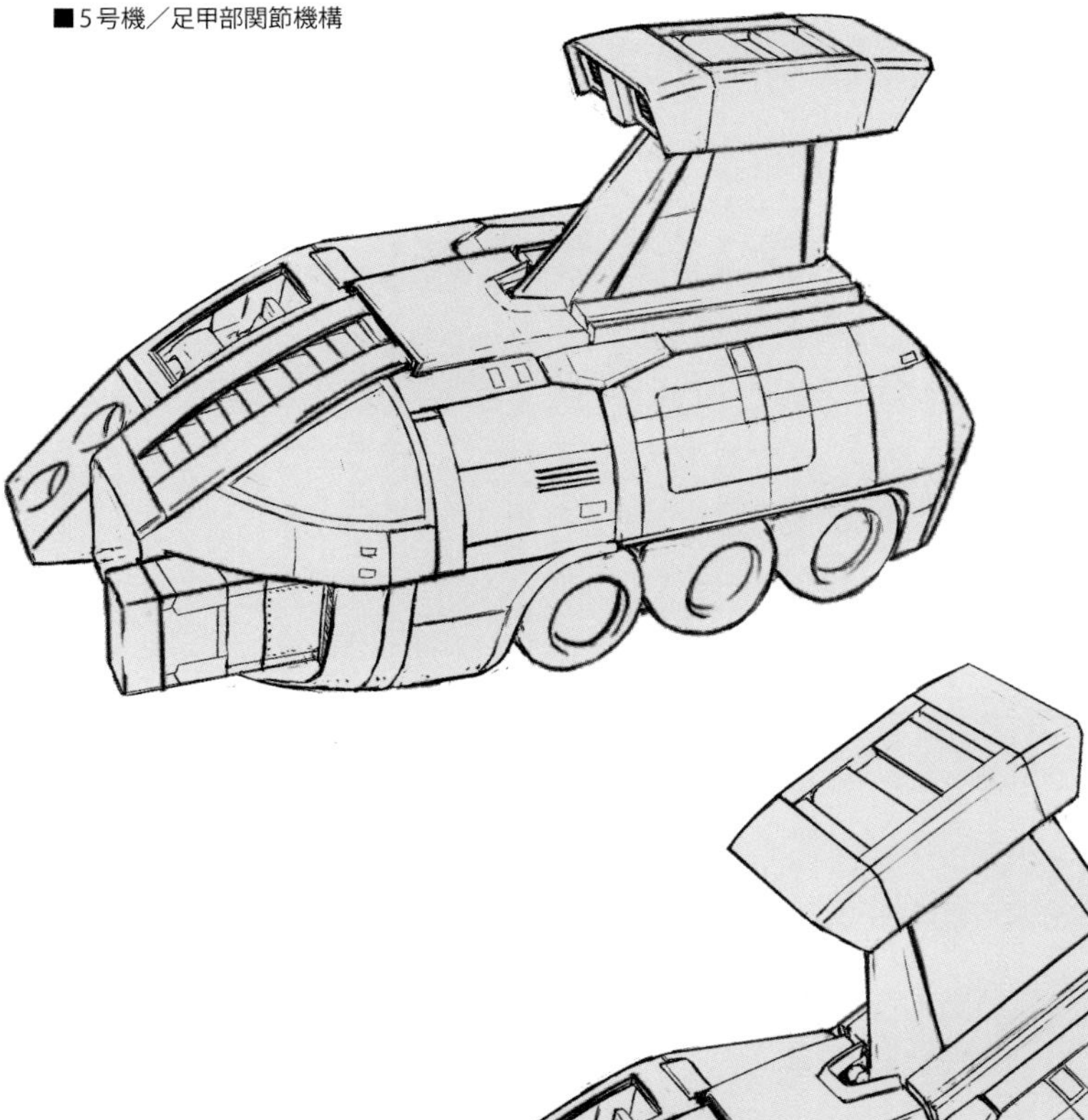

■5号機裏面

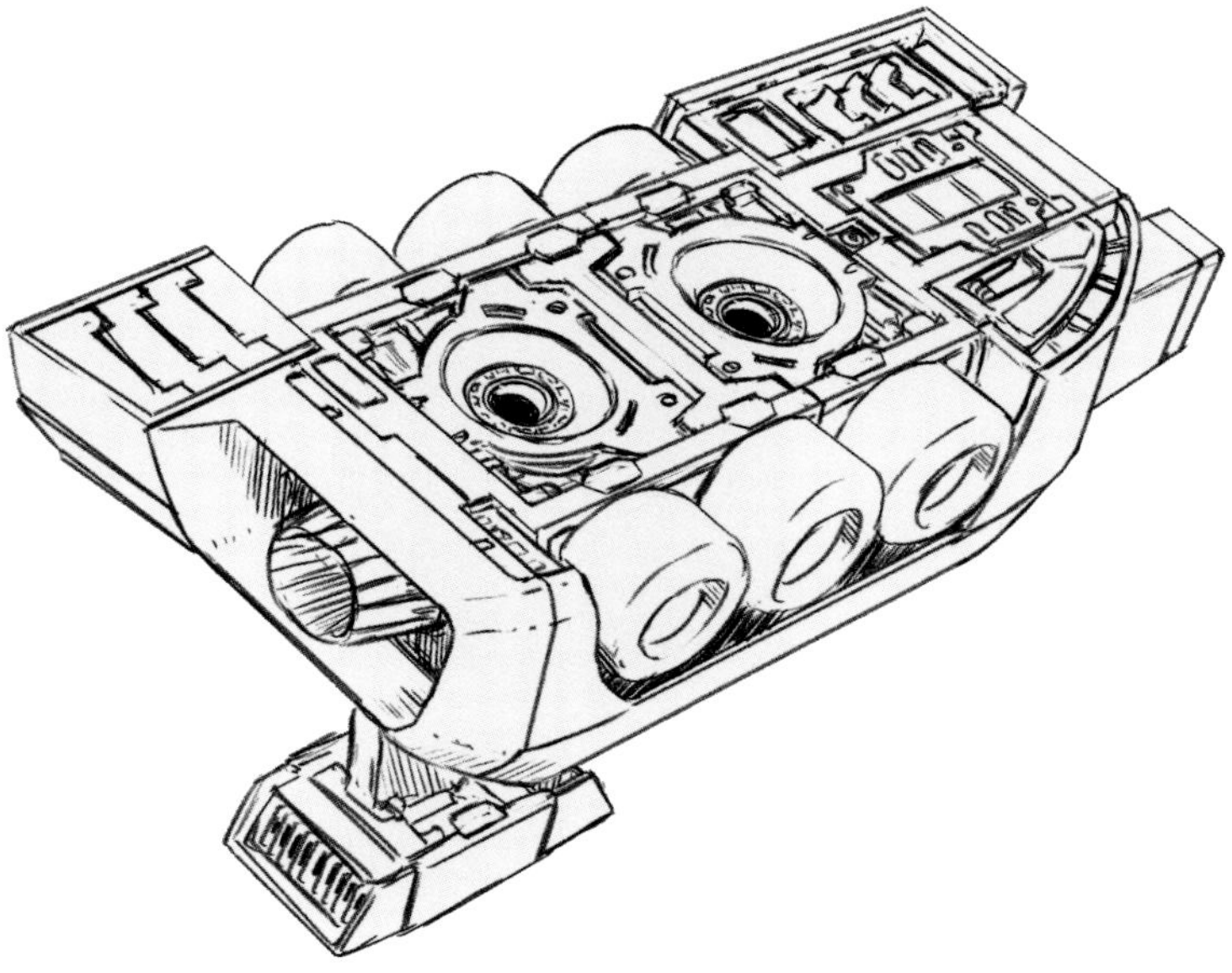

コクピットは他の機種と大きく変わらない。透明耐圧球状隔壁に囲まれ、パイロットを保護する。正面のビューウインドウは非常に厚く作られており、またコンバイン時にはスライド式の保護シャッターで覆《おお》われる。側方視界はまったくないため、これを補うため側方に設置されたカメラ（車体側面前方にあるウインドウ内に搭載される）からの映像をリアルタイムで視認できるように、コクピットコンソールには専用のモニターが配される。同時に多くの観測器機、探知装置を搭載するため、これらの表示に用いられるモニターが多数設置されている。

開発の経緯から、5号機は多くのデータ収集器機を内部区画に搭載していたが、これらは、一部の恒久的な構造監視モニター用以外すべて撤去され、新たに各種観測用、探知用器機が搭載されることになる。コンバイン状態における機体全体のステータスを実質的に監視、モニターするという役割を割り振られたバトルクラフトは、様々なモニタリング機材を再搭載し、これらを拡張利用することで移動式ラボとしての装備、各種探知器機の中枢としての機能まで詰め込まれることになる。これらの機材は冗長性確保のため複式搭載が必要であると結論されたが、左右分離する5号機はその意味で都合がよかった。しかし、メンテナンスにはそれだけ時間を要することになり、1～4号機よりも多くの予備機が準備されていたようである。

左右分離結合による機体のメイン制御系連絡回路は、最終的に遠隔式とすることになった。この点については、物理的結合による直接接触式のほうが安全であるとする意見も多かったが、結局は分離後再結合がうまく行われない状態も加味した結果である。ただし、緊急時の主制御系のみ直接接触式のスタンバイ回路を設置したという（通常は使用されず、格納状態である）。

搭載された感知、探知、分析、解析装置は非常に多岐にわたり、車体重量の半分以上を占めるほどであるという。これらのうち、コンバイン・シークエンス時とコンバトラーV状態におけるステータスについては、各機体に装備される器機で得られた情報が送られてくるわけだが、直接接触している4号機とのコネクション部分周辺には、多くの感圧、荷重測定器機が設置され、とりわけ厳重に監視されている。脚接合部内区画は兵装（クラフトミサイル）の格納庫でもあるため、兵装の状態は当然ながら常にモニターされ、緊急時には兵装を不活性化する設備も備えられていたという。

外部に向けた探知、探査、観測器機とこれによって得た情報を分析・解析するため、コンピューターも可能な限り大型化されていた。左右結合時には並列複式で機能するため、他のバトルマシンよりも情報処理能力は高くなっている。搭載機材は他機種同様に常時更新され、積み替えも頻繁《ひんぱん》に行われていたが、主な観測・探知器機としては、周辺環境の観測に用いる大気イオン分析装置（水中では周囲の水を含む液体）、放射線源及び放射能感知装置、土壌組成分析装置などがある。これに加えて敵性体観測、監視用に位相干渉波解析装置及び追跡装置、高エネルギー電磁波解析装置（いわゆる透視光線）、高エネルギー源感知装置、質量・密度解析、赤外線・熱線探知・追尾装置、多元磁界感知・追跡装置、マイクロ波レーダー探知装置、高周波エコー解析装置などが、マルチフェイズ探知・分析装置として搭載されていた。

複式搭載されている各機材は片方のみを用いるのではなく、コンピューター同様に並列運用されるため、搭載重量としては〝無駄〟なように感じられるが、機能的には極めて高性能の機材として運用されていた。

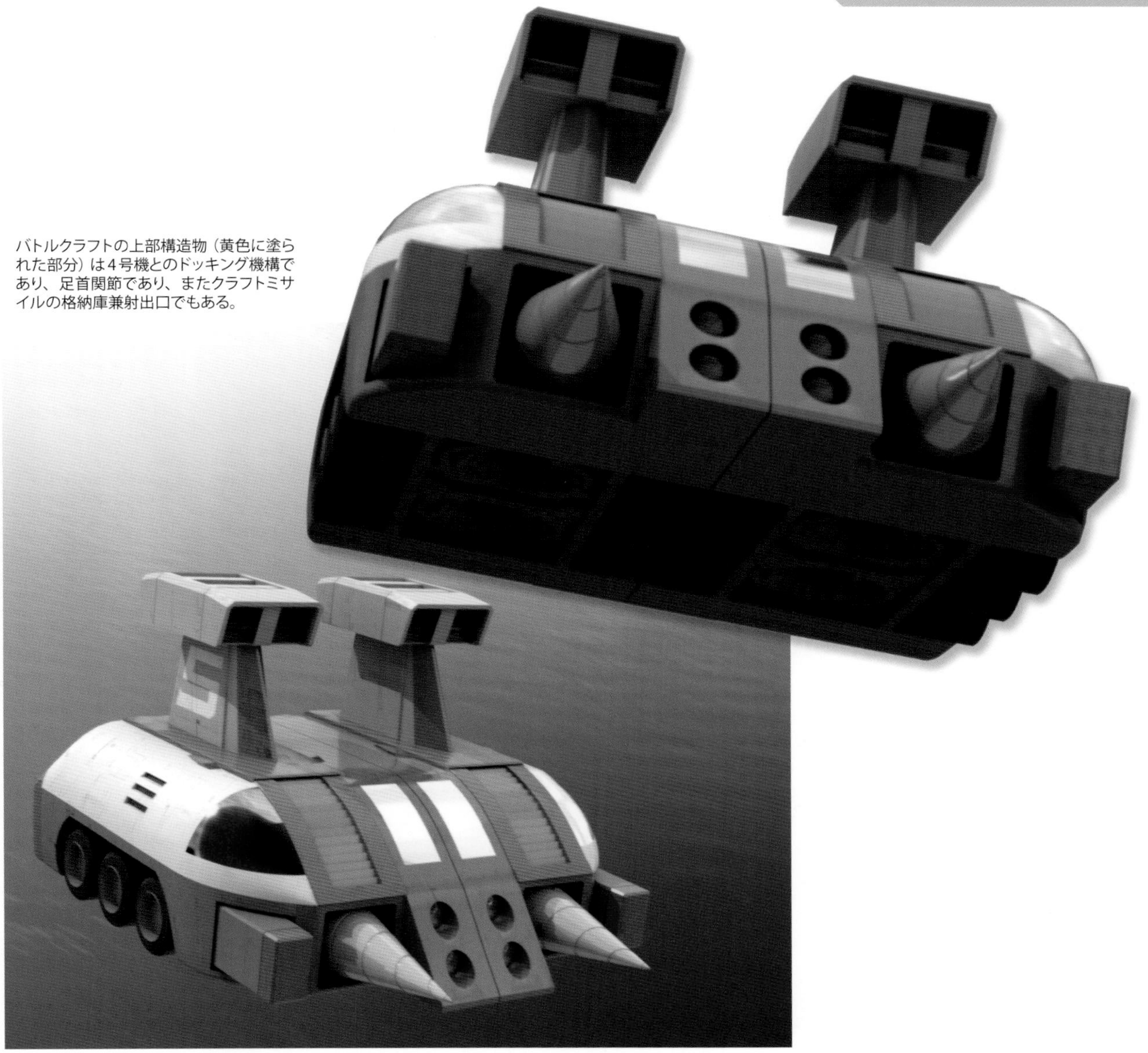

バトルクラフトの上部構造物（黄色に塗られた部分）は4号機とのドッキング機構であり、足首関節であり、またクラフトミサイルの格納庫兼射出口でもある。

このほかに、地中に潜ることも要求されることになる。もともとは3号機のバトラープラウと同じように、走路前方の障害を排除するために、破壊・破砕用のミサイルを格納するために準備されていた区画があったが、ここをミサイルではなく、破砕用ドリル収納庫とした。このデバイスは武器としても使用可能で、コンバイン時に、蹴るという打撃効果をより決定的にする効果もあった。また、このドリル様デバイスを利用し、地中を走行できないか、という奇抜なアイデアが生まれるのにさして時間はかからなかった。あまりに強引な要求ではあるが、もともと不可能を前提にここまで来たプロジェクトであったから、開発現場はさほど驚かなかったという。

構造や機能、効果は、アンカーナックルの実験ですでにノウハウが得られており、これをどう拡大するかというだけだったという。しかし、地中を掘りながら進む際に排土をどうするか、という物理的な難題があった。まず、飛行・走行時に伸長する尾翼を車体ぎりぎりまで下げ、密着する位置に降ろす機構を追加しなければならなかった。脚の結合及び足首の駆動に関与する部分なので、もともとの可動・駆動系に若干の変更を加えるだけで〝収納〟は解決したが、破砕した岩や土を後方に送る手段については、模索が続けられた。

溶解液はもっての外だった。搭載重量が嵩《かさ》むうえ、筐体《きょうたい》への悪影響も考えられる。ではどうするか。ドリル様デバイスは掘削のために打撃式機構が採用されているが、左右のピッチを逆にし、排土は車体中央のスロープを経て後方に流れるように設定された。ドリル収納部左右外側にはもともと探知装置を収納するフェアリングであった部分だが、搭載装備を変更し、超音波、高周波などの探知装置と土壌サンプル採取装置が置かれた。このフェアリング全体が微振動するような機構が追加され、掻《か》き出すべき土を外側に送る一助としている。

●クラフトドリル

開発が進むなかで追加装備として搭載が決定されたクラフトドリルは、バトルクラフトのユーティリティ性をさらに高める結果となった。前述したように打撃式駆動のドリル様デバイスは高速回転も伴うことで前方にある堅い土壌を破砕し、粉砕した岩石や土を後方に排土する方法も含めて解決に向かった。ドリル部は超硬スチールをコアにサーメットを貼り込んだ高硬度素材が予定されていたが、ドスブレッシャーの刃に用いられるDOSS製造技術を応用し実現された。ただし、一定以上の高温になると炭素結晶は黒鉛化するため、切削効果は著しく低下する。これはDOSS導入時から予想されていたことらしく、ドスブレッシャーの改質は、DOSS技術によって生成される加工表面の改質も含めたものであった。また基材の鍛造鋼以外への超硬合金に対しても適用可能な方法へと技術が拡大されたことで、DOSSとは、表面硬化加工処理全般を指す用語として用いられるようになったようである。

クラフトドリルの掘削デバイスは、刃のみならず全体にDOSS処理が成されるが、これは炭素（ダイヤモンド）と窒化ホウ素の結晶をランダムに金属基材表面に析出させるもので、超電磁的な加工法によって可能となったものであった。摩擦で発生する熱で炭素結晶が黒鉛に変性しても切削能は低下しなくなったが、DOSS処理は面積が大きくなるほど加工に時間を要するため大型の（表面積の大きな）機材に施される例は少なかったという。

およそ飛行に適した形状には見えない5号機であるが、機体形状を工夫し効率は決して高くはないものの、リフティングボディの効果が得られるようにしている。そのうえで、超電磁エンジンの強力な推力によって飛行を可能とした。

クラフトミサイルについては、いくつかの種類が用意され、時期や作戦によって使い分けられていた。写真は南原コネクションの広報が当時発表したプレスリリース用のもので、訓練時の撮影だが、実戦でも同様の種類が使用されたことが確認されている。

●クラフトミサイル

垂直尾翼上端に大型のフェアリングが設置され、その中に兵装が収納されている。このフェアリングはもともと4号機との接合に関与する部分であるため、構造は強固で駆動メカニズムや電磁気的なロック機構も含まれることから、ここに兵器を搭載することについては賛否があったようだ。しかし、自衛／攻撃兵装として他のものを搭載することが難しく搭載する場所も確保しにくいなどの事情から、結合マウントを改修して多用途化することになった。接合部自体はもともと上下動に旋回という動きが含まれるものであるから、これに影響を与えずに、ミサイル搭載が可能な強固な筐体《きょうたい》構造設計が求められた。微細な補強ビードを有する筐体《きょうたい》には、他の機種におけるミサイル射出のように、まず電磁式で初期加速するための機材搭載は難しいため（駆動機構への電磁的障害が発生する可能性があるとされる）、通常のミサイル発射システム同様に、モーターへの点火によって発射される。ミサイルを収納する筐体《きょうたい》（ミサイルコンテナ）が可動式であることから、車輌が地上にある場合には仰角をもって射出することが可能で、空中でも仰俯角、左右旋回角により発射角をある程度選択可能なため、ミサイル・ランチャーとしての有効性は高かった。

搭載されるミサイルは一般的な兵器で使用されるものと同様の構造である。ミサイルのケーシングそのものは直径を増し、推進薬搭載量を多くしているようである。またミッションによってはコンテナ内にスモーク・ジェネレーター（煙幕発生装置）を追加装備することもあるようだ。

バトルマシンの発進
Battle machine Takeoff Sequence

バトルマシン各機は南原コネクション最上部にある格納塔から発進する。5機は大きく機番の描かれた五角形の格納塔へ1面に1機ずつ縦に格納されており、カタパルトに固定される形で出撃に備え準備されている。出撃時、格納扉はそれぞれ前に倒れてそのまま発進カタパルトとなる。格納扉は黄色に塗られていて外観上もそれとすぐ判る。

パイロットは南原コネクションの基地施設の最上部にある司令塔（U字型磁石を模した構造物）に待機している。スクランブルが発令されるとパイロットは個別のシュートを通じてエレベーター兼分配機構内に用意されているシートへと着座。そこから自動的かつ速やかに各バトルマシンのコクピットへ移動する。その間、司令塔のメインコンピューターは各バトルマシンのセルフモニタ装置からのデータをチェックして、発進前点検を行う。

南原コネクションの中央司令塔の全景。周囲には研究施設や工場などが建ち並ぶ。地下にも同様に多くの施設があったほか、予備となる司令部施設を地下深くに建造し備えていた。

パイロットがコクピットへ送り込まれると、2重になったコクピットシールドが閉鎖、各機は発進態勢に移る。格納塔が大きく上方へ上昇した後、格納扉が5方向へそれぞれ開き、各機エンジンスタート。（3号機を除き）発進推力が一定に達したタイミングで、カタパルトが機体を押し出し全機が発進する。3号機のみはカタパルト延長上に設けられた基地外壁上のスロープへ超電磁場で緩衝を行いながら誘導し、陸上へ降ろし走行状態へ移行する。4号機は必要に応じて3号機のもとへ降下して、リフトアームを使用し3号機を懸下する。

南原コネクションの施設前方は格納塔下降状態で1号機格納扉のみ開放が可能である。急な対応を要するケースでは、必要に応じて1号機のみなど個別に先行して発進することもあった。1～5と書かれた格納庫部分は360°回転し、任意のバトルマシンの格納扉（カタパルト）を正面に向けることも可能であったようだ。

5方向に分かれて発進するバトルマシン各機。3号機のみはカタパルト射出された後、基地後背部のスロープから地上に降下し地上走行に移る。奴隷獣あるいはマグマ獣の出現地点が遠隔地であった場合には、その後4号機がリフトアームで懸下し、下部に3号機を抱え込むようにして運搬する。

LET'S COMBINE!!

コンバイン ~合体シークエンス~

■フォーメーション

コンバインの指令が下ると、各機はコンバインのために空中でフォーメーションを組む。3号機を懸下している場合、4号機は下令後に3号機をリリースし、3号機は地上へ軟着陸する。

■1-2号機のコンバイン

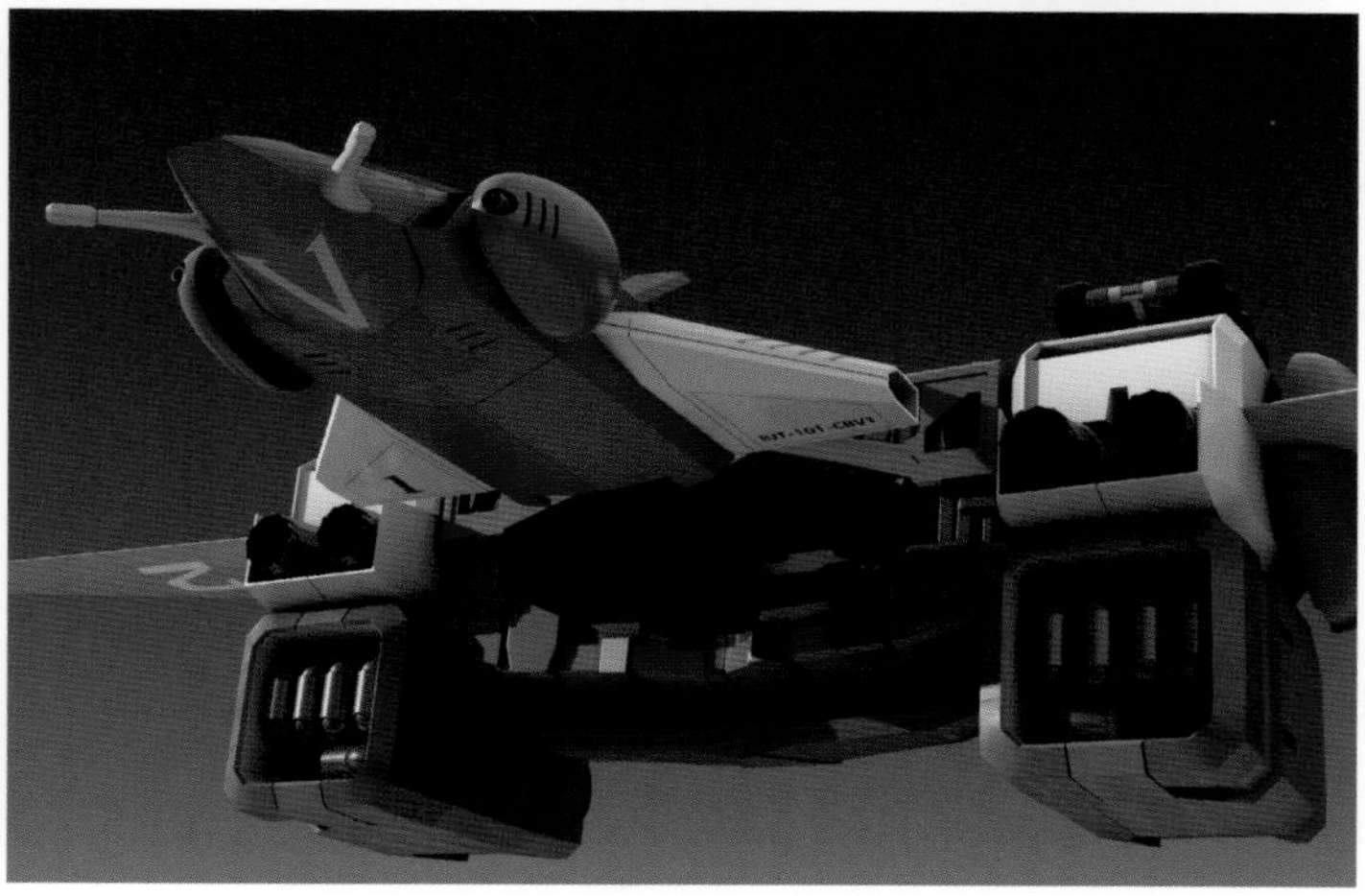

第1段階：
先頭の1号機の後方へ2号機が占位する。1号機と2号機は慣性飛行しつつ超電磁場により引き合い、近づく。2号機は縦に180度回転しつつ、コクピット含む胸部前面装甲をスライドさせ（右図参照）、1号機及び後続の3号機をドッキングさせるスペースを開放する。1号機後部が2号機機体内に誘導され、ロック機構により固定される。この時、1号機の後部はドッキングのために変形しているが、これは後述する。

■2号機胸部変形シークエンス

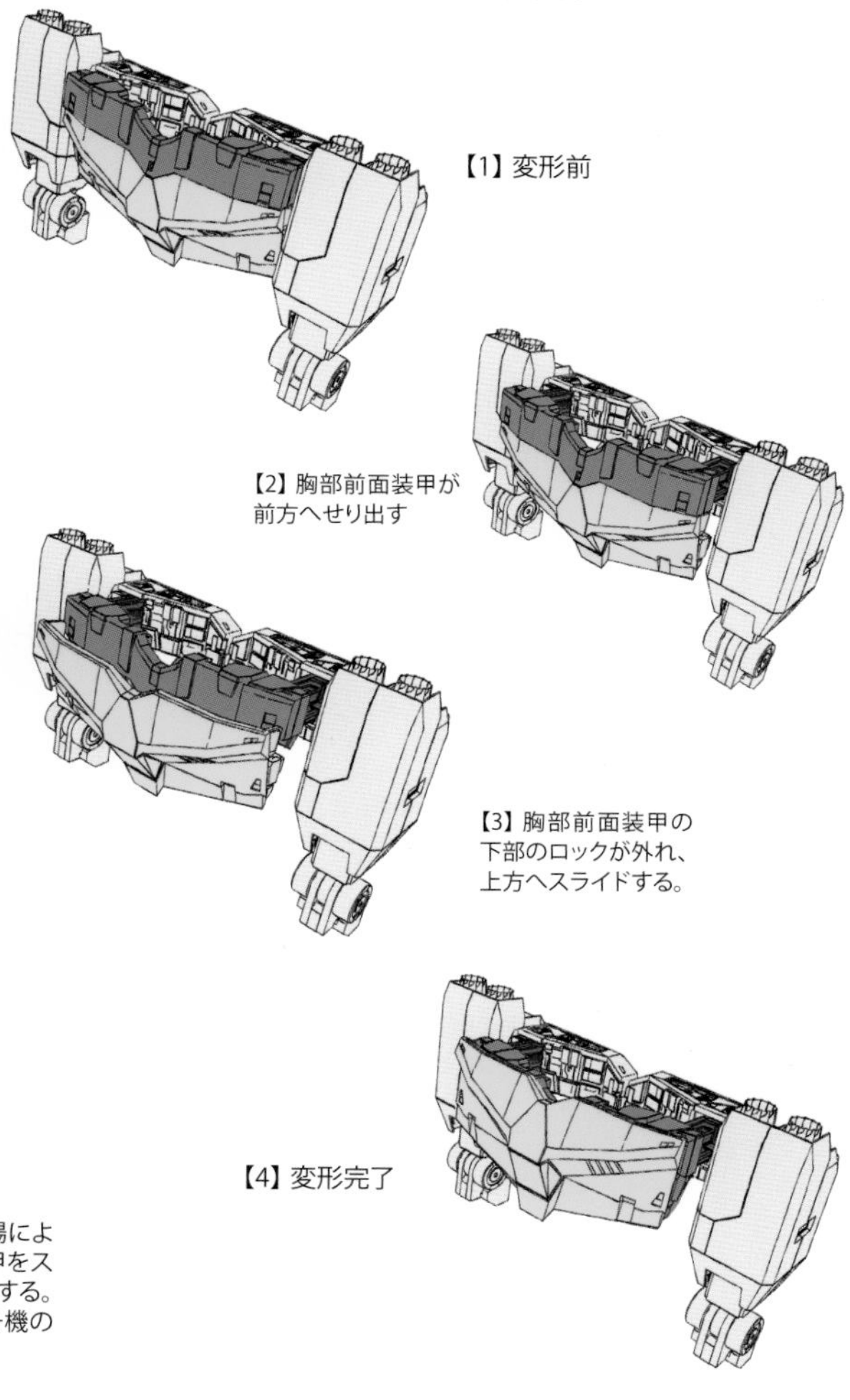

【1】変形前

【2】胸部前面装甲が前方へせり出す

【3】胸部前面装甲の下部のロックが外れ、上方へスライドする。

【4】変形完了

第2段階：
1-2号機は地上走行する3号機を超電磁場で誘導し、3号機は空中へ引き上げられる。下側を向いた2号機前端と3号機前端がドッキングする。

各パイロットの意識が統一された時点で、全員の脳機能を総合的に利用して5機のバトルマシンは相互に誘導される。コンバイン時、各機体は超電磁によって形成される強い力場によって引き付け合うが、各パイロットが統一された意識の指向性をもつことが重要で、この時に発せられる生体電位が誘因となって、各機体を誤りなく所定の順序で特定の位置に収めることが可能となる。一連の作業はロペットを介して常時モニターされているが、本部地下にある大型コンピューターによる完全な遠隔自動誘導によるコンバインは、試行されてはいるものの、パイロットの脳電位を活用する方法以上の成果は得られていない。バトルマシン単機に対しては、搭乗パイロットの意思に関係なく強制的な割り込みで遠隔制御することが可能になったが、5機を統一的に制御し誘導合体させることは、将来への課題として残されていた。パイロットの意思の統一、統合がコンバインに必要とされる限り、セキュリティーという観点からは効果の高い安全弁であるといえるが、コン・バトラーVを量産して対侵略者部隊を編成する場合には大きな障害となることも自明であり、それゆえに、南原博士が初期に意図したパイロット集団のローテーション・システムはなかなか実現できず、各パイロットへの身体的な負担を軽減することは叶《かな》わなかった。

■4号機のコンバイン

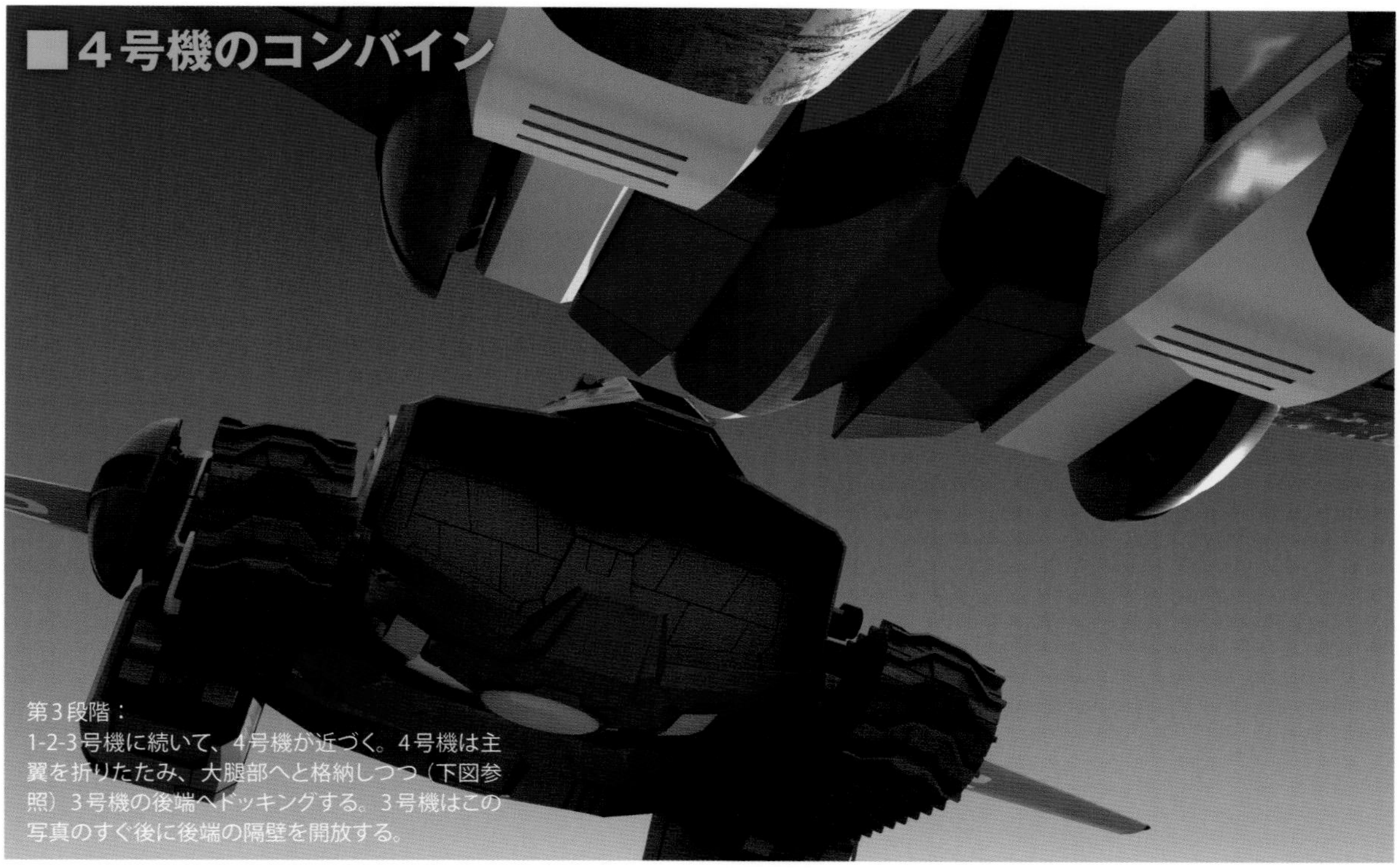

第3段階：
1-2-3号機に続いて、4号機が近づく。4号機は主翼を折りたたみ、大腿部へと格納しつつ（下図参照）3号機の後端へドッキングする。3号機はこの写真のすぐ後に後端の隔壁を開放する。

■4号機主翼格納シークエンス

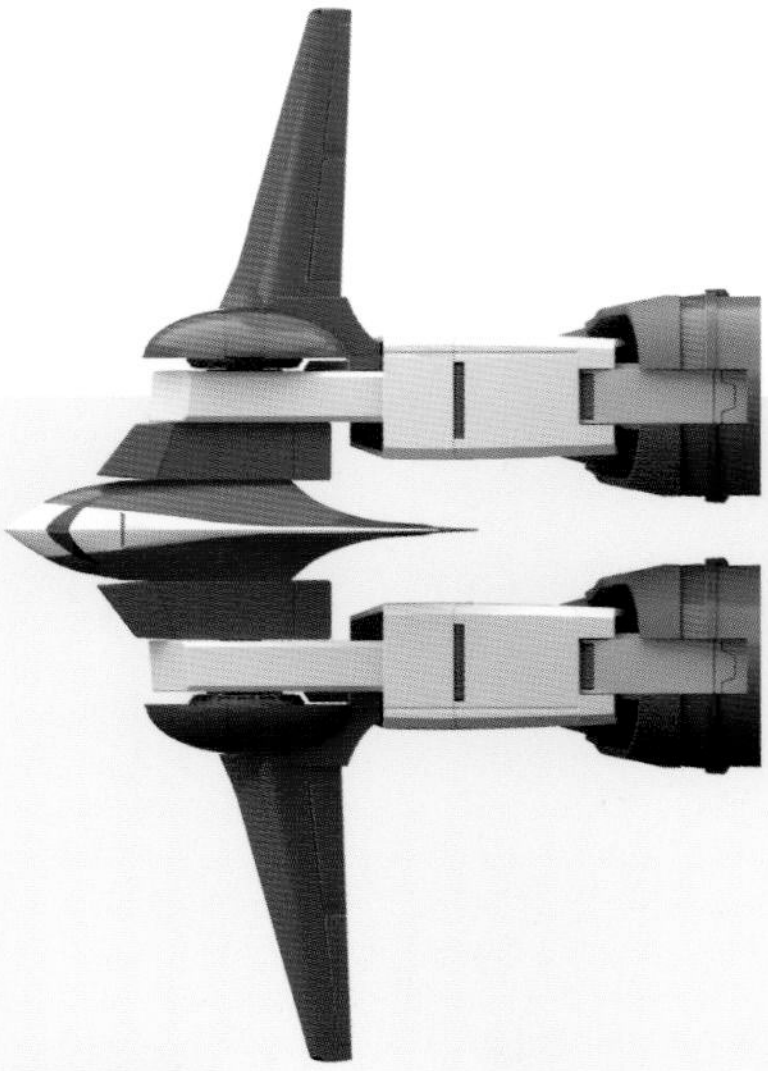

【1】通常状態。

【2】主翼収納開始。水平に後部へスライド。

【3】上方へ折りたたみつつ、後方へ倒される。

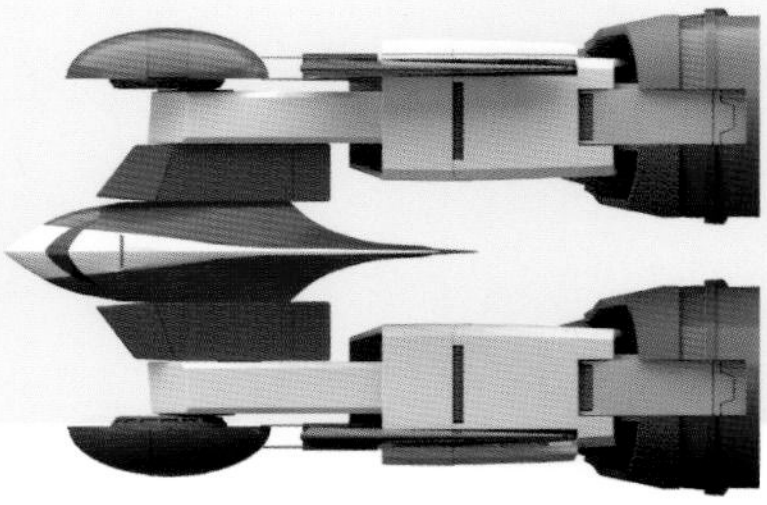

【4】完全に後方へ倒された状態の主翼。

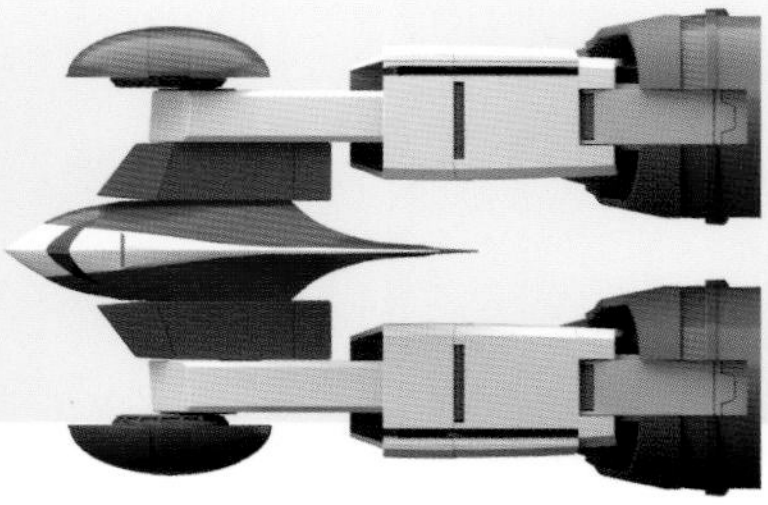

【5】大腿部に開いた収納部へと主翼がスライド。

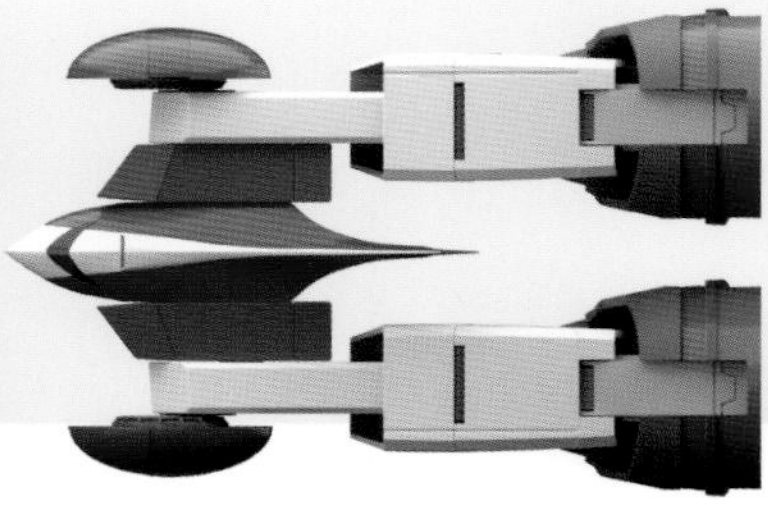

【6】収納扉が閉じ、変形が完了。

■5号機のコンバイン

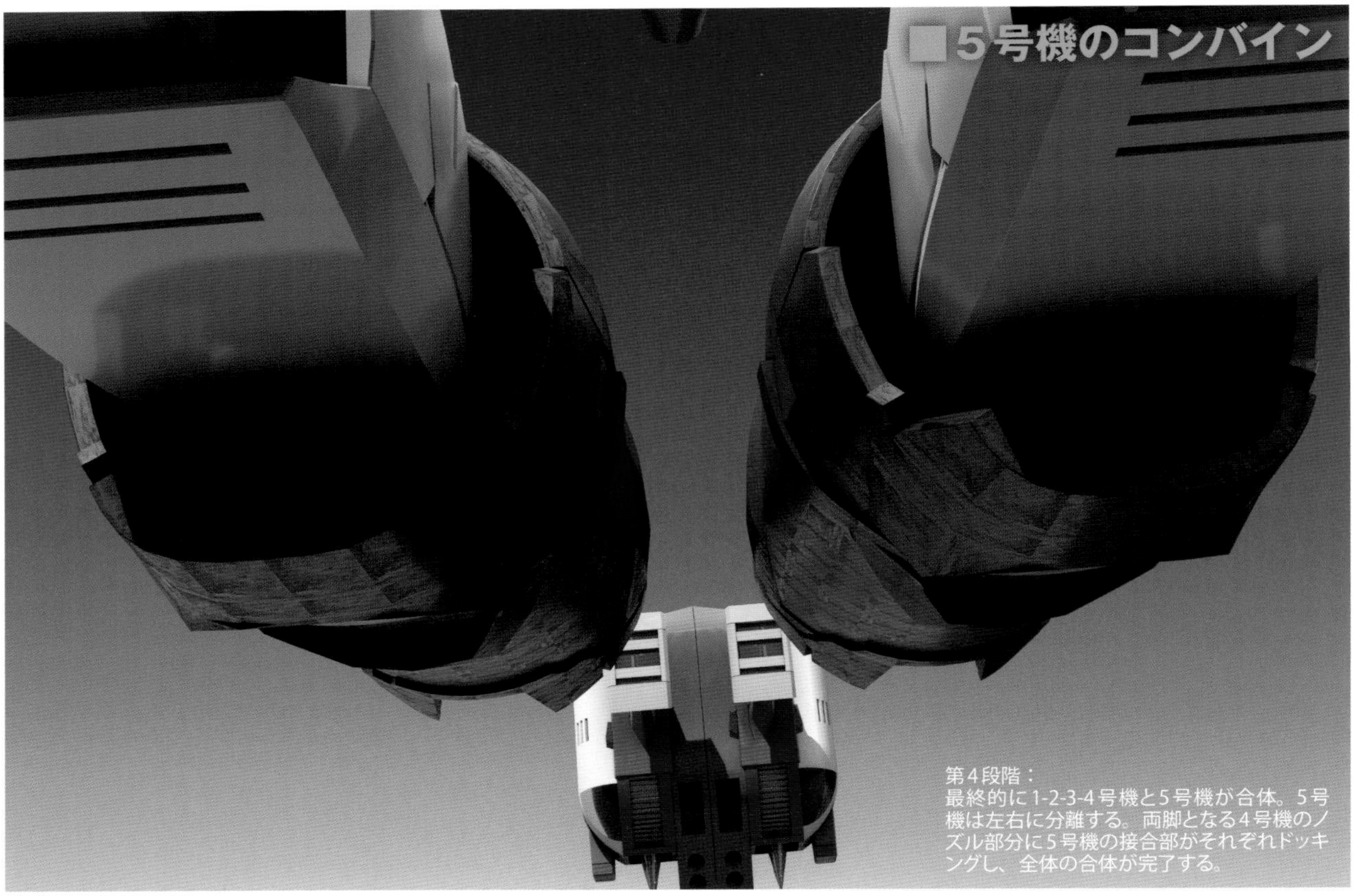

第４段階：
最終的に1-2-3-4号機と5号機が合体。5号機は左右に分離する。両脚となる4号機のノズル部分に5号機の接合部がそれぞれドッキングし、全体の合体が完了する。

■4号機内部の５号機ドッキング機構

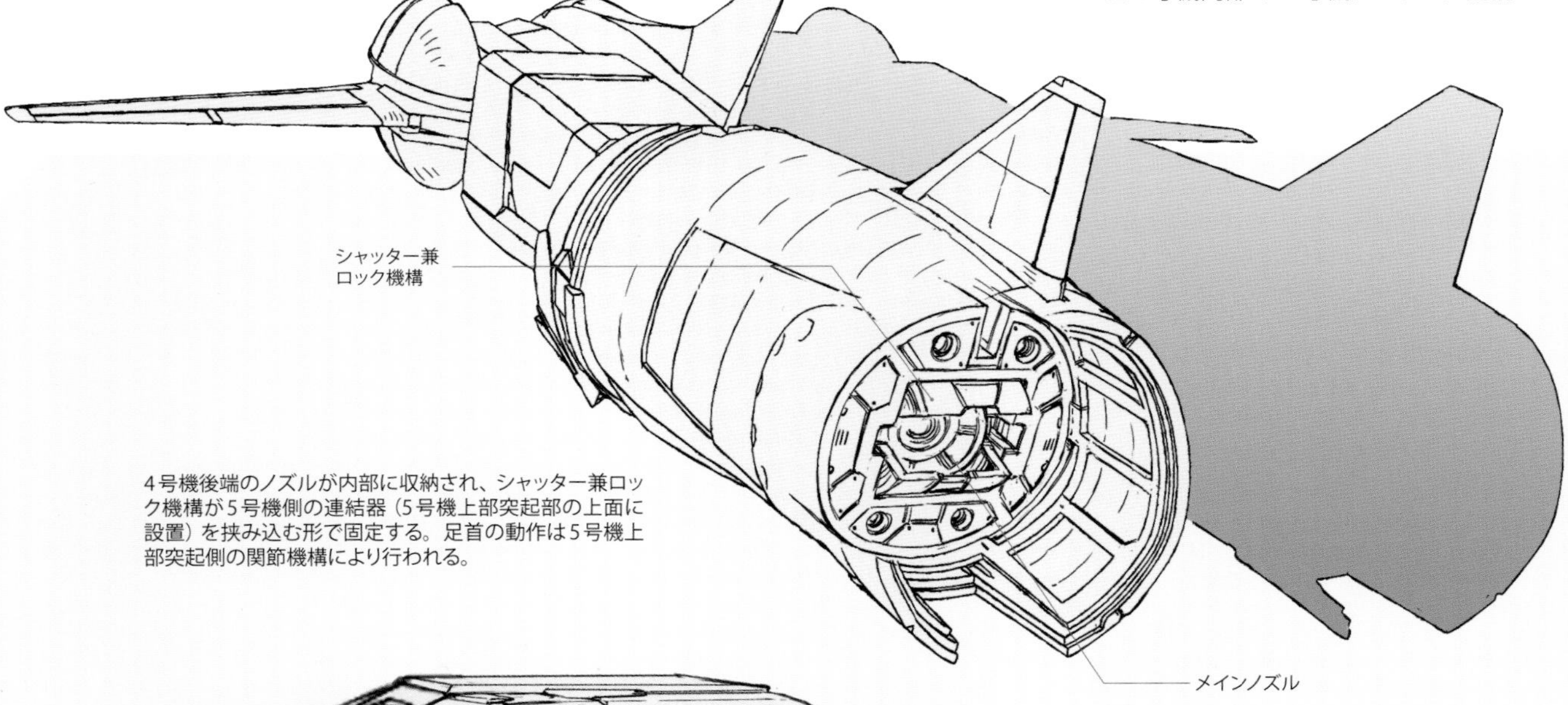

4号機後端のノズルが内部に収納され、シャッター兼ロック機構が5号機側の連結器（5号機上部突起部の上面に設置）を挟み込む形で固定する。足首の動作は5号機上部突起側の関節機構により行われる。

■5号機分離状態における内側側面

■最終シークエンス（腕部の変形）

各機がコン・バトラーVのロボット形態へ最終変形シークエンスに移行。2号機の腕部が展開。手首が露出する。

■2号機腕部展開

■2号機主翼収納シークエンス
2号機の主翼が折り畳まれ、肩部内のエンジンとの隙間に格納される。

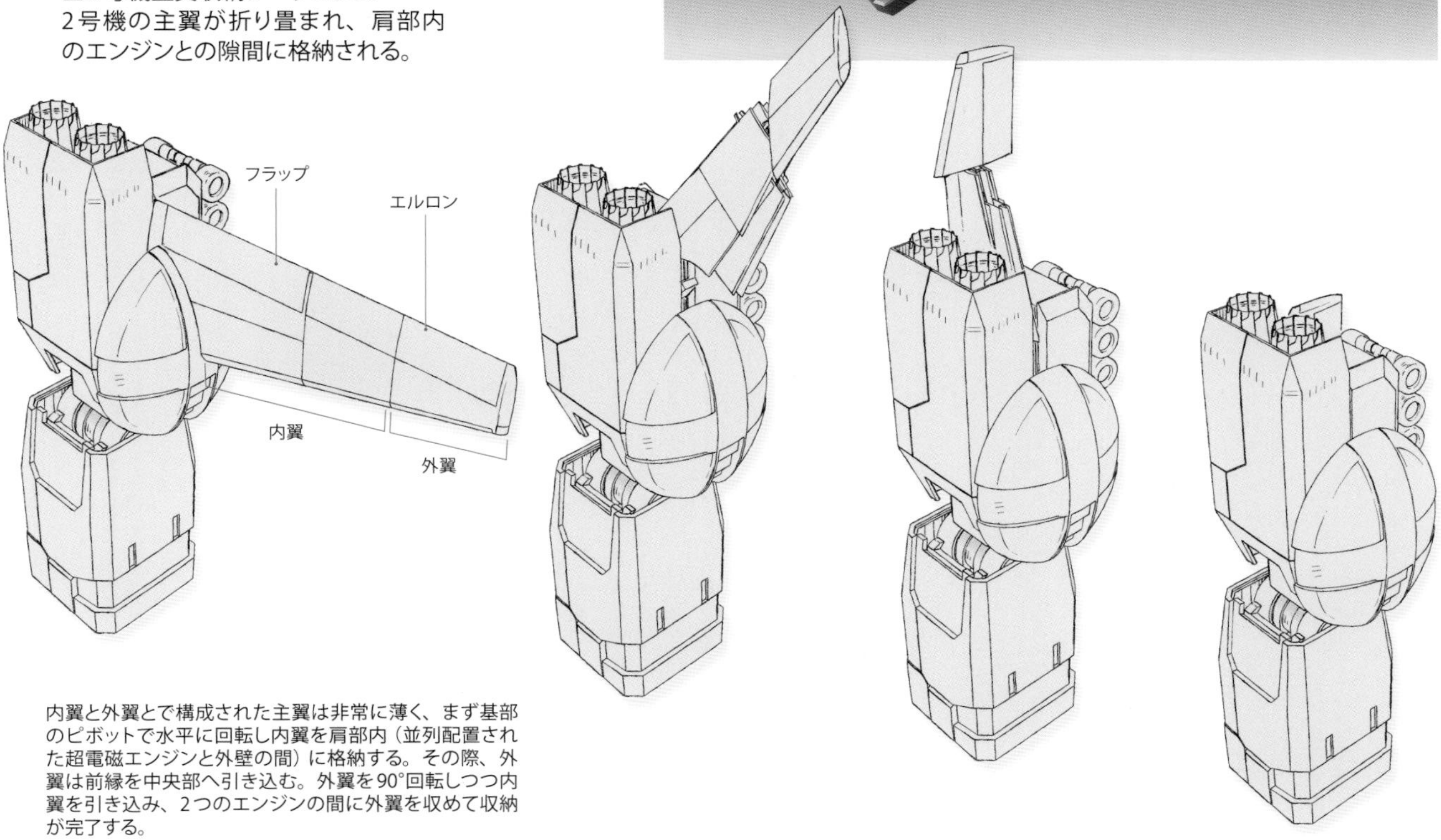

内翼と外翼とで構成された主翼は非常に薄く、まず基部のピボットで水平に回転し内翼を肩部内（並列配置された超電磁エンジンと外壁の間）に格納する。その際、外翼は前縁を中央部へ引き込む。外翼を90°回転しつつ内翼を引き込み、2つのエンジンの間に外翼を収めて収納が完了する。

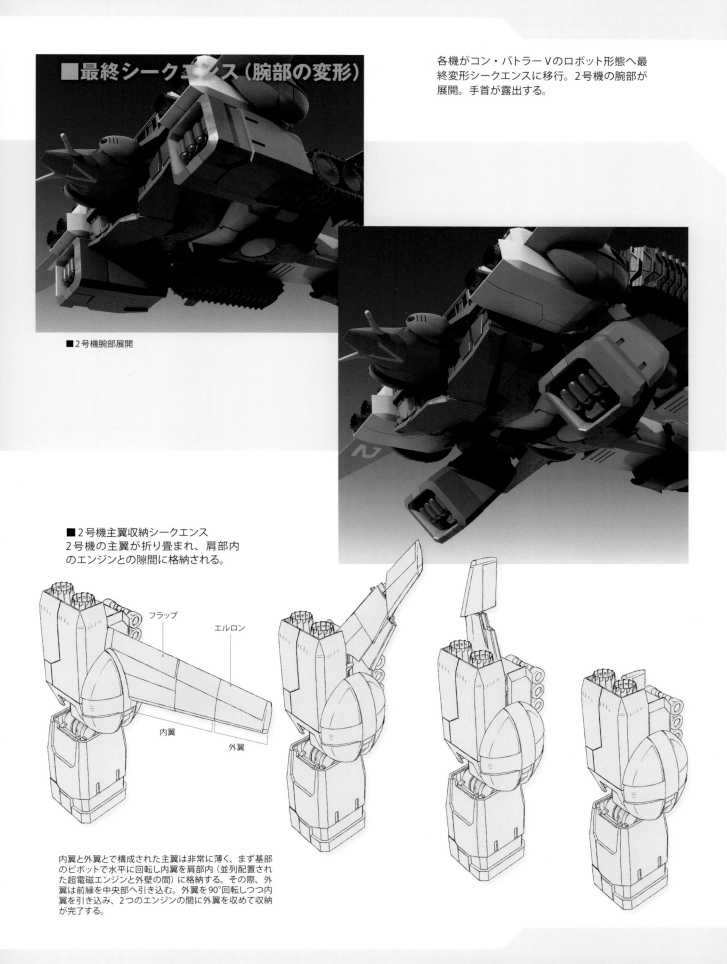

■最終シークエンス（無限軌道の移動）

3号機の無限軌道が支持アームにより背中側に移動する。

実際には2号機の腕部展開と同時に無限軌道の移動も行われている。

■1号機・頭部展開シークエンス

【1】通常飛行状態

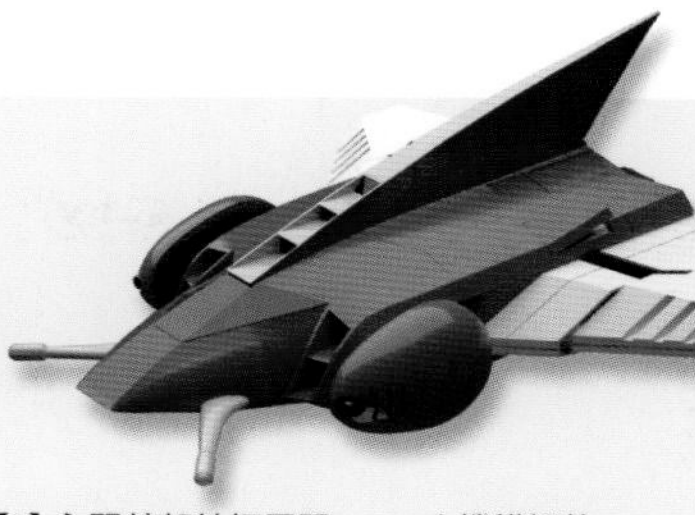

【2】主翼基部外板展開、ロック機構解放

【3】主翼基部外板展開-2

【4】主翼外翼収納開始

【5】頸部機構展開

【6】頸部機構展開

1号機は合体時に後部が合体状態へ変形する。主翼基部の外装が展開し、主翼端を内部へ引き込むことにより機体幅が狭まる。最終シークエンスでは、機体前部と後部の境界部分が展開し、コン・バトラーＶの頸部関節機構が露出する。最後は顔に相当する機体下部の外装がオープンし、フェイスマスクが露出し、コン・バトラーＶへのコンバイン・プロセスが完了となる。

■1号機内部の首関節とフェイスマスクの展開

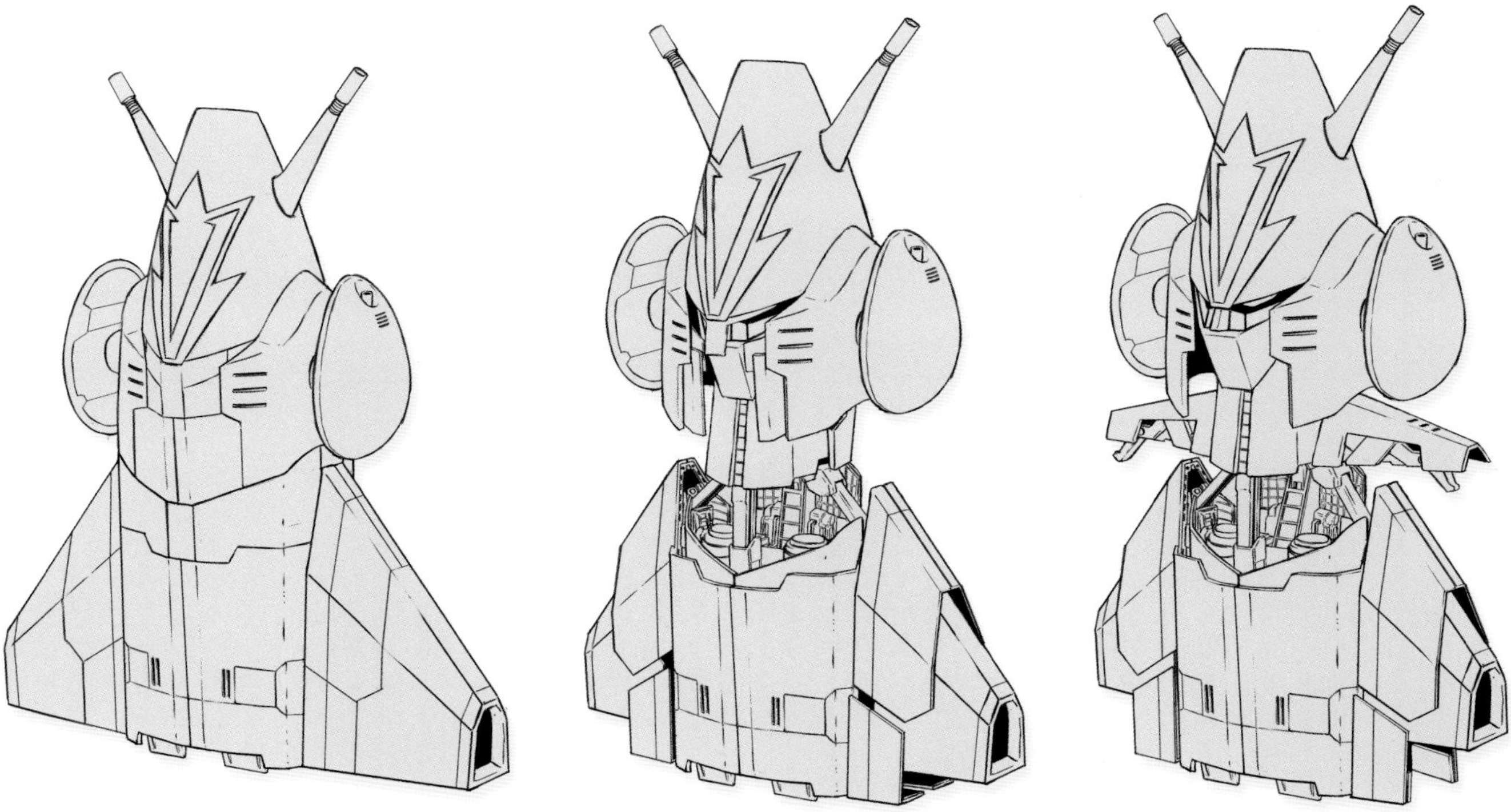

キャンベル星人の地球侵略

地球は異星人キャンベル星人による侵略作戦の対象となり攻撃を受けた。最も多くの被害を受けた日本国民を含め世界の一般市民は、その攻撃が開始されるまで、彼らの存在についてまったく認識していなかった。戦いが始まると、巷《ちまた》には憶測を含め様々に情報が飛び交ったが、その中には事実ではないと確認された事柄も多い。ここでは、キャンベル星とキャンベル星人について我々が知り得た〝確からしい〟情報について今一度整理してみたい。

キャンベル星人と地球

誤解してはならないのは、キャンベル星人が地球にとってまったくの〝敵性異星人〟であるかといえば、そうではないという点である。地球侵略の終結時、キャンベル星からの使者が姿を現し、公式に戦いの終わりを告げたことはよく知られているし、実際にその後かの星からは友好・敵対問わず一切の接触がない。地球の地下に潜んでいたキャンベル星人も一掃されたと考えていいだろう。従って、ひとまずは安心して良いと思われる。

しかし、キャンベル星が政変によって侵略路線を転じたことから考えるに、逆のこともまた起こり得ることは肝に銘じておかねばなるまい。地球から34万光年離れたキャンベル星へアクセスする手段は現状ではないが、前後の状況から見て、向こうは超次元的航法を用いるなどしてほとんど時間差なく地球へ到達できるものと考えられる。また、奴隷獣やマグマ獣の存在をはじめとし、宇宙には生物が生存可能な惑星が無数にあることが証明されている。いつ、キャンベル星人に匹敵する異星系知性体が襲来してもおかしくはないのである。

さて、地球のキャンベル星人はなにを目的として地球侵略を行ったのであろうか。以下は拉致《らち》された地球人からの聞き取り、あるいは各国機関による諜報員が集めた情報、科学者や考古学者などをはじめとする学識経験者などの知見を総合して得た、恐らく限りなく真実に近い推論である。

キャンベル星人の地球侵攻作戦を実行したのは、もともと地球に長く潜伏していた彼らの先遣部隊であった。その代表は「オレアナ」と呼ばれる女性（キャンベル星人にも少なくとも雌雄ふたつの性がある。容姿も地球現生人類に極めて近い）で、恐らく彼女たちは少なくとも2万年以上前に地球に飛来したと考えられている。この推測は、侵略軍壊滅の後、彼らの海底に沈んだ基地【※1】や地下の拠点（これらの正確な位置は現在も明らかにされていない）を調べた国連調査団の発表に基づくものだ。

キャンベル星の著名な科学者であったオレアナは、齢《よわい》90歳となった時、自分の記憶をコンピューターに移植して永遠に等しい命を得た。そして彼女はキャンベル星政府の命令で、第二のキャンベル星となる星を探して宇宙へ旅立ったのであった。ついに発見された地球はその候補のひとつと目されたが、当時はまだ状況が切迫していなかったためか、彼女は地球環境を監視しつつ待機することになった。なお、彼女の宇宙船が地球に飛来した際、これを目撃した当時の現生人類は、その様子を壁画や地上絵などの形で遺《のこ》した。巨大な異形の宇宙船は、まだ文明というものを持たぬ彼らの目に神の乗る方舟にも映ったであろう。

オレアナ率いる先遣部隊の宇宙船は各地を調査して回った後、地底の海に潜んで基地を建設した。これが後の地球侵略作戦における前線基地となったわけだが、日本近海に位置したこの海底基地は複雑なプレート移動に伴う地殻変動により、やがて日本の地中へと没した【※2】。そしてオレアナは長い雌伏の刻を過ごしたのである。

やがてついに始まった地球侵略作戦は、数万年の沈黙【※3】を破って本星から指令が下ったことがきっかけだった。キャンベル星人は地球への移住を目論んでおり、侵略作戦はその準備行動ということらしい。そのために現生人類を文化ごと根絶やしにするのが、オレアナに課せられた使命であった。だが、この指令は本星が彼らの生存に適さなくなるまで荒廃したことを理由としているわけではなかったようである。キャンベル星自体は今も健在であり、またそれまでも他の多くの星を制圧して回っていたことから、移住候補となる星は近場にいくらでもあっただろう。地球が特にキャンベル星人にとって居心地がいい都合の良い惑星であるのかは不明だが、一部の人口を移住する別荘地のような扱いであった可能性もある。いずれにしても、本星壊滅などといった切迫した事情ではなかったようだ。また、一部情報では地球を太陽エネルギー貯蔵庫にすることを計画していたとも言われており、銀河辺境における侵略の橋頭堡にするためであったとも考えられる。一説によれば、ガルーダが目指した地球寒冷化（後述）もしくはこれを含めその後に施される惑星改造は、地

※1
オレアナが拠点としていたのは、鳥島南方140㎞の海上に存在したと言われる新火山島であったが、コン・バトラー隊との戦闘により海底に没してしまった。この島の火山活動によるものと思われた急激な隆起自体、彼らの技術によるものなのかどうかを含めて、すべてが謎である。

※2
約1万年前には日本列島はほぼ現在の姿になっている。基地を取り巻く環境は、地球到着時から数万年を経て海面の上昇や土地の隆起、浸食などの影響で変化したものと推察される。いずれにしろ基地の正確な場所が今も明らかにされていないため、正確なことは不明である。

※3
キャンベル星の文明は発生より3万5千年程度であると推定されている。従って、オレアナの宇宙船が飛来したのも現在より3万5千年より前であることはないと思われる。また、これらの推測から、過去地球史に見られた氷期をオレアナらキャンベル星人が発生させ、現生人類の進化をコントロールしたなどといった内容の書籍・風説が出回ったこともあるが、現在ではそれは否定されている。キャンベル星人が飛来した時期は、ホモ・サピエンスがすでに地球全体に生息地を広げた後のことだ。

球をキャンベル星とよく似た環境にするためであったともされている。

　最近まで明らかにされていなかったが、この本星からの侵略指令は「隕石」にカムフラージュされて伝えられたという。それゆえ一般人には知られなかったが、各国の天文台は軌道解析などから異状に気づいていたらしい。外宇宙から隕石をコントロールして送り込める高度な文明と技術力を持つ宇宙人が存在すること、彼らが地球に潜む仲間へ連絡を取ろうとしていること、連絡の内容は不明だがこれを回収した何者かが確実に存在すること、など不穏な事実が明らかになり、各国は極秘に対応を検討し始めた。当時、国連が緊急に常任理事会を招集した際にはその明確な理由が見当たらず憶測を呼んだものだが、それはまさにこのキャンベル星からの指令をきっかけとしたものだったのだ。彼ら自身の準備期間もあって、攻撃が開始されるまでには十年の猶予《ゆうよ》があり、ために地球人類は辛うじてコン・バトラーVを筆頭として対抗策を具現化することができた。だが、国連常任理事国を含め世界が一枚岩になったとは言えず、実際には各国の対応はばらばらであった。当時高度経済成長期にあった日本が財政的にも余裕があり、コン・バトラーV開発を積極的に行えたのは幸いであったが、日本に強い影響力を有する米国はこれに協力はしつつも、自らは既存の軍事力で対抗することを早々と決定していた。イギリスなどのように、侵略の兆《きざ》しが現れたことで次代の軍事パワーとしてのロボット兵器を強力に推進する国もあったが、それは来るべき侵略への対抗ではなくあくまで人類間抗争におけるアドバンテージを得ることが目的であり、異星人をダシに予算を獲得しただけ、というのが真相だろう。

　そうは言っても、世界各国の多くの政府が国連の呼びかけに呼応して相互に協力を約したことも事実であり、当時対抗策を具現化できる技術を持った先進国自体がそれほど多くなかったことから、それ以外の国は技術力以外の方法でできうる限りの支援をしたのだった。

　やがてキャンベル星の地球駐留団は征服軍を組織し、その司令官に「ガルーダ」を任命して地上への攻撃を開始した。時を同じくして完成したコン・バトラーVが迎撃に当たり、そして熾烈《しれつ》な攻防戦が幕を開けたのである。

キャンベル星人の戦略

　司令官ガルーダが率いるキャンベル星地球侵略軍は日本で活動を開始した。これは、彼らの駐留地であり前線基地が日本の近海に存在したからであるが、そもそも彼らがここを拠点として定めたのには確たる理由があったようだ。それはいわゆる地政学的に説明できる内容である。と言っても軍事や経済とはあまり関係がなく、日本列島という地域が成立した原因に大いに拠《よ》っているという考え方が支配的である。

　ガルーダが作戦開始当初に明言していた(とされる)通り、地球侵略軍は日本という国土を東西に分裂させることを第一目標としていた。これは文字通りの意味で、フォッサマグナを境として大きな地殻変動を起こし、物理的に日本を分断しようというものだった。そのために、断層帯に大型爆弾を設置するなどといった具体的な作戦も実行されている。

　日本を分断するとなにが起こるのかについては、様々な学説があって確かなことは判らないが、キャンベル星人たちは長年における地下のマントルやプレート活動の観測から、手っ取り早く地球人類を殲《ほろぼ》す確実な方法を知っていた可能性がある。日本は4つのプレートがせめぎ合う世界的にも珍しい地理的状況が揃《そろ》っていることから、その要所に大きなエネルギーをかけることでかつてのトバ火山級の破局的噴火といった大規模な自然現象を誘発できるのかもしれない。破局的噴火の引き金となるスーパープルームを内在する土地は地球上にもアメリカのイエローストーンや南極など複数箇所あるが、日本ではプレート運動そのもののエネルギーを利用することで比較的簡単に誘発が可能であると唱える学者もいる。むろん、これには桁外れに巨大なエネルギーが必要であり、現在の人類が持つ技術では到底不可能であるが、最終決戦時に地球の内核へ核融合弾(アースボム)を撃ち込むといった恐るべき手段を実行したキャンベル星人であればあるいは可能かもしれない。言うまでもないが、破局的噴火が起これば現生人類のみならず、太陽光線を遮《さえぎ》られることによる寒冷化と植物の絶滅を引き金に、地球上のほとんどの生物は絶滅する。

　ガルーダは上記のように「日本の東西分断」を優先目標として行動を開始した。それに伴い、当面の障害と目されるコン・バトラーVの排除を目的として関東一円に奴隷獣を放ち、また作戦の中で長浜市に地上基地を建設しようとするなどの行動も見られた。彼らの行動は日本の国土へ少なからず影響を与えていたことも確認されている。山中湖などは富士五湖の中でも最も水深が浅かった(13．3m)が、奴隷獣アルファの襲撃時にはコン・バトラーVの全身が完全に没するほどに湖底が沈下していた。これほどの影響を与えられるなら、富士山や箱根などよく知られている火山帯を噴火させることも彼らには容易《たやす》かったかもしれないが、それは巧妙に避けられていた。彼らの目指す破局的噴火がそのような"小さな"規模では想定されていなかったのであろうし、自分たちの当面の拠点を温存しておこうとの腹づもりもあったのかもしれない。

不可解なのは、この第一目標を掲げながら、ガルーダもその後を引き継いだ侵略第二軍も、あたかもそれを忘れたような作戦をしばしば展開したことだろう。コン・バトラー隊の隊員個人やその家族・知人を標的にした暗殺作戦などがその最たるもので、そのような些事《さじ》に関わっている暇はないようにも思えるが、まるで″面子《メンツ》″に拘泥するような行動が時折見られるのである。これは地球人には理解しがたいキャンベル星人の″気質″に根ざすものだろうか、受けた屈辱を当人に直接晴らさなければ気が済まない、といった理念が強いように思われる。事実、ガルーダは公共放送電波をジャックしてコン・バトラー隊のリーダーである葵《あおい》豹馬《ひょうま》を名指しで呼び出し、一対一の決闘を挑んだ。これなどは一見、誇り高く正々堂々とした行いにも見えるが、あくまでも負け続けた自分の矜持《きょうじ》を回復することが目的であり、基本的には地球人を見下していたことは間違いない。地球人との約束などは守るに値しない、と考えていたようである。

結果として、キャンベル星人の作戦はことごとく失敗した。コン・バトラーV以外の通常兵器がまったく役に立たないほどの強力な″兵器″であった奴隷獣やマグマ獣を持ちながら、ついに第一目標を達せられなかったのである。この失敗の原因は幾つか考えられるが、前提として、キャンベル星地球侵略軍は限られた戦力で地球人絶滅作戦を実行せざるを得なかったという背景がある。後に詳述するが奴隷獣やマグマ獣の複数一挙投入は困難であったし、コン・バトラーVという地球人の対抗戦力がある以上はこれら単体による長時間の破壊活動も望めない。彼らにとっても侵略作戦は綱渡り的であったが、地球側にコン・バトラーVがなかった場合はうまくいっていたはずだ。そのコン・バトラーVにしても、幾度も窮地《きゅうち》に立たされており決して楽な戦いではなかった。ともかく、人類はコン・バトラーVによって辛うじて彼らに拮抗したと言えるのである。

侵略軍は、二次策としてフォッサマグナ以外における破局的噴火の手段も模索していたようだ。九州侵攻作戦がその一環で、この地にも著名なカルデラ火山が存在し、破局的噴火のいわば候補地である。この地では、九州一円を焼き尽くすため強力な熱線砲を建設する段階でコン・バトラー隊によって未然に計画が防がれた。九州を壊滅させることで日本を混乱に陥《おとし》れ、経済的ダメージや救援活動そのものによってコン・バトラー隊への支援を手薄にするなど、成功すれば計画の前進に大きく貢献したに違いない。さらに、九州において破局的噴火が実現すれば日本の半分は死んだも同然になる。そうしておいて、ゆっくり本来の計画を進めれば良いと考えたのであろう。

キャンベル星人の技術

先に、キャンベル星本星からの通信を各国が密《ひそ》かに傍受《ぼうじゅ》していたことは述べた。キャンベル星人との諜報戦はこれに限らず、地球上あるいはその地下において盛んに行われていた。

侵攻から間もなく、ガルーダら地球侵略軍でも南原博士の開発したロボット兵器（＝コン・バトラーV）についての情報を入手していた。それまで単に″ロボット″とのみ呼んでいた司令官ガルーダだが、自らの前に立ちはだかった対抗兵器の名称を「コン・バトラーV」とすぐに知ったようであるし、地球人側でもガルーダの名を把握していた。恐らく、侵略作戦開始に際しガルーダは地表にスパイを送り込んだであろうし、反対に彼らに拉致《らち》された地球人の中には諜報員が複数紛《まぎ》れ込んでいただろう。また人間の文化を研究もしていたはずである。ガルーダは最新の情報をもとにコン・バトラー隊のパイロットに目を付け、リーダーである葵 豹馬を懐柔して味方としてしまおうとする計画も立てている。彼らは全世界に対してTV電波を通じ宣戦布告を行ったが、ネットが普及していなかった当時、自らの存在を広く知らしめるためには公共放送を利用するのが最も効果的であるということもよく知っていたのである。

その後、ガルーダにしろその後の第二陣にしろ、地球側の断片的な情報を頼りにコン・バトラー隊パイロットや国連事務総長の誘拐など様々な計画を立案している。彼らにとって不幸だったのは、本星からの性急な催促に応じざるを得ず、計画の綿密さが今ひとつ欠けた状態で実行しなければならなかったことだろう。人の意思を操るコントローラーとそれを外科手術する高度な技術を持ちながら、詰めが甘く作戦はみな失敗に終わっている。そもそも敵側の人間（ひいては奴隷獣やマグマ獣などの外来の生物）を道具として使役する作戦が不確かなものになるのは致し方ないことなのだが、キャンベル星人の戦略の根源はこの、敵の人的資源を利用するところにあると言っていい。他星系国家との戦いも恐らくは別の星で捕獲した原生生物（これが奴隷獣やマグマ獣となる）を戦力として行われるのであろう。とは言え、武人という地位も存在し、自ら剣を把《と》って戦う者もいるのである。彼らにとって他を操る行為は、侵略という戦略的行動を行う上で必要となり研究された結果生み出された、単なる軍事技術以上のものではないのかもしれない。地球人が銃や戦車、戦闘機などを使って戦うようになったのと異なり、彼らは他者を操る技術を戦争に採り入れたということに過ぎないのである。

奴隷獣

　総司令官がガルーダであった第一次攻勢時に、キャンベル星地球侵略軍が投入した巨大生物兵器は、奴隷獣と総称されている。この奴隷獣の呼称はキャンベル星人自身による日本語への翻訳に基づく。当時の一部報道や書籍において「どれい獣」や「ドレイ獣」と表記されることがあったが、字義通りの「奴隷獣」が本来であり、本書では後者を使用する。

　奴隷獣は、キャンベル星人が他星系を侵略した際に原生生物を捕獲し、精神コントロール処置を施して自由に操ることができるようにした生物兵器である。地球侵略軍は地球飛来時に30体近くに及ぶ奴隷獣を宇宙船に積載しており、それらはすべて仮死状態で保存して有事に備えていた。奴隷獣はあくまで戦闘用であり、ごく一部を除いて拠点建設などの作業には向かないと考えられる。理由は、そもそも奴隷獣は生身の異星生物であり、必ずしも地球環境に適応できるとは限らないからである。奴隷獣は基本的に〝使い捨て〟で、地球上の食料を与えるなどして持続的に活動することを想定されていない。従って、奴隷獣は作戦投入の瞬間から時間とともに消耗していき、保《も》って数日活動できればよいとされていた。

　保存された奴隷獣は、〝解凍〟と呼ばれる処置を受けて再活動可能状態へと戻される。同じ惑星の生物ならまだしも、多くの星系から集めた多様な生物を一律に可逆性を保って仮死状態とする技術こそ、キャンベル星科学文明の特筆すべき点でもあろう。〝解凍〟とは呼んでいるが単純に低温保存しているわけではないようである。地球では、比較的小さめの個体であれば液体窒素などで冷凍した後に解凍して元の活動状態へ戻せることが実験で確認されているが、人間を含め高度かつ巨大な生命体に対して細胞組織を

キャンベル星人の作戦により竹田市はバリアドームに包まれ、そこに住む10万の市民が人質に取られた。この時現れたのがマグマ獣ドリンガーで、手を出せないコン・バトラーVとバトルチームは苦戦した。

維持したまま冷凍状態から常温に戻す技術は確立していない。この〝解凍〟技術も特殊なもので、その実態については不明である。判っていることは、〝解凍〟には膨大なエネルギーとある程度の時間が必要であり、彼らの拠点に備えられた設備では一度に1体の蘇生が限界であったようだ。

第一次攻勢時、インド洋、米国サンフランシスコ、アフリカ方面に対し3体同時攻撃が行われたことがあった。この時、世界に1体しかないコン・バトラーVはその迎撃に苦慮したが、こうした複数箇所への飽和攻撃は以後ほとんど行われていない。戦力の逐次投入が戦術的にも愚策であることは、侵略軍自身も充分に承知していたであろう。だが、一度に複数の奴隷獣を投入することは前述の通り困難だった。先の三ヶ所同時攻撃の事例では、初めに復活させた奴隷獣が比較的飢餓《きが》に強い種であったと考えられる。それでも3体までが限界で、それ以上となるといかに精神コントロールで活動を強制しようとしても、戦力として使い物にならなかった。巨体を維持し活動するのに必要なエネルギーは相当なものであろうが、そのための〝食料〟という資源は確保されていなかったのである。あるいは、飼育に関する概念や知識を初めから放棄していた可能性もある。

奴隷獣の中には、ある程度それ自身が持つ知能を活かされた状態で戦線に投入されたものもある。「アルファ」と呼称される奴隷獣などは、翻訳機を通し自らの意志を日本語で伝達してきた個体である。

マグマ獣

マグマ獣は、キャンベル星地球侵略軍の第二次攻勢時に投入された半生物兵器である。奴隷獣と同じくキャンベル星人に使役される巨大生物兵器であるが、その性質は大きく異なっている。

ガルーダとそれを統括するオレアナ消滅の後、地球へ派遣されたキャンベル星地球侵略第二軍は「ジャネラ」と呼ばれる女性を総司令とし、本星から最新の技術を持ち込んだ。それがマグマ獣である。このマグマ獣は奴隷獣に比較してさらに不明な点が多い。

マグマ獣の名の由来は、元となる捕獲した異星系生物の〝解凍〟に地下に潤沢に存在するマグマを利用するところからと言われるが、それが事実であるかも今ひとつはっきりしない。拉致《らち》被害者から「地下でどろどろに溶けた溶岩の海の中から姿を現した」と複数の証言が得られているが、俄《にわか》には信じ難く、検証した科学者の間でも諸説飛び交っている。

〝解凍〟に新技術を用いるものの、結局のところマグマ獣もほとんどの場合、逐次投入されるに留まっている（一部作戦で、多数の個体が南原コネクションを襲撃した例はある）。その大きな理由は、マグマ獣が人為的に改造を施され、機械部分を持つ生体兵器である点にある。

元となる生物は、生体規模や攻撃力などを考慮するとその選定に一定の枠が生じることは間違いない。侵略第一軍が運用した生物たちは、少なくとも2万年以上前に銀河系に存在した太古の生物であり、人類に知る由はないが現代ではこの様相も大きく変わっている可能性がある。そうした中で、かつての奴隷獣に匹敵する戦闘力を獲得させるために、生物を改造するという技術が本星では確立したようである。ただし、巨大生物を地球へ持ち込むには制約が大きかったとみえ、やはり仮死状態にした限られた数の生物たちを宇宙船で運んだ。そして侵略第二軍は作戦に合わせてその都度、現地でこれら有限の生物たちを改造している。従って改造に要する時間分、作戦間隔が空くのは仕方のないことだった。女帝ジャネラや侵略第二軍の頭脳であったワルキメデス総統はそのほか、マグマ獣の戦力をさらに有効的に作用させるために、工作員などを投入する搦《から》め手も多く考案している。その中ではコン・バトラー隊の隊員たちを負傷に至らしめ、戦力が著しく低下する状況を作り出すことに成功したこともあったが、畳みかける作戦が実行できず回復を許したこともままある。

改造内容は、武装や装甲の付加、運動性や機動性を向上する装備の追加、精神コントロール処置など作戦に応じて様々である。また、侵略第二軍のダンゲル将軍が搭乗しマグマ獣を直接操縦する方式がほぼすべてのマグマ獣に適用され、脱出用の小型飛行艇を含むコクピット設備が備えられていることも特徴であった。改造作業には多くの地球人拉致《らち》被害者が充《あ》てられ、強制的に働かされた。作業にマンパワーが必要であることから、この時期キャンベル星人による拉致《らち》事件が日本中で大発生している。この拉致《らち》そのものも人間を操ることで行っていたようだ。

マグマ獣は、ベースとなる生物固有の能力に加え、追加改造によって安定した戦闘力を持つ点が特徴である。追加の武装や攻撃手段はバリエーションに富んでおり、それが敵の対応を困難にさせる効果には絶大なものがあった。しかし、物資や期間の制約の中では充分に結果へは繋《つな》がらず、コン・バトラーVと南原コネクションは大いに苦しめられたものの持ちこたえた。

時間との闘い、といった意味で地球側は果てなどないかと思われたこの攻勢に耐え切って、結果キャンベル本星の政権交代により事態は急速に終熄《しゅうそく》に向かうこととなったのである。振り返ってみれば、双方が持てるリソースをぎりぎりまで使い尽くす戦いであり、わずかな差で辛くも地球側が命を拾ったと言えるのではないだろうか。■

コン・バトラーVの
武装・必殺技

コン・バトラーVには多数の兵器が搭載されている。それはバトルマシンの状態で運用可能なものもあれば、コンバイン後に高出力を得て使用可能な兵装まで様々である。また敵との戦闘における経験則を踏まえた兵装のバージョンアップも常時行われていた。主な兵装、兵器について簡単に説明しておこう。

●超電磁ヨーヨー

バトルリターンの強化発展型といえるもので、通常はバトルリターンとして運用する兵器を二枚合わせにして質量を大きくし、打撃力を高めた。左右の腕でヨーヨーのように操作するためこの名が付与されている。ヒモ（ストリング）に相当する部分は超電磁の連続する力場を制御することで、あたかも物理的に接合しているかの挙動をする兵器である。電磁場の〝ヒモ〟は高エネルギーのため周辺の空気に作用し発光、あたかも繋《つな》がっているかのように見える。操作はパイロットのイメージが重要であるとされ、実際にヨーヨーが操れるかどうかで超電磁ヨーヨーの威力、制御に大きな違いが生じる。

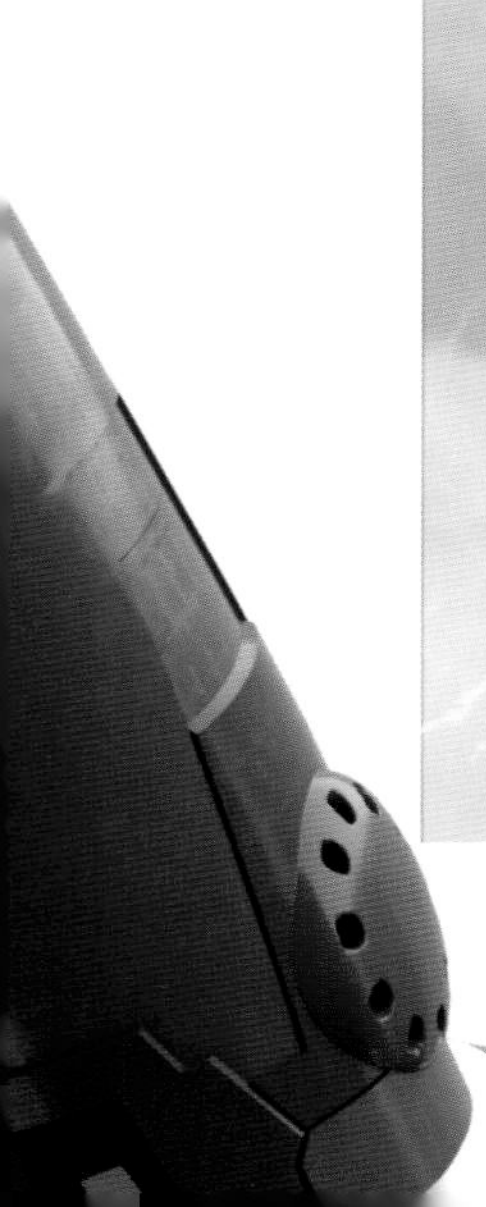

●バトルリターン

コン・バトラーVの腰左右、及び肘に装着された円盤型の武器。投擲式の斬撃兵器であるが、投げた後自動的に戻ってくるように作られている。これも超電磁力場内での機能であると思われる。もちろん投擲の指示を行ったパイロットの意思によって戻る挙動が行われる。周囲端部は極めて鋭利に仕上げられている。

パイロット間で操作の混乱が起きないよう、肩部のものを1番、同腰部を2番として扱ったが、ユニットとしては共通である。腕部による操作が中心だが、超電磁ヨーヨーの操作は1号機パイロットが直接行った。

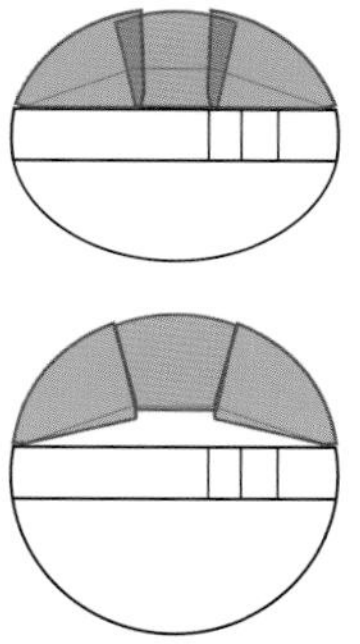

■バトルリターン展開図

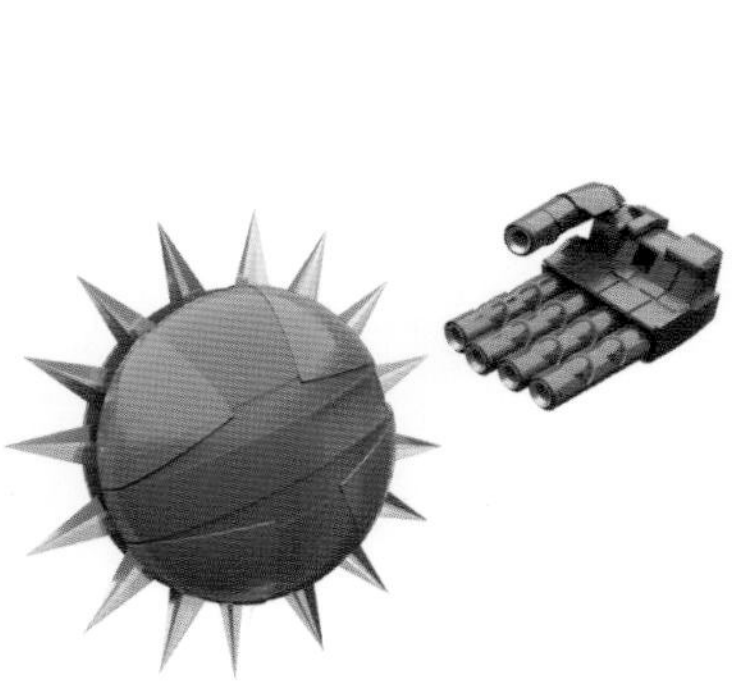

■バトルリターン比較図

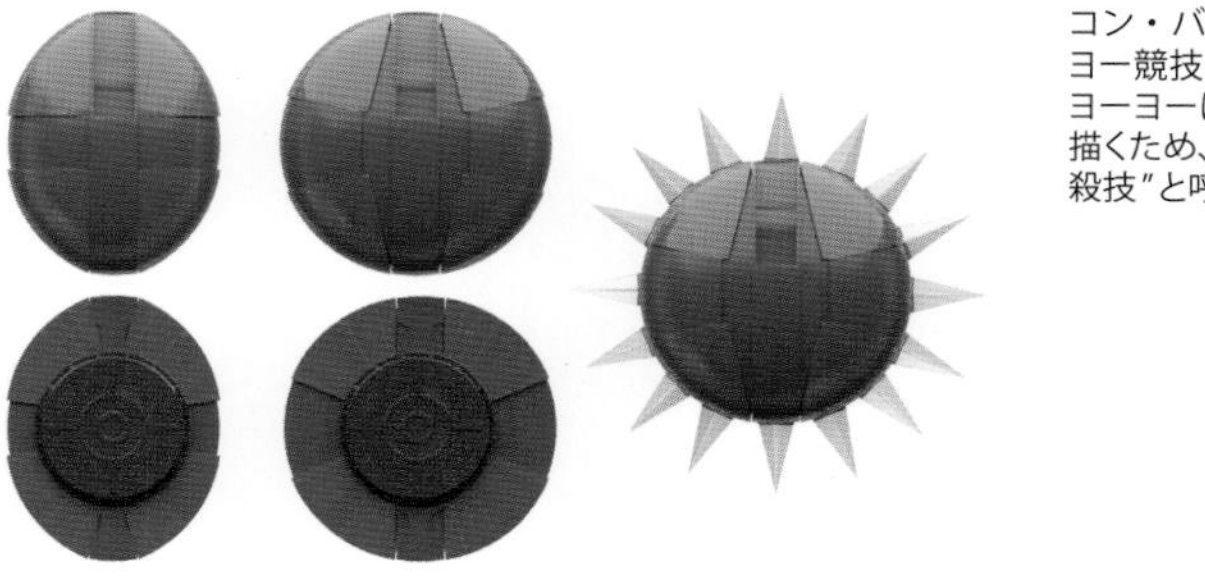

■バトルリターン各状態図

コン・バトラーVのパイロットが、実際にヨーヨー競技の映像を見て着想を得たという超電磁ヨーヨーは、単純な投擲武器とは異なる軌跡を描くため、敵にとっては躱しづらい剣呑かつ、"必殺技"と呼ぶにふさわしい武装であった。

●超電磁ヨーヨー・ダブルカッター

左右の手で操る2基の超電磁ヨーヨーをさらに合わせて使用するもの。バトルリターンの最大破壊兵器である。あたかも巨大化したかのように見えるのは強磁場によって周辺の空気がレンズのような効果をもたらし光の屈折によるものであるが、実質的に超電磁ヨーヨーの2倍の質量、破壊エネルギーは8倍から10倍に及ぶとされる。ただし、制御可能時間に限界があり、ヨーヨー本体が自壊する前にフェイルセーフ機構が働き、エネルギーがカットされコン・バトラーVの機体の所定位置に自動的に戻るため、運用にはより大きな集中力が必要な短時間決戦兵器である。

戦いの中盤になって装備されたツインランサーを両手に構えるコン・バトラーV。肩部はツインランサーを収納するため新ユニットに換装された。

●ツインランサー

コン・バトラーVは幾たびも小刻みに改修が行われているが、大規模改修時に付加された兵装として多用されるようになったものが、斬撃兵器のツインランサーである。搭載兵装器材の共通構造となった折り畳み収納・展開展張方式はさらに精度と複雑さを増し、超電磁硬化現象の応用もさらに高度にコントロールされるようになって、まるでアミノ酸がタンパク質を形成するかのように一次構造から二次構造、ものによっては三次構造、四次構造にまで形状構築は複雑化して各セグメントが最終形態を構成するようになっていた。

そのような着実な技術進歩の中で、新たな兵装の開発要求によって設計され実用化に至ったもののひとつが斬撃兵器のツインランサーである。これが、少し前の技術で作られていたのであれば、外付け式の追加装備という形でしか実現しなかったであろうものである。肩から腕に相当する部位に収納内蔵設置できたのは、セグメント構造の細分化と復元精度、さらに剛性強度確保が十全に行えるという技術が確立されたからに他ならない。ランサー搭載部であり、搭載器材全般ンジン収納部であり、搭載部位は超電磁エ

キャンベル星人との戦いの中盤になって装備されたツインランサーは、より強力になった侵略第二軍の放つマグマ獣に対抗できる近接戦用武器であった。

の小型高性能化が成されなければ実用化は不可能であった。

左右の肩に収納されるモノランサーは、いわゆる手槍と呼ばれる武器に似たものであるが、刺突というよりももっぱら〝斬る〟という用い方がなされる。左右の手でそれぞれに保持し、逆手斬りのような型で運用することも多かった。この武器の特徴は、柄頭に相当する部分で接合が可能であり、いわゆる両剣の形状になる。この接合に関しても形状変位機能の完成が大きく関与している。

ランサーの刃そのものの材料についてもDOSSの改質素材が用いられているようで、切断能力は初期に運用されていたドスブレッシャーをはるかに凌駕《りょうが》するものである、とされる。これらも材料成型技術が向上した結果であろうが、それ以外に、切断効果向上のためにブレードを高周波で振動させるという機構も導入されていた。

肩部のシースからせり上がる、あるいは射出されてコン・バトラーVの手に渡るが、この状態で展開組み立てが行われているという事実は、驚異的と言える。最終的な強化のために超電磁硬化が行われるが、周囲の大気湿度によっては水分が影響を受けて発光する場合もあったようだ。

2号機〈バトルクラフト〉が持つコン・バトラーVの腕部は推進機関を有し、かつ豊富な種類の武器を内蔵できる。その攻撃管制は主として1号機の葵 豹馬と2号機の浪花十三によって行われる。1号機パイロットにより攻撃手段の選択及び攻撃の発令が行われると、2号機パイロットは照準操作に続き攻撃を実行する。

【上】バトルガレッガー（片腕）。【右下】両腕からバトルガレッガーを射出するコン・バトラーV。【左下】同じくマグネクロー（バトルブロック）発射態勢。

●ワンダーレスト

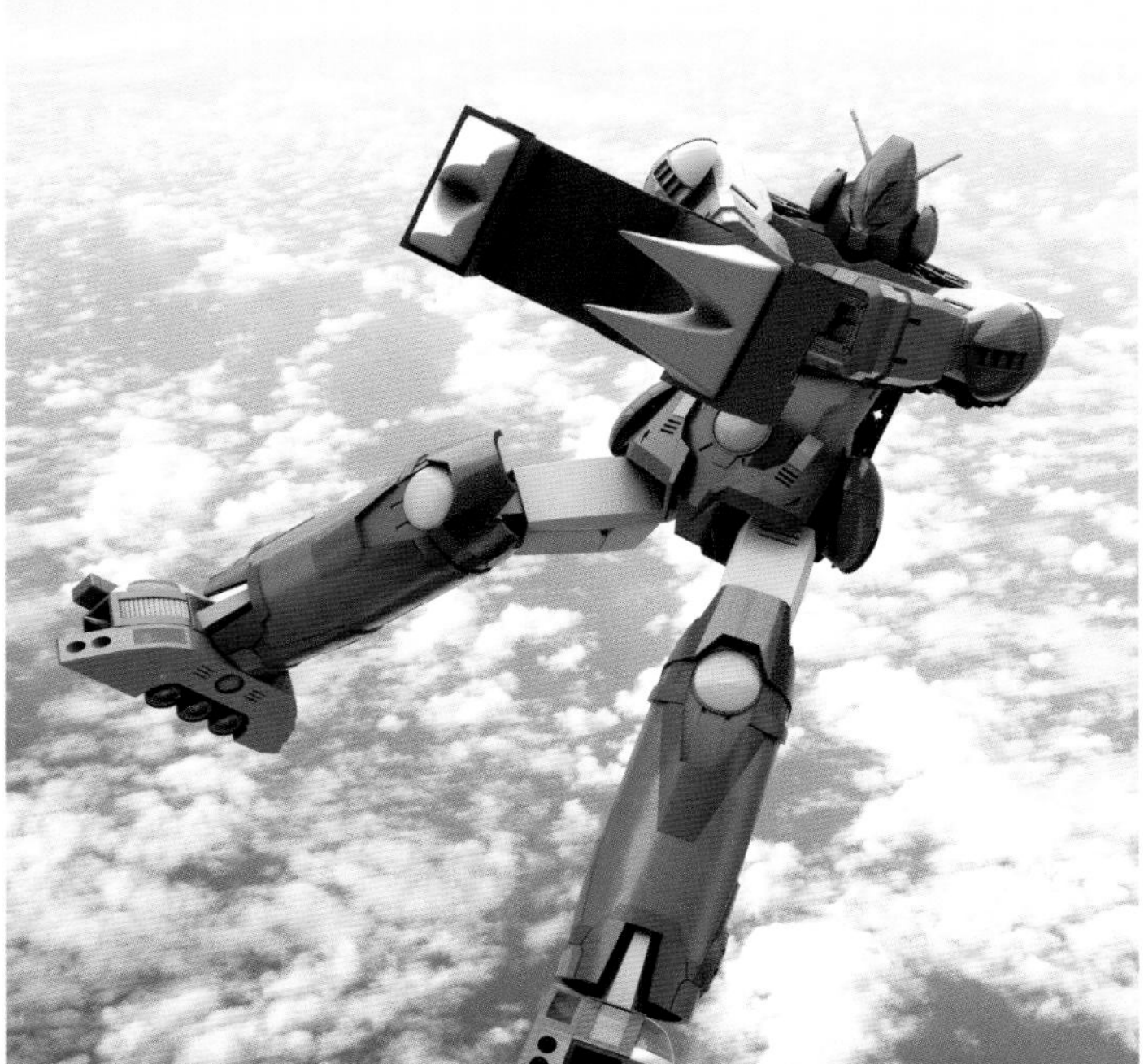

【上】アトミックバーナー（左右独立型）の発射態勢。【右下・上】両腕からグラブワイヤーを発射するコン・バトラーV。【右下・下】左右独立式の武装は、自在に動く両腕を使い2方向へ攻撃を向けることができる。【左下】アトミックバーナー（左右合成型）の発射態勢。

●バトルチェーンソー

キャンベル星人との戦いの後半で実用化された投擲兵器の一種。3号機が装備する無限軌道の履帯内側に普段は畳まれているスパイクが履帯表面に飛び出し、無限軌道をユニットごと相手にぶつけることで敵を破壊する。投擲及び誘導は超電磁ヨーヨーと同様に超電磁波により行い、敵へのアタック後の回収も行える。無限軌道の構造を利用してチェーンソーのように履帯を回転させることで攻撃力を増すほか、敵のミサイル等の攻撃を防ぐための防御兵器としても応用が可能である。

腹部から発射されるビッグブラスト。弾体は射出された後、側部のバーニアノズルからガスを噴射することで回転を生み出し、飛行安定の補助とした。伸長するフェアリングも飛行安定のためのもので、弾頭以外の部分はほとんど空白である。圧縮した形状で腹部に収納するとはいえ、体積は相当のもので、搭載数はせいぜい3発程度が限界であった。

●ビッグブラスト／ビッグブラスト・ディバイダー

コン・バトラーVの腹部から発射される大型の非誘導式弾頭で、3号機の機体内に収納されているものを伸長しながら発射するものである。フェアリングを伸長するのは、飛翔時の空力的安定を得るためである。発射までに要する時間は約3秒だが、連続発射する場合は発射筒の過熱による暴発を避けるため、最低でも5秒の間隔を空けることが指示されている。なお、発射は推進剤の噴射によって飛翔するのではなく、点火しながら超電磁場によって押し出すような構造となっている。初期のものは初弾の弾頭頂部が露出した状態で収納されていたが、後にカメラの絞り状のシャッターで保護されるようになっている。ミサイルの弾種は何種類かあり、対装甲用の徹甲榴弾、平らな弾頭フェアリングで覆《おお》った成型炸薬弾などがある。ビッグブラスト・ディバイダーと呼ばれる小型ロケット弾を収納した弾頭を発射するクラスター式のものも使用されていた。

ビッグブラスト発射口をシャッターで保護するように改修されてからは、この内側に超電磁エネルギーを集束吸収するためのエネルギー・コレクターが移動配置できるように改造されている。もともとこの機構は各バトルマシンに基本装備として内蔵されているが、より集束吸収率の高いデバイスが完成したことで、コンバイン状態にエネルギー分配の要である3号機の重心部に搭載された。

●Vレーザー

コン・バトラーVの額にマーキングされた「V」字マークから放出される攻撃エネルギー波の一種。基本はレーザーと同様の光学兵器であるが、Vマーキングに沿って形成された超電磁場内にパルス照射することにより、あたかも「V」字型の光の塊を撃ち出しているように見えた。

●熱線砲

コン・バトラーVの機体各所から撃ち出す攻撃エネルギー波の一種。局所的に発生させたエネルギーを超電磁場により誘導して機体の各放出点から放出している。従って、各所にそれぞれ発生器が設けられているわけではないようだ。ただし、発射基部とできるのは内部器機に影響を与えないように特殊な外装を備える部分に限られる。

●超電磁タツマキ

コン・バトラーVがコンバイン後に常時展開している超電磁力場を局所偏在化させてエネルギーの集束を行い、これによって目標の行動を完全に拘束、または麻痺状態に置き、さらに破壊するという究極のエネルギー破壊兵器が何種類か開発されているが、超電磁タツマキもそのひとつである。

フィールドのエネルギー集束をまずコン・バトラーV頭部のアンテナで行い、手首から鋭角円錐形のアンカーを先端に装備したごく細いインダクション・ワイヤーを放出しこれに誘導、投擲武器のボーラのように〝アンカー付きワイヤー〟を目標に投げ打ってワイヤーで敵を絡め取ると同時に、超電磁エネルギー放電によって打撃を与えるというものである。超電磁エネルギーの供給は両腕から行うが、過負荷がかかりエネルギー還流などで機体への影響があると判断された場合は、自動的にワイヤーがカットされる。

敵の動きを封じるという点においては極めて効果の高い武器であるが、大きく強いエネルギー集束とエネルギー消耗が激しいことから、コンバイン後の運用しかできない兵装であった。

●超電磁スピン

手の代わりに突出する超電磁ギムレットを先端ドリルとし、超電磁硬化状態においたうえで、ここに全超電磁エネルギーを集束、一定以上の大出力がなければ発生させることができない超電磁誘導作用により機体全体を高速回転させ、大気に穴を開けながら目標を貫通し破壊するというものである。

いわゆる決め技であるが、目標の動きを止めたうえでなければ確実な効果は得られない。さらに、もし躱《かわ》されてしまった場合にはコン・バトラーVが行動不能に陥る可能性が非常に高かった。というのも、いったん攻撃シークエンスに入った場合の安全な中止・回避方法がなく、強制的な運動中止や回避された場合、必然的に機体全体に大きなダメージを与えることになるという。まさに一撃必中必殺の攻撃であった。

仮に幸運にもダメージが軽微で、次の行動に移れるとしても、超電磁スピンは、5機にそれぞれ搭載されているキャパシターの全エネルギーを集中させ機体ごと目標に体当たりするという攻撃であり、発動後はキャパシターがほぼエンプティ状態となってしまう。

コンバイン状態であればフル・リチャージまでの時間は、各機が分離し遠隔搬送でリチャージする場合の半分で済むといわれるが、それでも5分ほどを要した。従って、事前に超電磁タツマキを発動させて敵奴隷獣／マグマ獣の自由を奪ったうえで、超電磁スピンのシークエンスへ移行するのが通常のパターンであった。

　大規模改修後は各機に搭載されたキャパシター容量が拡大されたことから、従来どおりの戦闘行動を行っても、理論値では二度の超電磁スピン発動が可能であったものの、現場では一撃により結着をつけることを望んでいたという。これは、機体そのものへの負担が大きく第二撃が確実に実効性のあるものというエビデンスがなく（あくまでも理論値であって実際にどうなるか実証されていない）、特に空中浮揚戦闘の傾向が高くなったこともあって、抗重力発生システムへの間断ないエネルギー供給があってこそ戦闘行動における迅速さも増すことをパイロットたちが経験則によって学習していたこともあり、第二撃はよほどのことでもない限り行わないことが暗黙の了解事項となっていたようである。

　改修前も改修後も、その発動方法と理論は同じである。

●グランダッシャー

キャンベル星人との戦いの中盤以降、〝必殺技〟的に用いられた突撃形態。もともとは、各バトルマシンが持つ変形機構を応用し、基地における整備の便をよくするために考案された形態である。主としてコン・バトラーVの合体状態を維持したまま、背中側のメンテナンスや給弾作業をするのに役立てられたという。3号機の無限軌道と5号機の車輪を活かした自走が可能で、基地格納庫内での取り回しが向上した。なお、腕部は通常の格納形態と逆の曲がり方をしている。

これを攻撃形態として用いるのはパイロットのアイデアによる。合体時にも用いられる電磁誘導場を応用して自己を加速し、あたかも敷かれたレールの上を走るがごとく、敵に体当たりする。むろん物理的な体当たりではなく、超電磁場をまとった強化状態での突入であり、高速回転により攻撃力を高めた超電磁スピンに比べ、加速による突撃に特化した攻撃形態といえる。

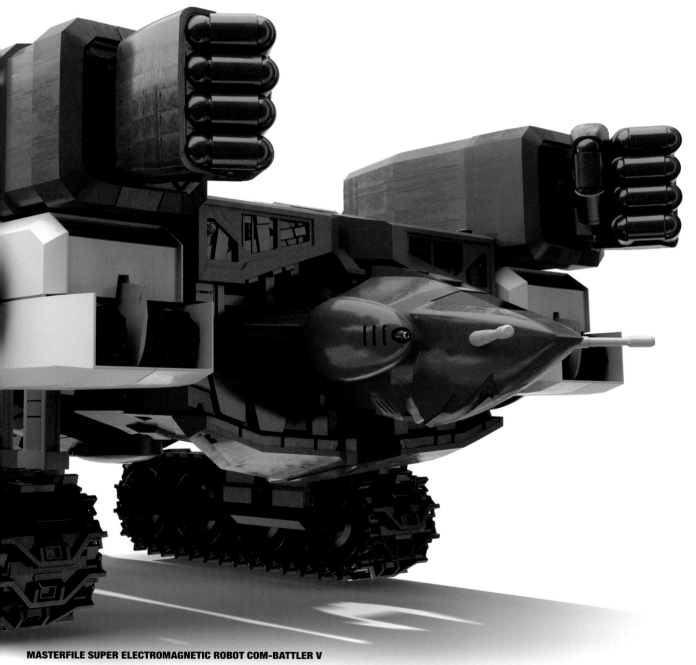

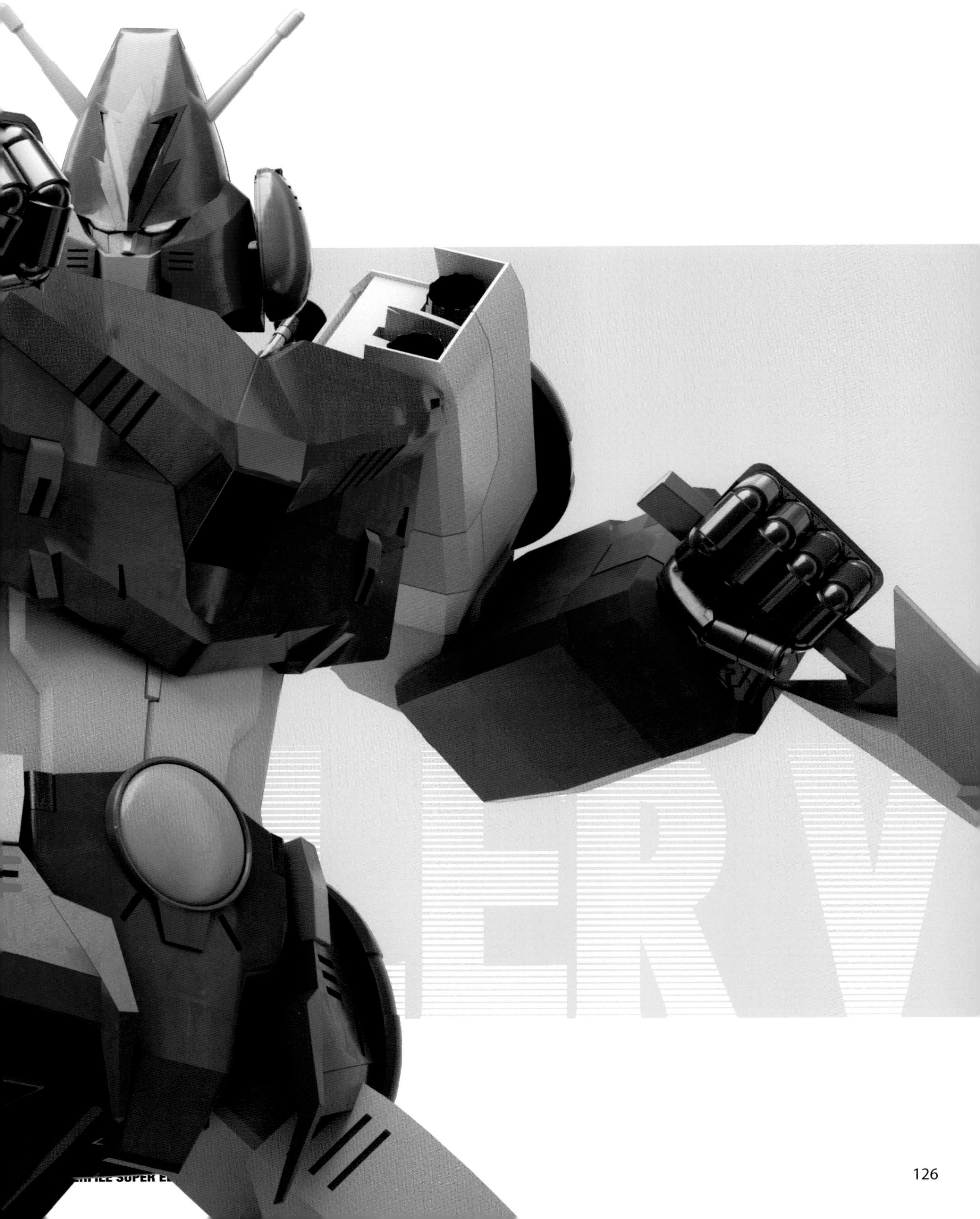

COM-

MASTERFILE マスターファイル 超電磁ロボ コン・バトラーV
SUPER ELECTROMAGNETIC ROBOT COM-BATTLER V

■マスターファイル 超電磁ロボ コン・バトラーV

2022年2月28日　初版発行

編　集　GA Graphic
発行人　小川 淳
発行所　SBクリエイティブ株式会社
〒106-0032 東京都港区六本木2-4-5
営業部　TEL 03-5549-1201
印　刷　日経印刷株式会社

ISBN 978-4-8156-0767-8
Printed in Japan

※本書「マスターファイル 超電磁ロボ コン・バトラーV」は、「公式設定」ではなく、作品に登場するコン・バトラーVについての歴史・技術研究書であり、作品世界において刊行された書籍、という想定に基づいて執筆されています。

本書をお読みになったご意見・ご感想を
下記URL、またはQRコードよりお寄せください。

isbn2.sbcr.jp/07678/

SB Creative　GA Graphic

【監修】
東映株式会社

【メカニカル・イラスト】
瀧川虚至
シラユキー

【テキスト】
大里 元
橋村 空（GA Graphic）

【考証アドバイザー】
二宮茂幸

【CGモデリング】
ナカジマアキラ
大里 元
河津潔範（number4 graphic）

【マーキングデザイン】
大里 元

【SFXワークス】
GA Graphic

【装丁・デザイン】
橋村 空（GA Graphic）

【編集】
佐藤 元（GA Graphic）
村上 元（GA Graphic）

【SBCr 出版事業本部】
浦島弘行（商品部 商品課）
永井 聡（戦略企画部）
正木幹男（商品部 商品課）

【編集協力】
西岡浩二郎（リバージュ株式会社）

【印刷管理】
吉川真澄（日経印刷株式会社）
戸羽真菜帆（日経印刷株式会社）